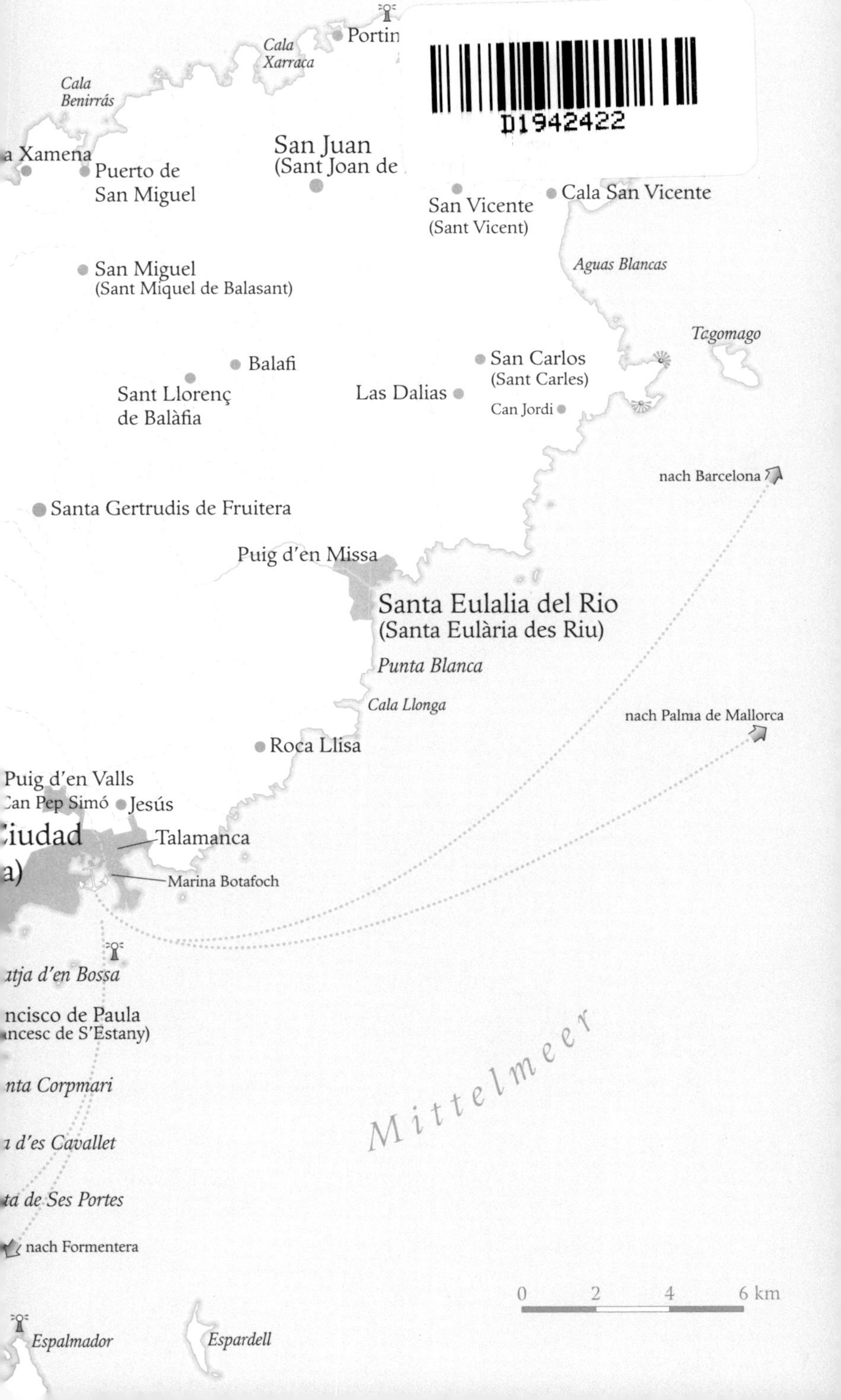

Portin
Cala Xarraca
Cala Benirrás
a Xamena
Puerto de San Miguel
San Juan (Sant Joan de
San Vicente (Sant Vicent)
Cala San Vicente
Aguas Blancas
San Miguel (Sant Miquel de Balasant)
Tagomago
Balafi
Sant Llorenç de Balàfia
Las Dalias
San Carlos (Sant Carles)
Can Jordi
nach Barcelona
Santa Gertrudis de Fruitera
Puig d'en Missa
Santa Eulalia del Rio (Santa Eulària des Riu)
Punta Blanca
Cala Llonga
nach Palma de Mallorca
Roca Llisa
Puig d'en Valls
Can Pep Simó
Jesús
Ciudad
a)
Talamanca
Marina Botafoch
atja d'en Bossa
ncisco de Paula
ancesc de S'Estany)
nta Corpmari
a d'es Cavallet
ta de Ses Portes
nach Formentera
Mittelmeer
0 2 4 6 km
Espalmador
Espardell

mare

Jens Rosteck

# Mein Ibiza

Eine Lebensreise

mare

Die Deutsche Bibliothek verzeichnet diese
Publikation in der Deutschen Nationalbibliografie;
detaillierte bibliografische Daten sind im Internet
unter http://dnb.ddb.de abrufbar.

1. Auflage 2013


*Karte* Peter Palm, Berlin
*Typografie* Farnschläder & Mahlstedt, Hamburg
*Schrift* Guardi
*Druck und Bindung* CPI – Clausen & Bosse, Leck
Printed in Germany
ISBN 978-3-86648-175-6

MIX
Papier aus verantwortungsvollen Quellen
FSC® C083411

www.mare.de

In Ibiza setzte ich mich jeden Tag in die Cafés, die den Hafen säumen. Ich setzte mich, noch ganz betäubt von der Sonne des Tages, erfüllt von weißen Kirchen und kreidigen Mauern, von dürren Feldern und zerzausten Olivenbäumen. Ich trank süßliche Mandelmilch; ich betrachtete die geschwungene Linie der gegenüberliegenden Hügel. Sanft fielen sie ins Meer ab. Der Abend wurde grün. Auf der höchsten Kuppe drehte der letzte Windhauch die Flügel einer Mühle. Und wie durch ein natürliches Wunder senkten alle Menschen die Stimme, so dass nur noch der Himmel da war und der Singsang der Worte, die zu ihm aufstiegen, aber aus großer Ferne zu kommen schienen.

Während dieses kurzen Augenblicks der Dämmerung herrschte etwas Flüchtiges und Schwermütiges, das nicht nur ein einzelner Mensch spürte, sondern ein ganzes Volk. Was mich angeht, so hatte ich Lust zu lieben, so wie man Lust hat zu weinen. Es schien mir, als sei jede Stunde meines Schlafes künftig dem Leben gestohlen …

Albert Camus
*Amour de vivre/Amor de vivir,* 1936

Für Li und Fu

*Molts d'anys i bons!*

# Inhalt

## *Ibiza*

# Liebeserklärung an eine unbestechliche Schöne

Wenn Liebenden die Worte der Vernunft ausgehen, brabbeln sie Unverständliches. Dann flüstern sie einander zärtliche Albernheiten zu und erfinden Kosenamen, die nicht für die Öffentlichkeit bestimmt sind. Verballhornen die vertraute Silbenfolge, auf die das Objekt ihrer Begierde bislang hörte. Fügen Verniedlichungen ein, verschleifen Vokale, erfinden Provisorien, experimentieren mit Bezeichnungen. Einige dieser Umbenennungen bleiben am geliebten Gegenüber haften, verselbstständigen sich und führen bald ein Eigenleben. Andere haben sich so weit vom Original entfernt, dass man ihren Ursprung kaum noch erahnt. Am Ende steht dem Schöpfer solcher *mots doux* ein ganzes Arsenal von Vokabeln und Pseudonymen zur Verfügung, ein beachtliches Ausdrucksspektrum der Zuneigung, der Sympathie und des Begehrens. Mit dessen Nuancen nach Belieben jongliert werden kann. Selten nur lässt sich erkennen, welche Spitznamen zuerst da waren. Und der oder die Geliebte wird sich das schmeichelhafte Sprachspiel mit der eigenen Person gern gefallen lassen, erinnert es doch stets an die Anfangsphase der Beziehung, an die Euphorie des Entdecktwerdens und an die Leidenschaft, mit der sich die Eroberung vollzog.

Nur der Urheber solcher Lautfolgen vermag jedoch mit Bestimmtheit zu sagen, welche Stimmung ihn zu seiner Schöpfung verleitet hat und was er damit ausdrücken wollte. Ziemlich einseitige Liebesbekundungen sind solche kreativen Zuschreibungen, deren manchmal törichte Resultate am Bezeichneten dann oftmals für lange Zeit hängen bleiben, ob er nun möchte oder nicht. Wie Pech und Schwefel sind beide miteinander verbunden. Und Spötter können die Begriffe später leicht ins Lächerliche ziehen.

*

Mit Ibiza, der emblematischen Wohnstätte der undurchsichtigen karthagischen Schutzgöttin Tanit und des grausamen ägyptischen Schlangenwürgers Bes, verbindet mich eine nun schon fast fünf Jahrzehnte währende Lebens- und Liebesgeschichte. Ibiza, die stolze und verschwiegene Baleareninsel, die keines ihrer Geheimnisse leichtfertig preisgibt, sorgte nicht nur dafür, dass ich überhaupt auf diese Welt gelangte, sondern führte mich liebevoll und geduldig an Lebensbereiche heran, die seither einen ganz besonderen Stellenwert für mich einnehmen – Literatur und Musik, Kunst und Sinnlichkeit. Mit seinem einzigartigen Fluidum half Ibiza mir, meine Affinitäten zu entdecken und zu vertiefen. Meine Aufenthalte hier glichen einem sich über Jahre erstreckenden Initiationsritual. Jede Reise hierher war von aufgeregter Vorfreude gekennzeichnet. Ibiza wurde zu meiner treuen Geliebten. Und ich hatte bislang nicht den geringsten Anlass, fremdzugehen.

Im Bewusstsein vieler Zeitgenossen ist meine Gastgeberin Ibiza als Massenreiseziel, als Emblem für hochkarätige Diskothekenkultur und Ort für Extrem-Entertainment hinlänglich verankert. Leider eher negativ besetzt – als berüchtigtes Party-Eiland, als Schauplatz exzessiver Techno-Nächte, als Rund-um-die-Uhr-Laufsteg für eitle Sonnenbadende und Zuflucht für radikale Hedonisten, als Sündenpfuhl. Als abschreckendes Beispiel für Allerweltstourismus, ja als Stereotyp fehlgeschlagener Entwicklungen im Fremdenverkehr. Chaotisch, dubios, moralisch verwahrlost, oberflächlich, flatterhaft, verachtenswert. Mehr noch: überkandidelt. Synonym für Dekadenz auf hohem Niveau.

*Mein* Eivissa, das im Lauf seiner Geschichte noch viel ärgere Invasionen verkraften musste, hat hingegen gottlob nur wenig mit dem Party-Eiland der schicken Schönen und coolen Hipster gemein. Ich durfte es als Oase der Poesie, Harmonie und Unbestechlichkeit, als Heimstatt der Kreativität, Toleranz und Unverdorbenheit kennenlernen; ich durfte hier meine Lehr- und Wanderjahre absolvieren. Ein Privileg. Ibiza brachte mir das Laufen bei; Ibiza machte mich zu dem, der ich heute bin. Ich hatte das unverschämte Glück, einen fantastischen Kindheitstraum, der für mich ganz reale Züge angenommen hatte, Jahr für Jahr weiterspinnen und wiederbeleben zu können.

Ibiza konfrontierte mich früh in meinem Leben mit Sonderlingen, Paradiesvögeln und Käuzen; Ibiza lehrte mich, dass »schräg« oft gleichgesetzt werden kann mit »faszinierend«. Dass nichts so öde ist wie Normalität. Ibiza ließ mich meine ersten, kostbaren Erfahrungen verinnerlichen; Ibiza war und ist für mich ein Garant von Stabilität und Verlässlichkeit. Es verhalf mir zur Lebens- und Liebesfähigkeit. Ich verdanke Ibiza unendlich viel. Ich verliebte mich in diese Insel, als ich solche Gefühle noch gar nicht in Worte fassen konnte. Meine Zärtlichkeit für Ibiza war schon immer da.

*

Gemessen an der Vielfalt von Namen, die für die Insel Ibiza vorliegen, muss ihr über Jahrhunderte hinweg grenzenlose, hemmungslose, ja durch und durch unkritische Zuneigung entgegengeschlagen sein, ist sie anscheinend über alle Maßen geliebt und begehrt worden. Doch diese vielen Bezeichnungen bekam sie nicht nur von ihren Liebhabern verpasst, sondern auch von Rivalen und Invasoren, von Besetzern, Nebenbuhlern und eifersüchtigen Mitbewerbern.

I Bes A, Insel des Bes, stand wohl am Anfang. Iboshim und Aiboshim folgten. Aivis, Ebusus und Yebisah. Ebysos, Yvica und Ibosim. Ibissim und Eivissa. *Island of love, island of the sun.* Hippie-Insel, *isla blanca, magic island. Everybody's darling.* Die Insel mit Sex-Appeal. Pityusa – die Pinienreiche. Selbst ein Adjektiv gibt es: ebusitanisch. Die Liste ließe sich fortsetzen. Anlass für mich, ihr keine weiteren Wortschöpfungen hinzuzufügen, sondern die gebräuchlichsten und klangschönsten darunter an den Anfang der nachfolgenden Kapitel zu stellen.

Ibiza musste in der Vergangenheit viele Feinde abschütteln, Usurpatoren vertreiben, fremde Händler integrieren, Aggressoren in die Schranken weisen und unliebsame Siedler loswerden. Seit fast drei Jahrtausenden befindet es sich im Belagerungszustand.

Sieben Jahrhunderte vor Christus ging es los mit dem Ansturm. Damals befanden sich die Karthager auf Expansionskurs, landeten an den Gestaden der Bes-Insel und siedelten bei Sa Caleta. Danach kehrte eigentlich nie wieder Ruhe ein. Auf die Phönizier oder Punier folgten Römer und Vandalen, Byzantiner, Normannen und Mauren. Es ging Schlag auf Schlag mit den Heimsuchungen; die günstige strategische Lage machte die Pinienreiche erst so richtig begehrenswert, wurde ihr für lange Zeit gar zum Verhängnis. Alle *enemigos* kamen über das Meer, umzingelten die stolze Schöne. Die eine halbe Ewigkeit währende Herrschaft des Emirats von Córdoba wurde erst von den pisanisch-katalanischen Kreuzzügen unterbrochen; die Hegemonie der Almoraviden im westlichen Mittelmeer beendeten die Katalanen mit ihrer erfolgreichen Rückeroberungsstrategie. Das Königreich der Balearen bescherte dem von der *reconquista* befreiten Ibiza schon um 1300 eine Universität, aber dann schlossen sich erneut Jahrhunderte der Instabilität und Orientierungslosigkeit an. Die Ibicencos, Opfer schrankenloser Freibeuterei und gezielter Plünderungen, waren praktisch ununterbrochen mit der Verteidigung ihrer Dörfer und Städtchen beschäftigt, errichteten Wälle und Wehrkirchen, machten gegen die Türken mobil.

Bis es ihnen mit der ewigen Piratenplage und Brandschatzung zu bunt wurde und sie ihre eigene Korsarenflotte aufstellten. Sie drehten den Spieß einfach um und gingen in die Offensive. Feindliche Boote wurden gekapert und versenkt. Der Strategiewechsel zahlte sich aus; man verschaffte sich Respekt. Bald hatten sich die Verwegenheit und der Todesmut der Leute von Eivissa herumgesprochen; das »organisierte« Korsarentum bescherte der Insel sogar eine gewisse wirtschaftliche Blüte. Im 19. Jahrhundert konzentrierte sich dann der ganze Stolz der Insulaner auf den heldenhaften Antonio Riquer Arabí, dem es 1806 gelungen war, das englische Kriegsschiff *Felicity*, von erfahrenen Marinesoldaten gelenkt und von Waffen nur so strotzend, in seine Gewalt zu bringen. Der vorgeblich überlegene Feind wurde von Arabí in die Knie gezwungen.

Schließlich hatte der Freiheitskampf Früchte getragen. Der hohe Blutzoll war nicht umsonst entrichtet worden, und in Ibiza war man künftig auf seine siegreichen Piraten so stolz wie anderswo auf Monarchen und Kirchenmänner. Nahezu jeder zweite Einwohner kann noch heute einen illustren Freibeuter als Ahnen vorweisen.

*

Die Drittgrößte oder je nachdem Zweitkleinste der Balearen war schon in der Antike respektiert worden für ihre virtuosen, erschreckend treffsicheren Steinschleuderer und die Furchtlosigkeit ihrer Söldner, für den aufrührerischen Geist ihrer Bewohner und deren rebellische Natur. Und gleich nachdem Ibiza nun auch mit Arabí unter Beweis gestellt hatte, dass es sich nicht ungestraft auf der Nase herumtanzen ließ, begann es, sich sirenenhaft zu gebärden, seine verführerischen Seiten hervorzukehren und seinen Besuchern gehörig den Kopf zu verdrehen. Wenige Generationen nach dem Triumph der Korsaren nahm eine fruchtbare Periode der Selbstbehauptung und Gastfreundschaft ihren Anfang, die sich bis zum heutigen Tag fortsetzt.

Ibiza bot seither vielen ein Dach. Zuallererst den Entdeckern der Neuzeit. Dem Pionier unter den Globetrottern etwa, Ludwig Salvator, Prinz von Toskana und Erzherzog von Österreich: dem ersten fleißigen Enzyklopädisten der Insel. Ihm, einem enthusiastischen Forschungsreisenden, hatten es in den 1860er-Jahren die nixenhaften jungen Ibicencas angetan, »herrliche Gestalten, bald wie aus Elfenbein geformte Statuen«, ebenso die einladenden Badebuchten und die »dumpfen, summenden Akkorde des Brummeisens«, wie er das emotionsreiche Gitarrenspiel der verliebten Jünglinge blumig nannte.

Den katalanischen Schriftsteller und Maler Santiago Rusiñol wiederum beflügelte das außerordentliche Inselerlebnis zur Schöpfung eines weithin bekannten Slogans. Rusiñol, einer der Hauptvertreter des *modernismo*, katapultierte Ibiza 1913 mit seinem Schlagwort »*la isla blanca*«, »die weiße Insel«, in Reiseführern und Urlaubskatalogen dankbar aufgegriffen, unfreiwillig in die vorderen Ränge des neuzeitlichen, internationalen Fremdenverkehrs. Ein prägnantes und auch sehr strapazierfähiges Attribut, das den Ruhm der bis dato unbekannten Pityuse in die Welt hinaustrug. »Weiß wie am ersten Tag, in einem Weiß, das den Schatten noch nicht kennt«, leuchteten Rusiñol die kubistischen Flachdachbauten der Dalt Vila, der befestigten Oberstadt Ibizas, und die *fincas* der unberührten Dörfer entgegen.

Ibiza beherbergte den deutschen Philosophen und Literaturkritiker Walter Benjamin, der im Sommer 1932 seinen Freund Felix Noeggerath in San Antonio Abad besuchte, sich dort gewissermaßen auf die schwierige Emigrationszeit vorbereitete und der tatsächlich so etwas wie eine Phase der Erholung erfuhr: »Ich führe ein Leben«, gestand Benjamin in einem Brief, »wie die Hundertjährigen es als Geheimnis den Reportern anvertrauen: aufstehen um sieben Uhr und im Meer baden. Darauf, gegen einen gefügigen Stamm im Walde gelehnt, ein Sonnenbad, dessen heilsame Kräfte [...] auf den Kopf übergreifen, und dann ein langer Tag der Enthaltung von zahllosen Dingen.«

Ibiza hielt schützend seine Hand über den französischen Ethnologen Michel Leiris, der, in Gesellschaft des Wortakrobaten Raymond Queneau, zu ahnen begann, dass der Spanische Bürgerkrieg vor der Tür stand, und in seinem Tagebuch notierte: »Im Juli 1936 war es, auf Ibiza, dass ich spürte, wie die Welt zerbarst.« Das Ende einer Ära. Und wenig später der Beginn einer neuen: Ibiza wurde von Filmgrößen wie Romy

Schneider und Sam Peckinpah aufgesucht, die sich im Gästebuch des mythischen Altstadthotels El Corsario eintrugen. Und es hielt dem Argwohn des rumänisch-französischen Dichters und Berufsskeptikers E. M. Cioran stand, der es im Juli 1960 fertigbrachte, selbst auf Ibiza von Schlaflosigkeit geplagt zu werden, und der seinen überraschend eintönigen Tagesablauf in lakonische Worte fasste: »Auf einer kleinen Insel leben, sich langweilen und beten, beten und sich langweilen …«

*

Gelangweilt habe ich mich auf Ibiza eigentlich nie. Gebetet habe ich eher selten. Und im Gegensatz zu Cioran habe ich auch wenig daran auszusetzen, was die Insel mit mir anstellt. Eher störe ich mich daran, was ihre Besucher ihr antun. Zum Beispiel, wenn man unter Deutschen ihren Namen auch heute noch so ausspricht, als ekele man sich vor einem italienischen Nationalgericht: »Iiih Bitza«. Mit falscher Betonung auf der ersten Silbe. Unter Umgehung des feinen, surrenden th, das man unseligerweise stets durch einen hässlichen, schmatzenden tz-Laut ersetzt.

Heute ist Ibiza eine Insel der friedlichen Koexistenz. Autokratisch agierende, machtbesessene Parteichefs und Entscheidungsträger sowie selbstherrlich regierende Lokalpolitiker haben es sich neben Reformern, tapferen Ökologen und um die Zukunft der Insel ehrlich bemühten Idealisten bequem gemacht. Eine eigensinnige, stolze Landbevölkerung behauptet sich neben Kleinstädtern. Bohemiens und Intellektuelle ziehen ihre Bahnen neben Gelegenheitstouristen, die es sonst eher an die Costa Brava verschlägt. Die Klientel eines familienorientierten, biederen Fremdenverkehrs kommt so gut wie nie in Berührung mit Radikalindividualisten – Malern, Schriftstellern, Philosophen und Musikern. Rauschmittelsüchtige lassen es sich neben Meditationswütigen und eingefleischten *finca*-Siedlern gut gehen. Überdrehte Twens neben abgeklärten Senioren und bedürfnislosen Eremiten. Schaumschläger neben ehrlichen Häuten. Von kriegerischen Auseinandersetzungen ist seit Langem nichts mehr zu spüren, und Ibizas Gastlichkeit ist sprichwörtlich. Es hat sich ein dickes Fell zugelegt und erträgt die Dauerbelagerung mit bewundernswerter Geduld.

Ibiza leidet ganz sicher nicht unter Minderwertigkeitskomplexen, lässt sich nicht darauf reduzieren, als »kleinere Schwester« oder charmanter Ableger Mallorcas zu gelten. Es darf sich vielmehr rühmen, Vorreiter zu sein. In vielen Belangen der Off-Kultur führend und richtungsweisend. In erster Linie für die Adlib-Mode natürlich, die von hier aus in den frühen Siebzigern ihren Siegeszug antrat. Initiiert von der Prinzessin Smilja Mihailovitch, kreativ propagiert und weiterentwickelt von Dora Herbst und vielen weiteren Designern. Bequem, lässig, leicht. »Nach Belieben« kombinierbar und mit viel Bewegungsfreiheit. Frech und chic. Sexy, romantisch und eben »typisch« mediterran. Ihr Weltruf steht dem von Ibizas ungeheuer vielfältiger Disco-Szene, deren Klubs in jedem Sommer wieder von Abertausenden hoch motivierten Tanz-Travellern umschwirrt werden, in nichts nach.

Ibiza rollt für zahlungskräftige Gäste und die glitzernden Sternchen der Boulevardpresse unbeirrt den roten Teppich aus, hat aber auch ein großes Herz für dreiste Schmarotzer und findige Lebenskünstler. Ibiza hat viele kurzlebige Phänomene kommen und gehen sehen.

*

Und heute? Es ist noch immer ausreichend Platz da, trotz der begrenzten Ausdehnung der Insel. Für Visionäre, Tagträumer und Eintagsfliegen. Neue, attraktive Nischen werden sich auftun. Und überlebten Traditionen keine Krokodilstränen nachgeweint werden. Wer sesshaft werden möchte, sollte Assimilierungsbereitschaft, Mut und Ausdauer mitbringen – und sich auf ein unsentimentales, nostalgieresistentes Eiland einstellen.

Am leichtesten haben es zweifellos die frisch Verliebten bei ihrem Erstkontakt mit dem Balearen-Kleinod. Für sie wird noch einmal eine Tür aufgestoßen, ihnen eröffnet sich ein himmelblauer Horizont von unabsehbaren Möglichkeiten. Ihnen allein ist es gestattet, zu säuseln, zu flüstern und zu raunen. Ibiza, *te amo. Te quiero. Te deseo.*

Ihnen gehört von jeher die Welt. Ihnen schenkt die Insel erneut ihre ursprüngliche Unbefangenheit. Ihnen gibt sie wieder eine echte Chance.

Die Stadt Ibiza breitet sich nicht aus: ... in einem einzigen kühnen Aufschwung erobern ihre weißen Häuser den gegen das alte Hafen- und Piratenviertel meerwärts abfallenden Hügel und halten ihn besetzt. Es ist eine Siedlung klar gegliederter weißer Kuben, zwischen die sich – sehr selten – vereinzelte Würfel aus Rosa, aus Ocker oder Schwarz geschoben haben. Ibiza ist eine Stadt ewiger Jugend: ähnlich wie bei der Einfahrt nachAlgier strahlen auch hier die weißen Fassaden im blauesten Licht. Uralt scheint es in Bau und Anlage zu sein und modern zugleich, eine nordafrikanische Kasbah und eine Siedlung Corbusiers in einem. ...

Zwischen weißen Mauern gehe ich weiter. Licht und Schatten bilden im Mondglanz wunderbare Gegensätze und lassen alles klar, alles selbstverständlich und edel erscheinen. Aus einem Café voll feiernder Soldaten dringt mir reine arabische Musik entgegen, und auf einmal meine ich wieder in Fès, in Rabat oder Tanger zu sein.

Walter Läubli
*Ibiza,* 1959

*Ebusus*

## Wie alles anfing

August 1961. Eine junge deutsche Frau entsteigt einer kleinen Propellermaschine. Die Luft, die ihr auf dem Treppchen entgegenschlägt, ist von betäubender Hitze; als sie ihren Fuß auf die Landebahn setzt, wird sie von glutgelbem, blendendem Licht umhüllt. Sie bereut es bereits, sich noch keine Sonnenbrille zugelegt zu haben. Der Weg vom Flugzeug über die Sandpiste in einen Palmengarten beträgt nur wenige Meter, ein richtiges Abfertigungsgebäude gibt es nicht. Zusammen mit den anderen Passagieren schreitet sie durch ein weiß gemauertes ibizenkisches Portal, wie es auch an der Einfahrt zu einer *finca* stehen könnte. Sie bahnt sich einen Weg an winkenden Kindern und strahlenden Gesichtern vorbei. Das Gepäck wartet schon auf sie, steht auf einem Holzkarren bereit. Ihm entnimmt sie ein Handköfferchen. Sonst wartet niemand auf sie. Sie hält inne und blickt sich um. Kakteen, Agaven, Pinien. Verdorrte Erde. Schwarz gekleidete Männer an Metalltischen schlagen die Zeit tot, paffen Zigarren und trinken *café con leche*. Jemand lädt sie auf einen *tallat* ein. Lächelnd willigt sie ein, leert das Tässchen, das ihr im Handumdrehen serviert wird, im Stehen und verbrennt sich fast den Mund. Man mustert sie mit Wohlgefallen. Eine echte Blondine, noch dazu mit taillenlangen Haaren, sieht man hier nicht alle Tage. *Señorita* und *por favor* ist alles, was sie versteht; was *¿qué tal?* oder *¿cómo puedo ayudarle?* bedeutet, weiß sie noch nicht.

Um sie herum Gedränge, Kommandos und Palaver; Uniformierte bemühen sich um Ordnung. Sie lässt den Familien den Vortritt, sie scheinen es eilig zu haben. Ein Zollbeamter hat einen flüchtigen Blick in ihren Pass geworfen, aber da sie aus Palma angereist ist, ist die Kontrolle kurz ausgefallen. Gestempelt wird hier nicht. Sie atmet tief durch. Zehn Schritte weiter liegt der Flughafen schon hinter ihr und auch das Geplauder der Spanier. Am Feldrand sieht sie Windmühlen, deren Räder stillstehen, in der Ferne macht sie einzelne Gehöfte aus, sattgrüne Hügel, die Ruine einer Wehrkirche. Grillen zirpen, der azurne prächtige Himmel ist von einer unverschämten Vollkommenheit. Ihre Mitreisenden werden von ihren Familien abgeholt. Die Wagen verschwinden, einer nach dem anderen, in Staubwolken. Weiter hinten steht ein einzelnes klappriges Auto. Ein Vorkriegsmodell. Sie hofft, dass es ein Taxi ist. Blinzelt und geht darauf zu. Es *ist* eins. Der Fahrer nimmt ihr den Koffer ab, sie sinkt auf den staubigen Rücksitz und streicht, nun doch etwas nervös geworden, mit ihrer Hand den vergilbten Prospekt glatt, den man ihr vorgestern in die Hand gedrückt hat. »Mar Blau«. Da möchte sie hin. Das klingt schön und ist auch für Deutsche verständlich. Sie sagt es dreimal, beschwörend und mit Nachdruck, wie eine Zauberformel. Der Alte vor ihr nickt, betätigt die Zündung und zockelt los. Er weiß Bescheid. »Mar Blau«. 1961 gibt es noch nicht allzu viele Hotels auf Ibiza, und dieses ist eines der bekannteren.

*

Es ist erst die zweite Reise in den Süden für sie. Die erste hat sie nach Italien geführt, im Vorjahr, eine Woche mit dem Reisebus. Jetzt ist Spanien an der Reihe. Wieder mit dem Bus.

Barcelona, Valencia und Gerona. Mit Zwischenstopps in Lyon, Montpellier und Perpignan. Zehn Tage Urlaub stehen ihr vor Ort zur Verfügung, den hat sie sich vom Munde abgespart. Vor zwei Jahren, mit knapp zwanzig, hat sie rübergemacht in den Westen. Hat die mecklenburg-vorpommersche Heimat hinter sich gelassen und auch einen Großteil ihrer Verwandtschaft und Freunde. In Hessen ist sie gelandet. Mit leeren Händen und einem Abitur, das nicht anerkannt wird, mit viel Hoffnung und eher trüben Aussichten. Einen Job hat sie schnell gefunden, als Sekretärin, doch er ist unterbezahlt und entspricht nicht ihrer Schulbildung. Sie tanzt leidenschaftlich gern und findet Anschluss. Einen Verehrer hat sie auch, der paddelt mit ihr im Sommer an späten Samstagnachmittagen, wenn die Arbeit endlich geschafft ist, im Kanu auf dem Altrhein. Schrecklich eifersüchtig ist er, das macht ihr zu schaffen, aber auch klug, liebevoll und aufmerksam. Dass sie ohne ihn in den Süden will, findet er unverständlich und auch enttäuschend. Sie lässt sich nicht beirren. Sie will ihre Neugier stillen, aber allein. Sie möchte sich noch nicht endgültig binden. Abstand zu gewinnen, das schwebt ihr vor, und endlich an einer der Küsten des Mittelmeers zur Ruhe zu kommen, von denen sie schon so viel gelesen hat. Bei Goethe, bei Winckelmann, bei Axel Munthe und bei Rilke.

In Barcelona läuft, ja rennt sie gleich nach der Ankunft die Ramblas hinunter, unausgeschlafen, wie sie ist, hat vorerst keine Augen für die Vogelhändler, Blumenstände, Kioske und Straßenmusikanten, entbietet Kolumbus auf seiner Säule einen kurzen, respektvollen Gruß und steht zum ersten Mal vor diesem magischen *mar mediterráneo*. Betrachtet die Wiege der Menschheit. Kutter, Fähren und Segelschiffe tanzen auf den Wellen, sie schnuppert die unbeschreiblich milde Hafenluft. Nach *arroz a la marinera* riecht es und nach Fischernetzen. Über ihr quietscht die Luftseilbahn, katalanische Laute dringen an ihr Ohr. Sie, die zwei Jahrzehnte lang an der Peenemündung beheimatet war, auf zugefrorenen Teichen Schlittschuh lief, bislang nur die Ostsee kennengelernt und sich noch im Spätherbst bei Usedom in die eiskalten Fluten gestürzt hat, spürt, dass sie angekommen ist. Bei sich selbst. Zu Hause. Melancholisch und zugleich euphorisch ist ihr zumute, der großartige Anblick versetzt sie in Aufruhr. Sie hat Blut geleckt.

Im Café erwähnt jemand Ibiza. Auch in einer kleinen Bar im Barrio Chino fällt das Wort wieder. Bei einem Ausflug auf den Montjuic dringt der anziehende Dreisilber mit dem gelispelten »S« abermals an ihr Ohr. Jedes Mal horcht sie auf. So, als sei sie gemeint. Selbst im Hotelrestaurant sprechen die Kellner fortwährend von dieser Insel, deren Namen sie bisher lediglich vom Hörensagen kannte. Kurz vorm Einschlafen gibt ihr die ältere, reiseerfahrene Zimmernachbarin, von der sie mit Informationen aus erster Hand versorgt wird, schließlich den entscheidenden Tipp. Gerade du solltest da mal hinfahren, bekommt sie zu hören. Das ist was für dich. Da spielt momentan die Musik. Und wenn schon, dann in dieses kleine *hostal*. Ganz einsam soll es liegen, günstig ist es auch. Stierkämpfer steigen dort ab. Künstler und Flamencotänzer. Amerikaner und eine Handvoll Deutsche. »Mar Blau«. Vielleicht etwas für die nächste Reise.

Die nächste? Sie schläft drüber und beschließt am nächsten Morgen, dass eine solche Chance nur ein Mal kommt. Und dass man sie ergreifen sollte. Keine dreihundert Kilometer trennen sie noch von der Insel, die in aller Munde zu sein scheint. *Con algo hay que empezar* heißt die erste Lektion in ihrem völlig zerlesenen Sprachbuch *Modernes Spanisch*, das sie sich aus der Stadtbücherei ausgeliehen hat und das sie seit der Abfahrt in Biebrich in ihrer Handtasche spazieren führt. Mit etwas muss man ja anfangen! Irgendwo muss es ja losgehen! So beschließt sie, diese Redewendung zu beherzigen und in die Tat umzusetzen. Sie lässt den Rest der Besichtigungen auf dem Festland einfach sausen, jemand erklärt ihr den Weg zum Iberia-Reisebüro. Nein, die nächste Maschine nach Ibiza ist noch nicht ausgebucht. Sie kratzt die letzten *pesetas* zusammen und opfert ihr restliches Reisebudget für den Trip. Ihr erster Flug noch dazu! Mit einmal Umsteigen auf Mallorca. Ihre Lufttaufe feiert sie mit einem Glas Orangensaft. Und raucht vor lauter Aufregung ihre erste Zigarette. Der Steward gibt ihr Feuer.

*

Der Anflug steckt ihr noch in den Knochen. Im Sichtflug ist der Pilot auf die Insel zugesteuert, Schafe sind in Panik auseinandergestoben, als die Maschine beim Landen auf die staubige Piste zuhielt. Jetzt darf sie sich entspannt zurücklehnen. Es ist eine gemächliche Taxitour, der Fahrtwind spielt mit ihren Haarsträhnen. Sie schaut aus dem Fenster. Ramponierte Osborne-Reklametafeln in Form markanter Stiersilhouetten fliegen an ihr vorbei, gesichtslose Felder, Stierkampfwerbung auf Brandmauern, Brachflächen, streunende Hunde. Ein Esel, dessen Satteltaschen mit bunter Keramik beladen sind, bezopfte alte Frauen im Kopftuch am Straßenrand. Ab und an blitzt das Meer auf. Die ersten Wohnblocks werden sichtbar, Kasernen, Spielplätze. Dann, als sie sich der Stadt nähern und plötzlich die Zitadelle ins Blickfeld rückt, als Wälle, Kirchturmspitzen und weiß-blaue Fassaden auszumachen sind, biegt ihr Taxi scharf nach rechts ab, quält sich einen steilen Hügel hinauf und bleibt unvermittelt stehen. Die Asphaltierung endet bei den letzten Häusern. Und was jetzt? Bedauernd zuckt der Fahrer mit den Schultern. Er weigert sich standhaft, auf einem schlaglochübersäten Schotterweg weiterzufahren, und weist stattdessen auf eine Gruppe von Gebäuden auf der nächsten Bergkuppe. »Los Molinos«, sagt er noch, und tatsächlich wird jede Anhöhe am Horizont von einer alten Windmühle gekrönt. Die letzten fünfhundert Meter zum Mar Blau werden zu einer schweißtreibenden Angelegenheit.

Doch der Aufstieg lohnt sich. Das *hostal* mit seiner unwirklichen, märchenhaften Atmosphäre übertrifft ihre kühnsten Erwartungen. Eine Enklave der Ruhe und Liebenswürdigkeit. Der Mühlenhügel verleiht der schlichten Herberge, die nur aus offenen Terrassen und weiten Flächen zu bestehen scheint, eine Leuchtturmposition. Nach allen Seiten geht der Blick ins Blaue. Und in die Ferne. Sie thront über Klippen und Wogen; sie fühlt sich erdenthoben und frei. Man empfängt sie wie eine schon immer Dazugehörige. Die Zimmer sind einfach, hell und kaum möbliert, die Tage opulent und unendlich intensiv, die Nächte lau und kurz. Aus der tiefblauen Dunkelheit vor ihrem Balkonfenster im Dalt Mar hört sie zuweilen das Meer, das, fordernd und gelassen zugleich, Welle für Welle an Land trägt. Sie fühlt sich beschenkt. Sie findet das Leben wieder lebenswert.

Die Gäste, nicht mehr als zwei Dutzend, speisen im Schatten eines knorrigen alten Olivenbaumes, bedient von einer Schar halbwüchsiger Brüder, von denen der älteste, Juanito, den Direktor mimt. Joaquín, Javier und Jesús heißen die anderen. Sie muss erst üben, bevor ihr die vier Namen mühelos über die Lippen kommen. Rachenlaute und rollende R erfordern eine gewisse Routine. Sie nippt am Rosado, probiert Campari, bleibt aber vorerst bei Cola. Sie kostet von der roten *sobrasada*, einer würzigen, wohlschmeckenden Wurst, stochert etwas lustlos in der *truita amb sardinas*, einem Fischomelett, herum und begnügt sich mit einer dünnen *sopa de fideos*. Nach dem frugalen Abendessen, der *cena,* begibt man sich in den benachbarten Night Club, eine sternenbeschienene *sala de fiestas*, und tanzt, von den Rhythmen einer talentierten Kapelle umschmeichelt, bis in die Morgenstunden. *Let's Twist Again. Magic Moments. Are You Lonesome Tonight?* Jeder Titel ein Motto, ein Versprechen.

Mit einer Gruppe von Toreros aus Cádiz und Jerez de la Frontera, die sich im Mar Blau auf ihre Corrida vorbereitet, hat sie großen Spaß; wenn einer der *muchachos* ihr den Hof machen möchte, gibt sie sich unnahbar. Ansonsten wohnen hier ausschließlich Individualisten. Ein älterer Herr, der sich als Manager von Ava Gardner ausgibt, ein amerikanischer Ölmagnat, eine schwarzhaarige, rassige Deutsche, die jeder für eine Andalusierin hält, Maler, Architekten, *madrileños* und einige »Inselberufene«, die nichts über ihren Broterwerb preisgeben möchten. Ohnehin fragt niemand nach Vorgeschichte oder Vergangenheit seiner Mitbewohner, für alle zählt nur die Gegenwart. Niemand plant über den nächsten Sommertag hinaus. Geheimnisse bleiben unangetastet. Und Ehepaare? Fehlanzeige.

Am späten Vormittag schlendert sie allein durch die leuchtend weißen Gassen rund um das Ayuntamiento, das hiesige Rathaus – eine Oase der Stille. Um eins kehrt sie zurück, verzehrt ein paar Feigen und versucht, mit Felix, dem rothaarigen, sommersprossigen Einsiedler aus der dem *hostal* am nächsten gelegenen Mühle, eine Unterhaltung in Gang zu bringen. Wie ein Ire sieht er aus. Weit kommen sie nicht. Es ist ein Gespräch mit Händen und Füßen. Das spielt keine Rolle: Wo die Worte versagen, spricht die Seele. Die zwei verstehen sich auch so ganz gut.

Eine Siesta hält sie nicht, sie verzichtet auf eine Mittagsmahlzeit und verbringt die heißesten Stunden in einer kleinen Felsbucht zwischen Dalt Mar und Figueretas. *El laguito.* Lange Schwimmausflüge, bei denen sie vorgelagerte Inseln anpeilt, wechseln mit Lektüre und Nichtstun. Stundenlang blickt sie traumverloren auf den Golf. Sie erlebt sich als gänzlich bedürfnislos. Ist schon dabei, ihre Identität abzustreifen. Von ihr aus könnte es jetzt wochenlang so weitergehen.

Nur noch drei Tage bleiben ihr. Es ist der 13. August. Sie bemüht sich nach Kräften, die Zeit anzuhalten. Schon von Weitem sieht sie, als sie sich ihrer Lieblingsbadestätte nähert, dass der Platz heute besetzt ist. Zwei Männer haben sich bereits vor ihr dort eingefunden. Deutsche natürlich. Missmutig verzieht sie sich auf einen anderen Felsen, vermeidet einen Blickwechsel. Als sie zum ersten Mal schwimmen geht, spürt sie, dass sie beobachtet wird. Beim zweiten Mal entgeht sie der Kontaktaufnahme durch einen Kopfsprung und einige schnelle Kraulzüge. Beim dritten Mal lässt sie sich ansprechen. Sie solle doch bitte erklären, wie man hier ins Wasser kommt. Sie traut ihren Ohren nicht, gibt aber Anweisungen. Leistet Hilfestellung. Selten ungeschickt stellen sich die beiden an, es ist ein Schauspiel für die Götter. Sie bricht in Gelächter aus. Ist es nicht eher Männersache, einer Dame galant ins kühle Nass zu helfen? Verkehrte Welt! Doch der Jüngere von beiden, ein charmanter, braun gebrannter Dreißigjähriger aus der Rattenfängerstadt Hameln, gefällt ihr. Und flirten kann er auch. Er und sein älterer Bekannter sind, enttäuscht vom Hotel Cenit, gerade ins Ebeso umgezogen, direkt um die Ecke. Der Austausch am *laguito* zieht sich in die Länge. Von schwimmen oder gekonnter Felskletterei ist bald keine Rede mehr. Als die Sonne schon hinter den Hügeln westlich der Playa d'en Bossa verschwunden ist, verabreden die drei sich zum Abendessen.

Einen Fernsehapparat gibt es im Mar Blau nicht, aber Javier, der mittlere Bruder, hört gerne Radio, wenn er nicht gerade eine neue Tanzscheibe auflegt. Irgendwas ist in Deutschland passiert, ruft er ihr aufgeregt zu, als sie sich gerade umgezogen hat, um sich von Felix in die Stadt fahren zu lassen, wo er sie am Hafen absetzen soll. Sie hört nur mit halbem Ohr hin und winkt im Vorbeigehen. Sie hat es heute eilig.

*

Im verräucherten Fischrestaurant bei der Mole kommen zwei sich näher, der Dritte zeigt Verständnis und zieht sich frühzeitig zurück. Beide Männer, so errät sie, sind schon eine ganze Weile auf der Flucht vor gescheiterten Ehen. Nehmen sich eine Auszeit vom Alltag, verreisen zusammen, werden oft für Vater und Sohn gehalten, entdecken gemeinsam die Mittelmeerländer. Individuelle Eroberungen nicht ausgeschlossen. In Marokko und Tunesien sind sie gewesen, aber nirgends haben sie sich so wohlgefühlt wie auf Ibiza. Und sie hat sich selten so wohlgefühlt wie in Gegenwart dieses Charmeurs. Er bekennt, gern Hemingway zu lesen, sie hält ein flammendes Plädoyer für Dostojewski. Doch sonst sind sie sich in allem einig. Die Nacht bricht an. Und auch die Emotionen brechen über die beiden herein. Verlegen sind sie nicht. Das Mädchen von der Ostsee, die ihre flachsblonden Haare zu zwei dicken Zöpfen geflochten hat, nimmt ihren unbeholfenen niedersächsischen

Strandnachbarn bei der Hand, führt ihn den Mühlenhügel hinauf und zeigt ihm ihren berückend schönen Tanzklub am Meer. Und er darf staunen, wie viele Leute sie hier schon kennt, wie viele Männer sie auffordern, wie beliebt sie ist. Das stachelt seinen Ehrgeiz an – er will jetzt ihr Auserwählter sein. Bis zum Morgengrauen tanzen sie in den siebenten Himmel, vergessen die Zeit, die Konventionen, ihre Herkunft, die deutsche Provinz, in die sie bald wieder zurückmüssen. Zwei neugeborene Balearenfans sind füreinander entflammt.

In den kommenden achtundvierzig Stunden dreht sich die Welt nur noch um sie beide, gehört das ibizenkische Paradies ihnen allein. Wo sie auch hinkommen, sind sie die Einzigen. Er treibt einen der wenigen Mietwagen der Insel auf, und zu zweit gondeln sie bis nach Port Roig und Portinatx, zwei Reifenpannen inklusive. Sie baden vor Tagomago, sie schnorcheln in der Cala Llonga, und in der Cala Moli nimmt sie ein Fischer in seinem Kahn mit aufs Meer hinaus. Das Lunchpaket, das Küchenchef Mateo ihnen mitgegeben hat, fällt zwar bei einer Rast auf dem *campo* einer Ameisenattacke zum Opfer, weil sie es lange vor dem Picknicken an den viel zu tief hängenden Ast einer Schirmkiefer gebunden haben. Egal – zwei *bocadillos*, die sie auf dem Dorfplatz von San Miguel einnehmen, tun es dann auch.

Am Sonntagnachmittag jubeln sie in der Plaza de Toros dem andalusischen Stierkämpfer zu, mit dem sie morgens schon beim Frühstück auf der Pensionsterrasse beisammengesessen haben. Manolo, der Torero, widmet ihr den Kampf, wirft ihr unter dem Jubel des Publikums seine *montera* zu. Aus dem freundlichen Tischgesellen, kaum dem Knabenalter entwachsen, wird im Laufe einer Viertelstunde ein todesmutiger Matador. Das junge Paar kommt gerade noch mit dem Schrecken davon, als der angriffslustige Jungstier, kaum dass er in die Arena gestürmt ist, mit einem mächtigen Satz im engen Zwischenraum hinter der hölzernen Barriere landet, die entsetzten, im Kreis rennenden Bandilleros vor sich herscheucht und schließlich seine Hörner direkt vor den Füßen der beiden *enamorados* wutschnaubend ins Mauerwerk bohrt. So eine verrückte *novillada* hat man auf Ibiza lange nicht gesehen. Ein springender, ja ein fliegender Stier. Eine blonde Deutsche, die am Ende des Gemetzels, von Trommelwirbeln unterstützt, wie wild mit ihrem Taschentuch wedelt, damit dem siegreichen Manolo auch die gebührende Trophäe zuteilwird: Die beiden Stierohren hat er sich verdient. Und abends wird im Mar Blau weitergefeiert, bis in die Puppen. Mit *cava* und *xampán*, den spritzigen katalanischen Schaumweinen. Das Fest steigert die Verliebtheit noch, beschleunigt die Gefühle. Zurück nach Deutschland mag keiner von beiden.

*

Sie haben aneinander Geschmack gefunden, sie haben der Insel ihre Zuneigung zu verdanken, sie schmieden bereits Zukunftspläne. Pläne, die wenig mit dem engstirnigen deutschen Kleinstadtleben zu tun haben. Und viel mit unwahrscheinlichen, aber belebenden Ibiza-Perspektiven. *Con algo hay que empezar.* Sie liebäugeln sogar mit Auswanderung. Da trifft es sich denkbar schlecht, dass der hessische Verehrer, mit dessen Erscheinen auch nicht im Entferntesten gerechnet werden konnte, ihnen mit einem Überraschungsbesuch die amouröse Idylle und das Luftschlossbauen gründlich vermasselt. Er ist seiner Gefährtin nachgereist, um sie abzuholen und nach Hause zu begleiten; in Barcelona hat er erfahren müssen, dass sie sich in der Zwischenzeit in Richtung Pityusen aus dem

Staub gemacht hat. Er hat ihre Spur verfolgt. Und im Mar Blau wird er, genauer, als es ihm lieb sein kann, durch Dritte vom aktuellen Stand der Dinge in Kenntnis gesetzt. Während das Liebespärchen durch Abwesenheit glänzt. Sich noch an seinem ganz persönlichen Felsenstrand befindet.

Die Stunde der Wahrheit, die sich an ihre abendliche Rückkehr nach Los Molinos anschließt, geht in die noch junge Hotelgeschichte ein. Dramatische Szenen spielen sich ab. Keiner der Beteiligten mag sich umstimmen lassen, keiner der Konkurrenten auf seine Ansprüche verzichten. Selbst die Gäste mischen sich ein; alles kommentiert, streitet, weint und schreit durcheinander. Die Situation ist verfahren, entbehrt aber auch nicht einer gewissen Komik. Es wird weiter gerungen, gehadert und diskutiert. Bis die beiden baskischen Gitarristen, denen noch ein wenig Zeit vor ihrem abendlichen Gastspiel bleibt, schließlich entnervt zu ihren Klampfen greifen und dem Spuk ein Ende bereiten. Mit einem musikalischen Feuerwerk. Aus der unschönen Konfrontation wird damit kurzerhand eine improvisierte Fiesta. Einer tanzt sich die Wut, zwei tanzen sich die Verzweiflung von der Seele. Das Brüderquartett, das die ganze Angelegenheit ziemlich locker nimmt, schenkt Cognac ein, Tapas werden gereicht. Und dann ist es auch bereits Zeit für die Abreise. Diesmal mit der Fähre.

Am Puerto de Ibiza, vorm Korsaren-Denkmal, ist immer noch nicht ganz klar, wer hier eigentlich wen zum Schiff bringt. Kurz bevor die Gangway hochgeklappt und der Anker gelichtet wird, geht dann doch nur einer an Bord; die junge Frau, umringt von ihren neuen Freunden aus dem *hostal*, die alle wild gestikulierend auf sie einreden, schwankt mit ihrer Entscheidung und beschließt im letzten Moment, ihren Aufbruch noch einen Tag hinauszuzögern. Um Mitternacht sind die Würfel gefallen. Das Schiff sticht in See; sie bleibt an Land. In den nächsten vierundzwanzig Stunden geloben sich zwei unsterblich ineinander Verliebte ein ums andere Mal, auf dieser Insel gemeinsam ein neues Leben zu beginnen. Und wenn schon nicht für immer, dann doch wenigstens jedes Jahr aufs Neue.

*

Erst als die junge Blonde im Reisebus sitzt, der sie von Barcelona zurück nach Deutschland bringt, berichtet ihr ein Fahrgast, dass in Berlin vor wenigen Tagen eine Mauer errichtet worden ist, die ihr Heimatland in zwei Hälften teilt. Nach den Turbulenzen der vergangenen Tage bricht gleich noch eine Welt für sie zusammen.

Auf Ibiza hat sich indessen eine neue für sie eröffnet, und sie ist fest entschlossen, sie zu betreten. Sie wird von ihr Besitz ergreifen. *Con algo hay que empezar.* Elf Monate später ist meine Mutter wieder zur Stelle, in Begleitung meines Vaters. Aus Hameln sind die beiden angereist. Gemeinsam. Und ich bin, sozusagen, schon mit von der Partie. Wenn auch noch nicht von *dieser* Welt.

Es waren reizende Wochen, ein unvergessliches Geschenk der Götter. In einem weit entfernten Meer suchte man die Insel der Seligen, und ich fand sie hier. Hoffentlich bleibt ihr der Friede erhalten, der Friede in einer Welt, die sich selbst zerreißt.

Adolf Schulten
*Tagebuch,* um 1920

*Aivis*

## Menschen im Hotel

Zählt das Unterwegssein, das Transportiertwerden im Mutterleib, schon als erster Inselbesuch? Vermutlich nicht, hatte ich 1962 doch noch nicht höchstpersönlich Ibiza-Boden betreten oder Ibiza-Luft schnuppern können. Ich wurde lediglich »befördert«. Doch bereits die nächsten beiden Aufenthalte scheinen zu meiner vollsten Zufriedenheit ausgefallen zu sein. Den dort geschossenen Schwarz-Weiß-Fotos nach zu urteilen, die von mir als frisch geschlüpftem Erdenbürger und tapsigem Kleinkind vorliegen. Zumeist im Adamskostüm. Stets über beide Backen strahlend und mit dem fast gleichaltrigen Nachwuchs des *director,* Juanito junior und Maria del Rosario, glücklich und zufrieden posierend. Erst meine vierte Reise auf das Liebeseiland meiner Eltern trübte das perfekte Bild – sie endete beinahe mit einer Katastrophe für mich. Was übrigens meiner künftigen Begeisterung für Ibiza nichts anhaben konnte. In Castellón de la Plana an der spanischen Festlandküste am Golf von Valencia, unserer letzten Station vor der Heimfahrt, erkrankte ich an Paratyphus. Der Verzehr einer rohen, wohl verunreinigten Muschel, die mir am Strand ein freundlicher Fischer gereicht hatte, soll die gefährliche Infektion ausgelöst haben. So jedenfalls reimten es sich meine Eltern später zusammen. Erst als sich bei mir akute Bewusstseinsstörungen bemerkbar machten, ein schweres Fieber nicht weichen wollte und Haarausfall einsetzte, erkannten sie, von Panik ergriffen, die lebensbedrohliche Situation und rasten in unserem Fiat 500 Hals über Kopf mit mir Zweijährigem zurück in deutsche Lande. Sie durften aufatmen: Das Missgeschick blieb folgenlos. Ich überstand die Krise; ich durfte wiederkommen.

*

Von Anfang an war es ausgemacht, dass wir unsere Zelte für alle Zeit auf den Hügeln von Los Molinos aufschlagen würden. Wir kamen nicht nur im Sommer, sondern auch im Herbst und Frühjahr. Selten um die Weihnachtszeit, eher schon im Januar. Wann immer es ging. Und leidenschaftlich gern. Bald erschienen wir zu viert, denn auch meine jüngere Schwester tauften wir – noch dazu im Schlüsseljahr 1968 – mit Ibiza-Wasser. Das Mar Blau wurde unser Hauptquartier und unsere Heimstätte. Andere junge Familien und exzentrische Blumenkinder-Rebellen mit Kleinkindern vervollständigten das Konglomerat der Gäste, das bislang vorwiegend aus recht eigenwilligen und auf Distanz bedachten Einzelgängern bestanden hatte: Glücksrittern, Saisonmusikern mit Festengagement und ehrgeizigen Matadoren vom Festland, die sich hier in der Provinz erst ihre Sporen verdienen mussten. Die neuen Besucher machten das hübsche Gästemosaik noch etwas bunter.

Lebensstile und Welten prallten im Mar Blau fortwährend aufeinander. Kritische Köpfe und enthemmte Hedonisten. Bekennende Nichtstuer und politische Widerständler. Idealisten, Freizeitphilosophen, Vorruheständler. Bonvivants und Pfennigfuchser. Hochstapler und schwer einzuschätzende Fantasten, über deren Existenz sich nur wenig Konkretes in Erfahrung bringen ließ und die hier gleichsam inkognito wohnten. Ein vornehmes, zurückhaltendes Bühnenbildnerehepaar aus Aachen und eine lärmende Großfamilie aus Bordeaux. Zwei Kölner Kabarettisten und eine reiche, fettleibige New Yorkerin, von ihrem jeweils letzten Liebhaber gerade wieder sitzen gelassen. Abenteuerlustige Schwule und eingefleischte Junggesellen. Echte und falsche Hippies. Schrullige Flamen, Schwabinger Urgestein, Berliner Pflanzen. *Crazy people.* Lustige Witwen und unglückliche Strohwitwen. Mürrische Pariserinnen und muntere Madrileninnen. Gleich fünf verschiedene und auch geschiedene deutsche Damen namens Ilse, für die wir uns originelle spanische Spitznamen ausdachten. (Alleinstehende Frauen waren eindeutig in der Überzahl.)

Ein amerikanischer Schriftsteller und Salonkommunist, der schon vor langer Zeit vor den perfiden Nachstellungen und geheimpolizeilichen Ermittlungen der McCarthy-Behörden aus den USA geflohen und inzwischen auf Ibiza sesshaft geworden war, trieb im *hostal* sein Unwesen. Er verbrüderte sich mit kalifornischen Kriegsdienstverweigerern, eine Generation jünger, die mit wechselnden Freundinnen und Babys, deren Elternschaft nicht immer geklärt war, für ein Drittel der üblichen Zimmermiete im Erdgeschoss hausten – manchmal monatelang. Sie hatten wenig Lust verspürt, den Einberufungsbefehlen Folge zu leisten und sich im vietnamesischen Dschungel als Kanonenfutter verheizen zu lassen. Juanito drückte ein Auge zu, wenn sie für eine Weile nichts zahlen konnten – was oft der Fall war, wenn die von ihren Verwandten oder solidarischen Freunden geschickten Schecks verspätet beim American Express Office unten in der Stadt eintrafen. Sie brachten die ausgefallensten Platten, die verrücktesten Klamotten, den aufregendsten Schmuck mit. Sie sah man schon mal nackt am Pensionsfenster stehen oder um vier in der Frühe, in hitzige Diskussionen verwickelt, auf den Stufen von Felix' Mühle um das richtige Bewusstsein streiten.

Alle zusammen bildeten wir eine Schicksalsgemeinschaft. Wie unter einem Brennglas konzentrierten sich in dieser sonderbaren »Bleibe zum blauen Meer« die auch überall sonst auf der Insel koexistierenden Lebensformen, Weltanschauungen und Denkweisen. Nur eben auf engstem Raum. Hinterwäldler trafen auf Progressive, Antiautoritäre auf Verklemmte, Vermögende auf Knickrige und arme Schlucker, Weitgereiste und Globetrotter auf Spanien-fixierte Wiederholungstäter. Das ganze Meinungsspektrum war vertreten. Nicht selten kochten bei Kontroversen die Emotionen hoch, kam es zu Szenen, dramatischen Abgängen und verbalen Schlachten. Wie in einem endlosen Theaterstück, das wir selbst inszenierten und immer wieder umschrieben. Es war ungemein spannend zu registrieren, wie sich von Monat zu Monat und von Jahr zu Jahr das Machtgefüge innerhalb der Gästefamilie verschob, wer das Sagen hatte und wer verschmäht, mit Missachtung gestraft und ignoriert wurde. Zu beobachten, wer sich zum Hotelstar aufschwang, um in der Folgesaison der allgemeinen Gunst verlustig zu gehen, kleinlaut den Schwanz einzuziehen und von einer charismatischeren Persönlichkeit ersetzt zu werden. Insgesamt ging es aber gesittet, kooperativ und weitgehend friedlich zu. Was gar nicht so leicht zu bewerkstelligen war, konnte man sich auf begrenztem Terrain doch nur für wenige Stunden aus dem Weg gehen. Blickkontakt ließ sich nicht ewig vermeiden, und selbst dickköpfige Widersacher und erklärte Feinde konnten aus ihren Herzen keine Mördergrube machen, sprachen sich aus und lenkten wieder ein. Was natürlich sofort mit einer feuchtfröhlichen Versöhnungsfeier besiegelt wurde, an der sich alle beteiligten.

An der Rezeption, an den Bartresen, im Saal beim Essen, in den Fluren des Dalt Mar, auf der Figueretas-Terrasse und im Night Club herrschte ein Sprachgemisch wie beim Turmbau zu Babel. Da sich nur wenige der älteren Europäer in den Sechzigern auf Englisch verständigen konnten, dominierten die jeweiligen Muttersprachen sowie deren Dialekte, angereichert mit kümmerlichen, dem Idiom des Gastlandes entlehnten Phrasen und einzelnen katalanischen Begriffen, und so bildete sich ein burleskes Fantasie-Spanisch heraus, das außerhalb der Hotelgrenzen wahrscheinlich niemand auch nur annähernd verstehen konnte, das innerhalb hingegen die perfekte Kommunikationsgrundlage darstellte.

Juanito und seine stets gleichmütig agierende Gattin Maria, Antonio, ein weiterer Bruder, der für die Vermietung von Ferienappartements direkt am Meer zuständig war, und die vielköpfige, liebenswert unprofessionelle Kellnerschar kamen damit jedoch problemlos zurecht. Es grenzte an ein Wunder, wenn man bedenkt, dass Betreiberfamilie und Bedienstete ursprünglich vom Land kamen und daher noch nie mit Ausländern in Berührung gekommen waren. Miguel, der entzückend unbeholfene Ober, verdingte sich in der Wintersaison als Schafhirte, Bartolo, der einem pummeligen italienischen Tenor glich, musste erst einmal erklärt werden, was ein Manhattan war und wie man Cocktails mixte, die freundliche, zarte Zugehfrau Concepción kratzte all ihre Ersparnisse zusammen, damit ihr begabtes Söhnchen Pepito, derzeit noch als Tellerwäscher in der Küche beschäftigt, in einigen Jahren das Reifezeugnis *bachillerato* ablegen konnte, und das ungleiche Gespann der Zimmermädchen, die spindeldürre, zahnlose Rufina und die beleibte, stämmige Lola, liebten wir für ihre Ehrlichkeit und Unverfälschtheit, ihre Güte und ihre Geduld.

Den Tag und Nacht offenen Hoteleingang, der nur einen Katzensprung von Felix' liebevoll angelegtem Mühlengärtchen entfernt lag, bewachten betagte und todmüde Schäferhunde, die träge in der Sonne dösten und niemals anschlugen. Das Steckenpferd des *patrón* aber war die auf der Insel sehr beliebte Taubenzucht. In einem großen Gehege am Hang, der zu einem verborgenen Kiesstrand abfiel, hielt, pflegte und verwöhnte er seine *palomas*. Hier konnte man ihn antreffen, wann immer im *hostal* eine ruhige Kugel geschoben wurde; hier vertrieb er sich in den Wintermonaten die Zeit. Ansonsten hielt er nichts davon, sich an der frischen Luft aufzuhalten. Jahraus, jahrein trug Juanito über schwarzer, ausgebeulter Hose ein nicht mehr ganz weißes Hemd, über das er bei kühler Witterung einfach einen löchrigen Wollpullover streifte, schmauchte einen *puro* nach dem anderen und lief, die Hände auf dem Rücken verschränkt, von der Rezeption zur Bar, von der Küche zu einem von Papieren, Bleistiften und Zigarrenstummeln überquellenden Schreibtisch, den Staubschichten wie Jahresringe bedeckten, und wieder zurück. Oder er machte im Speisesaal und auf den Terrassen die Honneurs und nippte dabei an einer *copa* Magno oder an einem Glas Cuba Libre. Auf diesen kurzen Wegen erledigte er alles, was so anfiel. Vom Einchecken und dem handschriftlichen Eintrag ins Hotelregister über das Meistern von Krisen bis zur Aufnahme von Bestellungen und improvisierten Abrechnungen, die er zur großen Freude seiner Stammgäste stets großzügig nach unten abrundete. Dabei wirkte er immer souverän und schlitzohrig, gab sich aber unbeteiligt.

Zuweilen ließ er sich für die Dauer eines Schachzuges in einer Sitzecke nieder. Oft hatte er nämlich mehrere Partien zugleich laufen. Es machte ihm Spaß, fremden Leuten wie alten

Ibiza-Hasen ein intellektuelles Kräftemessen vorzuschlagen und sie dann sich selbst zu überlassen. Seine Gegner, spielfreudige Besucher, die ihm in puncto Schach-Könnerschaft nicht das Wasser reichen konnten, hockten stundenlang vor ihren Brettern, zermarterten sich das Hirn, durchschauten seine Finten nicht und verzweifelten am jeweils nächsten Zug; dann und wann tauchte er auf, nie länger als eine halbe Minute, plauderte mit seinen Opfern, rückte einen Turm oder einen Bauern ein Feld weiter, trickste mit einer Rochade oder setzte seine Mitspieler unversehens schachmatt.

Wer im Mar Blau allen Ernstes telefonieren wollte, konnte dies nur in einer kleinen Nische an einem vorsintflutlichen Apparat tun, wo man aufgrund der kurzen Schnur mit gebeugtem Rücken kauern und sich über den beträchtlichen Lärmpegel in der offenen Eingangshalle hinwegsetzen musste. Wer sich gar im *hostal* anrufen ließ, hatte sich darauf einzustellen, dass es schon mal zehn Minuten dauern konnte, bis irgendein Angestellter geruhte, das Gespräch anzunehmen. Weitere zehn, bis er sich dazu bequemte, wirklich auf die Suche nach dem gewünschten Gast zu gehen, und weitere fünf, bis er sein Anliegen weit hinten im Garten an einem Esstisch vortrug. Wenn er es nicht unterwegs schon wieder vergessen hatte. Was die Anrufer sich gedacht haben mögen, während der Hörer viertel-, ja halbstundenlang auf der Anrichte lag und ihnen aufschlussreiche akustische Einblicke in das kunterbunte Hotelleben verschaffte, malten sich die nicht Betroffenen jedes Mal mit Vergnügen aus.

*

Anfang der Fünfziger hatten die Gebrüder Roselló, gebürtig aus einem Weiler zwischen Santa Gertrudis und San Rafael, das bescheidene Haus mit nur wenigen Zimmern in wahrlich atemberaubender Lage übernommen und konnten, als sie dessen Pforten öffneten, gleich mit zwei Pfunden wuchern – dem benachbarten, ebenso sensationell platzierten Tanzlokal, das die örtliche High Society in gleichem Maße ansprach wie den wählerischen Reisenden, und dem unverstellten Panoramablick auf die Südhälfte der Insel, die amphitheatrisch ansteigende Festung und das Meer bis weit hinaus nach Formentera und die Salinen. Hinzu kam, dass die Rosellós ihre Herberge als Familienbetrieb führten, was die Fluktuation des Personals weitgehend ausschloss: Man war also unter sich, zählte zu einer exklusiven Gemeinschaft von Gleichgesinnten. Diese außergewöhnlichen Qualitäten sprachen sich herum. Mitsamt der sehr persönlichen, zurückhaltenden und unaufdringlichen Atmosphäre. Erschwinglich war ein Langzeitaufenthalt in der Pension obendrein.

Unter die Artisten, Jongleure und Trompeter mischten sich bald große Stars aus Übersee wie die legendäre, glamouröse Schwimmerin Esther Williams oder der in Hollywood reüssierende Brite George Sanders. Eine Berühmtheit wie Errol Flynn, der das Mar Blau in den Sommern 1956 und 1957 zu seiner bevorzugten mediterranen Unterkunft auserkoren hatte, brachte zusätzlichen Glanz in die Bude. Ursula Andress wurde ebenfalls gesichtet. Auch der holländische Maler Wim Bosma stieg in diesen Jahren gern auf dem Mühlenhügel ab, auf dem Stille, gepflegte Konversation, Weltläufigkeit und ein unangestrengtes spanisches Ambiente wie selbstverständlich vereinbar schienen, und verewigte die im Grunde sehr schlichte Herberge und ihre Umgebung auf einer Reihe von Ölgemälden, die dann jahrzehntelang das Hotelinnere schmücken sollten.

Bilder ganz anderen Kalibers malte der Ungar Elmyr de Hory. Sicher eine der faszinierendsten Gestalten der kosmopolitischen, einen luxuriösen Lifestyle pflegenden Ibiza-Community und wohl einer der begabtesten Kunstfälscher des 20. Jahrhunderts, spezialisiert auf täuschend echte Picassos, Modiglianis und Renoirs. Für ihn, einen Léger-Schüler, der sich zuvor in Paris, Miami und Washington getummelt hatte und der mehr als einmal mit dem Gesetz in Konflikt geraten war, wurde vom französischen Kunsthändler Fernand Legros, einem seiner »Dealer«, ganz in der Nähe des Mar Blau eine schicke Villa errichtet. Regelmäßig ließ sich der illustre Nachbar in unserem *hostal* blicken, immer umgeben von einer geheimnisvollen Aura und von noch geheimnisvolleren Begleitern: Clifford Irving, seinerseits ein erfolgreicher Fälscher im Bereich der Literatur und, nach dem Rieseneklat um seine unechte »Autobiografie« des Milliardärs Howard Hughes, nun auch Verfasser von de Horys »Memoiren«, gehörte dazu. Die getürkten Irving-de-Hory-Erinnerungen sollten später wiederum in einer fiktiven Dokumentation von Orson Welles im Gewand eines Films publiziert werden.

Sich mit dem dandyhaften Ungarn zu unterhalten, kam so der Beschäftigung mit ineinander verschachtelten russischen Puppen gleich: Hinter der Maske des begnadeten Künstlers, der während des Zweiten Weltkrieges in deutschen Lagern Misshandlungen ausgesetzt gewesen war, verbarg sich der Protagonist eines Buches, für das ein ständig mit der Unwahrheit kokettierender Ghostwriter verantwortlich zeichnete, und zugleich das chamäleonhafte Sujet einer Doku des großen Welles.

Unwillkürlich spürte man in Elmyrs Gegenwart, dass bei allem, was er tat, auf unangenehme Weise Geld im Spiel war, unsaubere Dollars und Peseten in rauen Mengen. Zugleich verströmte dieser Weltbürger Eleganz und Lebensart. Als wir de Hory im Mar Blau begegneten, war in künstlerischer Hinsicht sein Stern bereits im Sinken begriffen, seine umstrittenen Gemäldekopien waren kaum noch gefragt, und er wurde sogar in einen obskuren Skandal verwickelt, der weniger mit Malerei denn mit Moral zu tun hatte: Wegen vorgeblich krimineller Machenschaften steckte ihn ein spanisches Gericht hinter Gitter; in Wahrheit hatte man ihn wohl aufgrund »homosexueller Verfehlungen« auf dem Kieker. Aber de Hory ließ sich nicht unterkriegen. Er erwies sich als Stehaufmännchen und trotzte allen Anfeindungen. Seine eigenen Bilder verkauften sich inzwischen wie warme Semmeln, eine späte Genugtuung für das Ausnahmetalent; die französische Justiz kämpfte jahrelang vergeblich um seine Auslieferung, und im Dezember 1976 segnete de Hory, eine schillernde, nie auf eine bestimmte Identität festlegbare Gestalt, auf Ibiza überraschend das Zeitliche. Eine Überdosis Schlaftabletten setzte seinem bizarren Dasein ein Ende. Selbstmord, Fremdeinwirkung, erneute Simulation? Der Siebzigjährige, inzwischen einer der prominenteren Inselbürger, starb jedenfalls in den Armen seines Begleiters und Assistenten Mark Forgy, dessen Nachname ironischerweise dem englischen Wort für »Fälscher« *(forger)* aufs Haar ähnelt. *Fake, F for Fake* ...: In Welles', Irvings und de Horys Umgang mit künstlerischer Authentizität entspann sich, gleich auf mehreren Ebenen, ein unentwirrbares Spiel um Dichtung und Wahrheit. Abgründig und nicht verifizierbar. Eben eine emblematische, »typische« Ibiza-Story. Nur der Schauplatz, die Insel, war darin ein unverkennbares Original.

*

Für mich war das Mar Blau, gerade auch in den Kinderjahren, zuallererst ein unerschöpflicher Spielplatz. Es gab keinen Winkel in Küche, Bar und Gästezimmern, den ich nicht erkundet hätte, keinen Baum auf den sonnenüberfluteten Terrassen, auf den ich nicht geklettert wäre. Als ich noch klein war und frühmorgens bereits hellwach, während meine Eltern, den späten Nachtschwärmerschlaf genießend, verständlicherweise noch ein bisschen ungestört bleiben wollten, schickten sie mich oft voraus in den Frühstücksraum, wo ich artig vor Miguel und Rufina mein Sprüchlein aufsagte: *»tres huevos pasados por agua«*, mithin um drei gekochte Eier bat. Um die Wartezeit zu verkürzen, stieg ich bei Javier hinten aufs Mofa und begleitete ihn zur *panadería*, um frische Brotstangen und die verführerischen, noch dampfenden *ensaimadas* abzuholen, eine Art Hefezopf, aus dessen Enden leckeres *cabell d'àngel* quoll, fruchtiges »Engelshaar«. Oder ich sah Lola in der Küche bei den Frühstücksvorbereitungen zu, Felix' Hähnen beim Krähen und Juanito, draußen am Hang, beim Taubenfüttern. Manchmal besuchte ich auch andere Gäste, Frühaufsteher wie ich, die mich gern in ihren *habitaciones* empfingen.

Ein paar Jahre später staunte ich nicht schlecht, als ich an einem Augustmorgen neben einer splitternackten, mir unbekannten jungen Frau erwachte – im Sommer schlossen die Zimmertüren nicht richtig und ließen sich leicht aufdrücken. Eine Hippie-Schönheit, offenbar in die Usancen des Hoteltreibens eingeweiht, hatte sich am frühen Morgen erfolgreich eine Gratis-Schlafgelegenheit verschafft und sich für ein spontanes Nickerchen auf die Couch gelegt. Noch bevor ich meiner Überraschung Ausdruck verleihen oder protestieren konnte, legte sie mir einen Finger auf die Lippen. Dann machte sie sich auf der kleinen Kochplatte Wasser heiß für einen Nescafé, den sie im Stehen herunterstürzte, wobei sie mich unablässig anlächelte, wohl in der Hoffnung, ich würde auch weiterhin den Mund halten, schlüpfte in ein Minikleid, schnappte sich ihren Rucksack und verschwand. Winkend. Ich habe die Geschichte für mich behalten. Womöglich war es ja auch nur ein Traum, ein schöner noch dazu.

*

Nur ein einziges Mal versammelte sich die ganze Mar-Blau-Familie, an deren sprunghaftem, polyglottem Tun und Treiben eine Vicki Baum großen Gefallen gefunden hätte, gemeinsam mit der Belegschaft außerhalb des Hotelgeländes. Das war im Sommer 1972, als der korpulente Koch Mateo seine Herzensdame Conchita heiratete, ein dünnes, sommersprossiges Persönchen, das eher einem schottischen Teenager ähnelte als einer echten Ibicenca. Alle waren wir eingeladen – für das Küchenpersonal gehörten wir einfach mit dazu. Und so waren wir auch vollzählig erschienen. Trauung und *fiesta* fanden, fern von unserem Mühlenhügel in San José statt, im Südwesten des Eilands, und Mateos spendable Verwandtschaft sorgte dafür, dass nicht gekleckert, sondern geklotzt wurde. Hunderte von Dorfbewohnern, die meisten von ihnen in traditioneller Tracht, ließen die Brautleute in einer Open-Air-Gaststätte direkt am Eingang zur Cova Santa, Ibizas größter und »heiligster« Tropfsteinhöhle, hochleben. Es wurde mächtig aufgefahren, und das Hochzeitsbankett war das wohl opulenteste, zu dem ich je geladen worden bin. Eine mächtige Sahnecremetorte war schon zur Hälfte weggeschmolzen, während sie ein halbes Dutzend kräftiger, heftig schwitzender Männer noch aus dem Lieferwagen des Hotelbäckers zutage förderte und dann umsichtig auf die Tafel hievte. Angeschnitten wurde sie trotzdem, unter großem Jubel. Weißer Schaum floss vom Tisch und breitete sich in großen Lachen zu den Füßen des Brautpaars aus.

Die Halbwüchsigen tanzten und hüpften sehr gesittet zu den Klängen der Holzflöten, Pfeifen und Tambourine, wobei die roten Mützen der Jungen und die Kopftücher und langen Zöpfe der Mädchen in der flirrenden Mittagsluft auf und ab wogten. Derweil vergnügten sich die Herren der Schöpfung beim Tontaubenschießen; unzählige *pinchitos*, in scharfe Soße eingelegte Fleischspießchen, brutzelten auf dem Grill, und als sich der fröhliche Nachmittag seinem Ende zuneigte, hielt mein Vater in stockendem Spanisch eine immer wieder von Beifall unterbrochene Festrede auf das junge Glück. Drastische Vergleiche des bevorstehenden Ehelebens mit dem mühsamen Trott eines von zwei ungeduldigen Viechern gezogenen Ochsenkarrens, eine beschwerliche Form der Fortbewegung, die weder Vorpreschen, einseitiges Ausscheren noch Alleingänge zulässt, riefen unter den Zuhörern große Heiterkeit hervor. Sigrid, eine ältliche, elfenhafte Fremdsprachenkorrespondentin aus Madrid, die uns stets wie eine Kreuzung aus Danielle Darrieux und Blandine Ebinger vorkam, hatte die Ansprache für den Laudator übersetzt. Das von der tierischen Analogie nicht weiter verschreckte *matrimonio* lächelte vergnügt und machte gute Miene zu dieser bedenklichen Ankündigung ehelichen Spiels.

Während der Feierlichkeiten zeigte sich, wie stark der Zusammenhalt zwischen Pensionsgemeinschaft und Insulanern inzwischen war. Die damals im Night Club gastierende südamerikanische Band Los Guacayos ließ es sich nicht nehmen, zum mitternächtlichen Tanz aufzuspielen, selbstverständlich ohne Gage, der Schnulzensänger Alejandro intonierte Gounods *Ave Maria* beim Ringtausch in der Dorfkirche von San José, wobei vor lauter Rührung sein Oberlippenbärtchen zitterte, und im Laufe der für die Kinder organisierten Höhlenführung durch die Cova Santa mit ihren seltsamen steinernen Säulen überraschte uns der Hotelclown und Bauchredner mit spektakulären Einlagen im spärlich beleuchteten Dschungel der Stalaktiten und Stalakmiten.

Als die Festlichkeit ihren Höhepunkt erreichte, der Morgen graute und noch immer keiner der Hochzeitsgäste Anstalten machte, sich zu verabschieden, richteten Mateos Brüder, Trauzeugen und Cousins kurzerhand einen Transportservice ein und karrten uns in Gruppen in die kleine, herrliche Bucht Es Cubells. Dort erwachte gerade der Tag. Wir wurden in Schlauchboote weiterverladen und ein Stück weit aufs seidigblaue, gänzlich unbewegte Meer hinausgefahren. Dorthin, wo man noch stehen konnte. Am Strand blieb die hastig abgestreifte Hochzeitsgarderobe zurück – auf einem Haufen landeten schwarze Anzüge, Krawatten, Abendkleider, Hüte und Pumps. Und mit einem Plumps stürzte sich ein Gast nach dem anderen in die morgendlichen Fluten. Neben mir kämpfte sich Javier vorwärts, hatte sich Rufina im Stoff ihres Unterkleides verheddert, legte sich ein reichlich bekiffter, auf dem Rücken treibender texanischer Jungkommunist seinen kleinen nackten Sohn auf die Brust. Alle schwammen, paddelten, trieben wir zum Ufer zurück. Die Sonne ging auf, und Los Guacayos, die auf der Ladefläche eines Pick-ups sitzen geblieben waren, spielten ohne Unterlass *La Cucaracha* und *Cielito lindo*.

Conchita war die Schnellste und hatte als Erste festen Boden unter den Füßen. Und immer, wenn uns ihr Bräutigam Mateo in den kommenden Jahren und Jahrzehnten seine unvergleichlich gute *gazpacho* vorsetzte, musste ich an diese *madrugada*, diesen ausgelassenen Morgen, zurückdenken. An dem die übliche Rollenverteilung im Hotel außer Kraft gesetzt worden war. An dem niemand auch nur einen Gedanken daran verschwendete, dass das Leben zu zweit, allein oder zu mehreren zuweilen auch einer langen, zähen Ochsentour gleichen kann.

Diese Sonne steht sengend in seinem Rücken. Harz und Thymian schwängern die Luft, in der er, atemholend, zu ersticken glaubt. Eine Hummel schlägt an sein Ohr. Noch hat er ihre Nähe kaum erfasst, da hat der Strudel der Stille sie schon wieder fortgezogen. Die achtlos preisgegebene Botschaft vieler Sommer – zum erstenmal stand sein Ohr ihr offen, und da brach sie ab.

Walter Benjamin
*In der Sonne,* 1932

*Ebysos*

## Stadtspaziergang durch eine Seelenlandschaft

Jedem das Seine, das gilt in diesem Mekka für Individualisten, dieser Fluchtburg für radikale Selbstversuche, dieser 24-Stunden-Bühne für ausgefallene Rollenspiele in ganz besonderem Maße. Jedem sein Favorit, in diesem zweiten Jahrzehnt des dritten Jahrtausends. Jedem sein Lieblingsort. Jedem sein einzig wahres Fleckchen. Jeder ihre Ibiza-Kuriosität.

Das mondäne, quirlige und noch immer etwas identitätslose San Antonio etwa, im Inselwesten, kann mit dem Monumento a Colón, dem »Ei des Kolumbus«, aufwarten. Einer großen weißen Skulptur, als ovaler Blickfang im Kreisverkehr, in deren Mitte das Schiff des großen Entdeckers gewissermaßen das Dotter ersetzt und den im Dauerstau stecken gebliebenen Autofahrern von allen Seiten des Rondells einen gewissen historischen Durchblick.

Das rund um die Uhr unter Hochspannung stehende, einem Durchlauferhitzer für Trinkfeste, Tanzwütige und All-inclusive-Schnäppchenjäger gleichende San Antonio darf ebenfalls stolz sein auf den Caló d'es Moro, den bekanntesten »Sunset Strip« außerhalb von Las Vegas. Von hier aus blicken die *lounge lizards,* Playboys, Chiller und Clubber des weltberühmten Café del Mar und anderer Edellokale, in denen man sich auf nächtelange, heiße Partys einstimmt, allabendlich sehnsüchtig gen Westen, werfen stimulierende Designerdrogen ein und beklatschen, im Vorgriff auf eine unvergessliche

Sommernacht, im euphorisierten Kollektiv perfekte Sonnenuntergänge.

Im Dunstkreis von San Antonio ist auch das von Tony Pike begründete Kulthotel Rocks House beheimatet, das für Queen-Frontman Freddie Mercury einst eine sensationelle Geburtstagsparty ausrichtete. Das Pikes galt als Elite-Hangout für die Rock- und Pop-Zunft, wo Jon Bon Jovi, Julio Iglesias und Boy George als exklusive Gäste empfangen wurden, ein Luxusschuppen, der den Drehort für das Video zu *Club Tropicana* abgab, mit dem die britische Popband Wham! Anfang der Achtziger die Hitparaden stürmte – neckische Eselsritte, coole Pool-Posen, schnauzbärtige Sombrero-Träger und einen ephebenhaften, sich lasziv auf einer giftgrünen Luftmatratze räkelnden Jüngling namens George Michael inbegriffen.

Das diskretere, lieblichere Santa Eulalia, im Inselosten, prunkt mit der markantesten Wehrkirche der Insel. Auf dem »Gottesdiensthügel« Puig d'en Missa überragt sie die kleine Stadt am Fluss, die umliegenden Hügel, die fruchtbare Ebene sowie eine alte Römerbrücke – und wurde im 16. Jahrhundert womöglich auf den Fundamenten einer arabischen Moschee errichtet. Eine himmlische Ruhe ausstrahlende Ansammlung weiß gekalkter Kuben und Kuppeln. Und zugleich eine Augenweide.

In der Cala Benirrás, an der Nordküste, wird an Sonntagabenden emsig für den Frieden getrommelt: brasilianische Rhythmen von überzeugten Pazifisten. Als Mahnung für die Idealisten von morgen. In der fast noch intakten, auf Fremde und Besucher eher feindselig wirkenden Trutzsiedlung Balafi, gleichfalls im Norden der Insel, steht dagegen die Zeit still – das Dörfchen aus maurischer Ära ködert neugierige Ibiza-

Reisende mit seinen alten, rötlichen Wehrtürmen und mit Olivenpressen von anno dazumal. Das friedlich-verschlafene, mit buddhistischem Gleichmut den Zeitläuften trotzende San Carlos, nordöstlich von Santa Eulalia, hat das Anita's zu bieten. Eine sympathische Institution, postalische Anlaufstelle und Bar für abgelegen hausende Uralt-Hippies, eingeschworene Alternative und deren Nachahmer. Ländliches Savoir-vivre. Und im teils eleganten, teils traditionellen und urwüchsigen Santa Gertrudis de Fruitera, das geografisch ziemlich genau den Inselmittelpunkt bildet, lockt die urige Bar Costa, von deren Decke riesige Schinken baumeln. Hier lässt man sich am besten zum Rosado einen Teller mit *manchego*-Käse servieren und kann dann beim genüsslichen Kauen den recht schrillen, aber originellen Wandschmuck studieren – zweifelhafte wie überzeugende künstlerische Ergüsse von Kunden früherer Jahrzehnte, die bei den Barbesitzern tief in der Kreide standen und weiterer Verschuldung durch das Abliefern von einem Unterpfand in Gestalt psychedelischer, farbenfroher Bildchen zuvorkamen.

Kneipe, Leihhaus, Kreditanstalt, Museum, 68er-Wunderkammer und Panoptikum: Bei Costa konzentriert sich Inselgeschichte auf wenigen Quadratmetern, gehen Gastronomie, die tolerante Attitüde des Leben-und-leben-Lassens und Nostalgie eine glückliche Mischung ein. Von Berührungsängsten zwischen im Dorfleben verwurzelten Wirten und sorglos ins Blaue hinein lebenden *extranjeros*, kreativen Hungerleidern mit schlechter Zahlungsmoral, keine Spur. Von Misstrauen erst recht nicht. Ibizenkischer ging's nimmer.

*

Als unverbesserlich urbaner Mensch schlägt mein Herz nichtsdestoweniger und ziemlich ausschließlich für die Inselhauptstadt. Was meine Lieblingsorte angeht, so habe ich hier nämlich die Qual der Wahl. Und nirgends sonst lässt sich auch der Seele Eivissas besser auf den Grund gehen. Nirgends sonst lässt sich ein intensiveres Gespür entwickeln für die insularen Eigenheiten und Widersprüche, mit denen Zugereiste und *ciudadanos* tagtäglich klarkommen müssen. Nirgends sonst lässt sich die rasante Entwicklung der sieben oder acht Jahrzehnte, in denen Ibiza einen gewaltigen Sprung vom 19. Jahrhundert in die Techno-Ära vollführt hat, um nicht zu sagen vom tiefsten Mittelalter in die Hip-Hop-Epoche verpflanzt wurde, besser nachvollziehen als hier.

Denn Ibiza Ciudad oder Vila, wie die Einheimischen sagen, hat stellenweise sicher schon bessere, vor allem aber schlechtere Zeiten gesehen. Das erweist sich, wenn man außerhalb der Museen, Sehenswürdigkeiten, Bars und Restaurants hinter die Kulissen blickt. Vorbildlich gepflegte Patrizierhäuser, gediegene Palacios, die herausgeputzte Hafenfront oder ganz schön heruntergekommene Winkel in der Altstadt sind mitunter im selben Zeitraum entstanden. Zeugnisse disparater Vergangenheiten prallen hart und unversöhnlich aufeinander. Hier die von der UNESCO zum Weltkulturerbe erklärte Oberstadt, sich zur Spitze hin pyramidal verjüngend, mit ihrer beeindruckenden, vollständig erhaltenen Festungsanlage. Das gewaltige Heptagon aus sogenannten *baluartes*, Bollwerke und zugleich Aussichtspunkte, stellt eine intakte und damit einzigartige befestigte Akropolis dar – vom italienischen Architekten Juan Bautista Calvi für das spanische Königshaus ersonnen, in nur drei Jahrzehnten errichtet und 1585 vorläufig fertiggestellt. Uneinnehmbar, diese angeschrägte *muralla*, mit ihren sieben Wehr- und vierzehn Wachtürmen. Dort die trostlosen *barrios suburbanos* und die von Unrat entstellten Armenviertel, in die kaum ein betuchter Geschäftsmann, ein Disco-Tourist, ein Gigolo oder ein wohlhabender Russe seinen Fuß setzen würde.

Einerseits sind aus einigen historischen, lange vernachlässigten Straßenzügen der Dalt Vila und den verschachtelten Kuben von Sa Penya heute begehrte Wohngegenden mit Lofts, privaten Lounges und Boutique-Hotels geworden. Andererseits prägen hastig hochgezogene, unfertig wirkende Blocks die Neustadt, die nach Norden und Westen hin ausfranst, wo autobahnähnliche Ausfallstraßen in Richtung Flughafen und San Antonio führen. Wilde, illegale Parkplätze säumen das Areal nahe der alten Stierkampfarena, in der ich als Junge, in Gesellschaft meines Vaters und der Männer aus dem *hostal*, so mancher Corrida beigewohnt hatte. Pfusch am Bau ist keine Seltenheit – die hässliche Fratze einer aus den Fugen geratenen Provinzstadt.

Der *puerto*, Ibizas Hafen, wurde erweitert, dann aufpoliert und wieder zurechtgestutzt; manche Ecken sind nach Jahrzehnten permanenter Transformation, insbesondere nach der Erweiterung um den luxuriösen Sport- und Jachthafen Marina Botafoch, kaum noch wiederzuerkennen. Nur der Club Nautico ist noch da. Und natürlich das Pacha, eine von Ibizas ältesten und sagenumwobenen Discos. Seit 1973 greift man hier in einer ausgebauten *finca*, die inzwischen mehrere Tausend Clubber fasst, tanzend nach den Sternen; die Themennächte der frühen Achtziger wurden durch aufgemotzte DJ-Partys mit Szenestars wie David Guetta oder Erick Morillo ersetzt. Globale Sausen, gehypte Shows und nicht selten auch Rund-um-die-Uhr-Events, bei denen man hier oder bei der

Konkurrenz für die Buchung eines VIP-Tisches in vorderster Front schon einmal das Mehrfache eines durchschnittlichen mitteleuropäischen Monatsgehaltes berappen muss, um sich an der House-Hysterie zu beteiligen. Fragt sich nur, wie viele unter den zahllosen jugendlichen Arbeitslosen in Spanien sich hierfür eine Eintrittskarte leisten können ... Das Pacha-Logo mit den glänzenden fetten Zwillingskirschen und der poppigen Siebzigerjahre-Schrift gehört jedenfalls seit Menschengedenken zu den Insignien der Insel.

Idyllisch mutet Ibiza-Stadt nur noch selten an. Das verhindert bereits der unvermittelte Wechsel von eher ereignisloser Nachsaison zu sommerlichem Gewimmel und Überfülle während der Ferien mit Lärmbelastung, Wassermangel, Abgasproblematik und sonstigen Auswüchsen des Chartertourismus zwischen Himmelfahrtstag und Ende September. Ibiza Ciudad ist also im Juli und August, wenn zweieinhalb Millionen Besucher auf fünfzigtausend einheimische Insulaner treffen, vieles zugleich: Hafenstadt, *Night-fever*-Kapitale, Musikmagnet, Modehochburg, Hotspot für Kultur und Ablenkung, geschichtsträchtige Bastion, Touristenziel, Stätte für Kunst und Künstlichkeit, gigantischer Freizeitbasar, zirzensische Zitadelle, unerschöpfliche Quelle für mannigfaltige Fotomotive, eines aber gewiss nicht: ein besinnlicher Urlaubsort zum Abschalten.

Wer als Nonkonformist etwas auf sich hält und, ohne gleich überrannt zu werden, auf entspannte Weise auf Entdeckungsreise gehen möchte, in der Hoffnung, den einen oder anderen ruhigen Winkel aufzutun, sollte daher besser auf die Individualistenmonate wie Mai oder Oktober ausweichen.

*

Jeder Spaziergang durch »mein« Ibiza beginnt, einem uralten Ritual folgend, auf dem baumbestandenen Vorzeigeboulevard Paseo Vara de Rey. In ihn mündet die Avenida España, die nach Westen ausgerichtete Hauptachse der Neustadt; auf ihn führen indirekt die Via Púnica, die Via Romana und von Norden her die Avenida Ignacio Wallis zu. Groß ist der Vara de Rey zwar nicht, aber er ist, obwohl mehr lang gezogenes Rechteck als echte Flaniermeile, die einzige Prachtstraße der Insel, von hochherrschaftlichen Gebäuden und *miradores*-Aussichtsfenstern umrahmt. Er fungiert als Bindeglied zwischen Vororten, Hafen, Altstadt und Marktviertel und ist so etwas wie die spanische Seele der Hauptstadt. Mit etwas gutem Willen lässt er sich gar als die »Ramblas« von Eivissa bezeichnen. Hier finden Aufmärsche statt, hier versammeln sich Streikende, hier werden Kundgebungen abgehalten. Hier stolziert man auf und ab, führt seine *novias* aus, kauft seinen Kindern ein Eis, sitzt auf Bänken im Schatten. Hier beäugen sich beim *paseo*, beim gemächlichen Sonntagnachmittagsbummel, die Inselclans, hier werden wichtige Geschäfte gemacht und Abmachungen getroffen, hier besorgt man sich Bargeld in der Hauptgeschäftsstelle der Banco de Credito Balear, hier bleiben die Spanier unter sich. Die Promenade des Vara de Rey ist Zerstreuungsort, Kontakthof und Verkupplungsstätte, öffentliches Vorzimmer der Notare und zugleich ein friedlicher Park für zeitungslesende Senioren aus den besseren Familien.

Als Namensstifter – der wörtlichen Übersetzung »Stab des Königs« Glauben zu schenken, führt in die Irre – ist in der Platzmitte auf einem protzigen und reichlich kriegerischen Denkmal der todesmutige General Joaquín Vara de Rey zu bewundern, der sich bei der zuletzt aussichtslosen Verteidigung der spanischen Kolonie Kuba mit nur 550 iberischen

Soldaten der nordamerikanischen Übermacht heroisch entgegenstemmte. Bei der Schlacht von El Caney im Südosten Kubas standen ihm 12 000 Gegner auf US-Seite gegenüber; de Rey und seine zwei Söhne verloren bei dem Gefecht im Juli 1898 ihr Leben. Ein vergebliches Aufbäumen also. Aber es verlieh ihm Heldenstatus. Joaquín wurde eines pompösen Monumentes würdig. Seit 1902, als König Alfons XIII. in Person die von ihm gestiftete Statue einweihte, beteiligte sich auch die Insel Ibiza mit schwülstigem Patriotismus an der Verbitterung über den sang- und klanglosen Untergang des spanischen Weltreiches.

Wer auf dem Vara de Rey lustwandelt, kann in gleich zwei veritablen Ibiza-Institutionen einkehren: im altehrwürdigen Teatro Pereira, Café, *fonda*, Literaten- und Intellektuellentreff sowie kleine, aber feine Kabarettbühne mit Südstaaten-Atmosphäre. Oder im mythischen Montesol, Hotel, Bar, Frühstückscafé und Edelrestaurant in einem – einer, laut Inselkennerin Ursula von Kardorff, bereits seit Urzeiten versnobten Begegnungsstätte für »die Eitlen, die Abenteuerdurstigen, die Angeber und die Exhibitionisten«. Die noch zu schreibende Skandal- und High-Society-Chronik des Montesol, keine zwei Gehminuten vom Hafen entfernt, würde mehrere Bände füllen. Hinsichtlich der Bedeutung des teuren, aber faszinierenden Schaulokals, in das man sich zumeist begibt, um erkannt oder wiedererkannt, gesehen oder gar angeglotzt zu werden, scheiden sich die Geister: Man kann die Inselliebhaber kurz und bündig in zwei Kategorien einteilen – Montesol-Fans und Montesol-Hasser. Vor der angrenzenden Kreuzung an der Nordostecke des Platzes hatte sich im Übrigen in den Sechzigern, als der Auto- und Mopedverkehr auf Ibiza erst vergleichsweise harmlose Ausmaße angenommen hatte, ein dicklicher, zuvorkommender Schupo aufgebaut, der stets aufgeregt mit den Armen wedelte, wenn sich ein hübsches Fräulein anschickte, die Straße zu überqueren. Deutlich sehe ich ihn noch heute vor mir, diesen übereifrigen und besorgten Señor. Er fuchtelte herum wie ein Wilder. Und er wedelte selbst dann, wenn sich überhaupt kein Fahrzeug näherte – er nahm seine Aufgabe sehr ernst.

Noch eine Spur schriller, greller und exhibitionistischer ging es in den frühen Achtzigern im »Zoo« zu. Dieser Menschenkäfig trug seinen Namen völlig zu Recht. Seine Insassen: aufgebrezelte Models mit affektierten Gesten. Nuttige Gestalten, flankiert von unreifen Mädchen aus Birmingham, Dublin oder München, die schon von einer Playmate-Karriere träumten und gelangweilt an einem Longdrink nippten. Und smarte, gut gekleidete Boys sowie jede Menge mediterrane Machos, die sich damals noch nicht dem Fitness- und Work-out-Terror unterziehen mussten. Sie alle zeigten viel nackte Haut, trugen Modeschmuck, drängten sich auf einem engen Trottoir in Hafennähe und fanden sich einfach unwiderstehlich und schön. Eine Existenz als Blickfang zu führen reichte ihnen. Und es funktionierte: Sie wurden bewundert, fotografiert und um Autogramme gebeten – auch wenn man gar nicht so genau wusste, wer sie waren. Ganze Heerscharen von Paris Hiltons *avant la lettre*. Niemand tanzte, niemand amüsierte sich, alle lehnten sich lethargisch gegen die Hauswand und starrten ihr Publikum an. Nur die Käfigstangen fehlten noch oder die Möglichkeit, den bedauernswerten Kreaturen ein paar Erdnüsse zuzuwerfen. Das Getue und Hin-und-her-Geglotze war grotesk, nahm fast beängstigende Formen an, doch es half alles nichts: Wer unbedingt gesehen und im Trend sein oder sein Konterfei in den Hochglanzgazetten der Klubs wiederfinden wollte, musste sich ins Gewühl dieses Tiergartens für Flotte und Fesche begeben und stundenlang ausharren – bewegungslos, emotionslos.

Hier im »Zoo« beobachtete ich zum ersten Mal, wie die Originalität der Sechziger und Siebziger, als jedem exzentrischen Ibiza-Auftritt noch etwas Theatralisches, Inszeniertes, Frivoles und Selbstironisches innewohnte, allmählich einer oberflächlichen, hohlen Form von Selbstdarstellung wich: aussagelos, langweilig, künstlich und konsumorientiert. Zur Schau getragen von Leuten, denen der Spaß an der Freud abhanden gekommen war und die ihr aufwendiges Make-up mit einer Weltanschauung oder politischen Einstellung verwechselten. Achselzuckend nahm ich den Paradigmenwechsel vom spielerischen Changieren zur eingefrorenen Pose zur Kenntnis, überließ die wie ausgestopft wirkenden Exponate im Tiergehege sich selbst und verzog mich mit meinen Freunden ins benachbarte Speiselokal Los Pasajeros, wo die ausgezeichnete Fischsuppe nur wenige Peseten kostete, auf einen Café ins Los Caracoles oder auf ein Bierchen ins gerammelt volle La Marina, gleich gegenüber der Schiffsanlegestelle. Dort war die Stimmung immer bestens, und beim Schmausen kam man schnurstracks mit Tischnachbarn ins Gespräch. Meist weitaus interessantere Gesellen als die Zoobewohner – Journalisten aus Kanada zum Beispiel, Tagestouristen aus Sabadell, helle Köpfe aus Sizilien oder Kopenhagen. Menschen, denen ihr Outfit herzlich egal war. Weltenbummler, die noch etwas zu sagen hatten. Eine Spezies und eine Kultur, die mir behagten.

*

Immer wenn ich genug habe von der ewigen Fleischbeschau, dem Gedränge und dem Disco-Gestampfe an den Paradiermeilen im Hafen, immer wenn ich im verlässlich den Magen zufriedenstellenden El Brasero diniert habe, immer wenn ich bei Victor's und bei Zoé, meinen bevorzugten und seit Jahrzehnten etablierten Boutiquen, wieder einmal ein paar neue, schöne und weit ausgeschnittene Ibiza-Hemden erstanden habe, verdrücke ich mich an der alten Markthalle und am Apothekerviertel vorbei in die – glücklicherweise autobefreite – Oberstadt. Über die alte, schräge Zugbrückenauffahrt ziehe ich durch das Ehrfurcht gebietende Tor Las Tablas ein, das auf Katalanisch jetzt wieder Portal de Ses Taules heißt, und werfe einen kurzen Blick auf das Wappen von Philipp II., genau über der Einfahrt. Und auf zwei römische Statuen, die links und rechts davon in Nischen die Empfangschefs geben und deren Kopflosigkeit bei mir stets ein mitleidiges Lächeln auslöst: die Göttin Juno und ein wackerer Krieger.

Vorhang auf zur Dalt Vila! Zum Häusermeer in Weiß, Rosa und Hellblau. Das Reich der Museen, der Poesie und der *gitanos*, des Kopfsteinpflasters, der Antiquare und der Insel-Bourgeoisie. Schon als kleiner Junge war es mir nie ganz geheuer, durch das mächtige Tor in den steinernen, abweisenden Waffenhof Patio de Armas zu treten. Sein Säulengang, der wie das Innere einer Ritterburg oder eines besonders strengen Klosters auf mich wirkte, erinnert mich unweigerlich an zahlreiche gruselige Karfreitagsprozessionen, denen ich genau hier beigewohnt hatte. Fromme Büßer, mit schweren Holzkreuzen beladen, barfuß und Ketten tragend, aggressiv auftretende Büßer in Ku-Klux-Klan-Gewändern mit spitzen weißen Hüten und Masken, die nur die Augen frei ließen, waren zu Dutzenden an mir vorbeigezogen. Mir war äußerst mulmig zumute gewesen. Dumpfe Gesänge hatten mit lärmenden Blechbläserfanfaren, grellen Beckenschlägen und ohrenbetäubenden Trommelwirbeln gewechselt, und auch das Militär und die Guardia Civil waren mitgeschritten, wenn Kruzifixe, Bildnisse des gefolterten Heilands mit drastisch-realistischen Einzelheiten und blumengeschmückte Madonnenfiguren aus der Kathedrale, vorbei am Bischofspalast, am Castell und an der Almudaina, durch die Calle de la Soledad, an der Kapelle des Sant Ciriac und am alten Priesterseminar entlang, in die Unterstadt getragen wurden.

Noch heute höre ich das Stampfen der schweren Soldatenstiefel, das Wummern der Trommeln, das Tschingderassassa der Trompeten, Posaunen, Flöten und Schellenbäume, wie es im engen Waffenhof widergehallt war, sehe die weit aufgerissenen Augen gleichaltriger spanischer Kinder vor mir, die von ihren Vätern ebenfalls huckepack geschultert worden waren. An einem besonders ungemütlichen, regnerischen *Viernes Santo* brachte auf einmal ein lang gezogener, penetranter Klagelaut die kirchlichen und militärischen Krachmacher wie von Zauberhand zum Verstummen: Unten an der Zugbrücke hatte ein *gitano* einen *cante jondo* angestimmt. Allen Schaulustigen gingen der rabiate Registerwechsel und der atmosphärische Kontrast durch Mark und Bein. Die Kreuzwegkarawane blieb wie angewurzelt stehen. Minutenlang improvisierte der Jüngling und gab sich mit Leidenschaft seinem *palo* hin, seinem Gesang der Inbrunst; niemand wagte es, sich zu rühren. Lediglich das schwere Atmen der Träger untermalte die tief empfundene, aus heiserer Kehle hervorgestoßene Gottesanrufung. Und auch als der schwarzhaarige Knabe, dessen Stimme Berge versetzen konnte, geendet hatte, hielten die Prozessionsteilnehmer schweigend und betroffen inne. Es verging noch eine ganze Weile, bis sich der Karfreitagstross mit dem gekreuzigten Jesus und seinem finsteren Gefolge wieder in Marsch setzte.

*

Bis zur Kathedrale und zum Rathaus, dem Ayuntamiento, bis zum Baluarte de San Jorge, bis zum in spätgotischem Gemäuer untergebrachten Museu Puget oder zum Portal Nou, dem westlichen Zitadellentor, lasse ich mich nicht jedes Mal treiben. Meistens lege ich eine kurze Rast ein im Museu d'Art Contemporani oder bei einer Plauderei bei José, meinem Favoriten unter den Inselantiquaren, lasse nach dieser *charla* den Ozean aus Spezialitätenrestaurants, der die Plaça de Vila förmlich überschwemmt, links liegen und bewege mich auf die Plaça dels Desamparats zu. Dort kann ich mich zum Stein gewordenen Inselchronisten Isidoro Macabich, der sich hier auf einer Bank ausruht, dazusetzen, einen Arm um seine Schulter legen und ein wenig in seiner mehrbändigen, ungeheuer detailreichen *Historia de Ibiza* blättern. Fast in Lebensgröße hockt er da, der Hafen und die Nordhälfte seiner Insel liegen ihm zu Füßen; ein schmächtiger, liebenswerter Neunzigjähriger in Sommerhut und Priesterkutte. Unscheinbar wirkt er, unbedeutend gar. Und doch hat er, ein Menschenleben lang, mit Fleiß und Engelsgeduld fast alles Wissenswerte über sein Heimateiland zusammengetragen. In einer anschaulichen und sehr menschlichen Enzyklopädie. Wo man sie auch aufschlägt, man bekommt gleich wieder Lust aufs Weiterschmökern.

Ich setze meinen Gang fort, entlang an Balustraden und über Terrassen, riskiere einen Blick hinüber nach Formentera, dessen Konturen in der Ferne aufscheinen, wenn sich eine

Lücke in den Häuserreihen auftut, und pausiere erneut vor der tagsüber natürlich verschlossenen Pforte der traditionsreichen *gay disco* Anfora. Sie lädt nun schon seit über dreißig Jahren in der Calle San Carlos zum nächtlichen »Abhotten« in ihrer Tanzgrotte ein, und vor ihrer Fassade weht die standesgemäße Regenbogenflagge im Wind. Für einen Moment lasse ich jetzt die phänomenale Diskothekengeschichte der Insel Revue passieren. Lange bevor man ins Ku (jetzt Privilege), ins Space, ins Eden, ins Ushuaïa und ins DC-10 weit aufs Land, in die Umgebung des Flughafens oder zu entlegenen Stränden hinausfuhr, zu stadtviertelgroßen Vergnügungsparks, die man so auf der ganzen Welt kein zweites Mal findet, gab es neben dem Pacha auch das Amnesia und das Angel's (jetzt Bomba). Eine Piste mythischer, sensationeller und gewagter als die andere. Noch älter waren nur das Glory's, das Lola's und eben das Anfora.

Als Teenager sammelten wir die originellen, freizügigen und knallbunten Poster der Themennächte, die stadtweit an Wände und Veranstaltungstafeln geklebt wurden, oder schauten zu den auf hohen Stelzen durch die Gassen balancierenden Anwerbern auf. Sie erschienen am späten Abend, waren nur wenige Jahre älter als wir selbst, trugen farbenprächtige Perücken, paillettenbesetzte Roben, knappe Bikinis oder bindfadendünne Strings und verteilten Freikarten, leuchtende Bändchen und Aufkleber. Manchmal folgten wir ihnen und ihren Slogans, legten knallenge Jeans an, wanden uns zu Boney M., Uriah Heep oder Led Zeppelin unter Stroboskopblitzen und Lasersalven. Überall war der Eintritt frei, man konnte auch schon vor Mitternacht tanzen gehen, und so laut, dass man Ohrstöpsel gebraucht hätte, war es seinerzeit noch nicht. Da und dort roch es nach Haschisch, gekokst wurde sicher auch, aber für uns war es eine herrlich harmlose Abenteuerwelt, an der wir nur stundenweise und auch nicht jede Woche teilhatten. Nie hätten wir es für möglich gehalten, dass sich Tanzwut und Disco-Begeisterung eines Tages zu einer gleichgeschalteten Dauerekstase, zu einem Lebensstil und zu einer Vollzeitbeschäftigung steigern würden – für viele sogar zum Selbstzweck. Dass sie zum einzigen Beweggrund werden könnten, die Insel aufzusuchen, um hier Tag- und Nachtzeit zu vertauschen und die vielen anderen Kostbarkeiten Ibizas zu ignorieren und zu verschmähen.

Doch gleichgültig, auf welche Weise man seine knapp bemessenen Ferientage investieren mag, *la isla blanca,* das muss der Neid ihr lassen, gilt rund um den Globus als Brutstätte für eine innovative Disco-Kultur, als Dreh- und Angelpunkt, von dem alle vier bis fünf Jahre neue Impulse ausgehen – bis heute unangefochten. Und alles andere als monoton.

*

Jedem daher auch seine Unterwelt. Denn neben Unterstadt und Oberstadt und den labyrinthischen Disco-Höhlen besitzt Ibiza »Vila« noch eine weitere Agglomeration – die Gräberstadt am Puig des Molins. Die Via Púnica führt an dieser unterirdischen, weltweit einzigartigen phönizischen Nekropolis vorbei, an einer Unzahl von düsteren, schwer zugänglichen Grabkammern mitsamt ihren Sarkophagen, und von hier aus kann man sich querfeldein in die Büsche schlagen, um, eine Abkürzung nutzend, gleich wieder vor dem Mar Blau zu stehen. An die dreitausend Gräber sind unter unscheinbaren Hügeln und knorrigen Kiefern versammelt, die ältesten stammen aus dem siebten vorchristlichen Jahrhundert. Viele wurden aufgebrochen und geplündert, wenige kann man heute noch besichtigen. Und wer weiß, wie viele Tote hier noch seelenruhig unter Olivenbäumen ruhen ... Die Schlichtheit der großen, von Ornamenten freien Sandsteinblöcke lässt den Schluss zu, dass man bevorzugt Kaufleute bestattete. Hypogäen werden die faszinierenden Grabkammern genannt, an deren planmäßige Erschließung und partielle Freilegung sich die neuzeitlichen Ausgräber erst in den 1920er-Jahren machten – Maultiere, die auf ihrem beschwerlichen Marsch gelegentlich die Hohlräume zum Einsturz brachten, hatten ihnen den Weg gewiesen. Zu den überraschenden Funden, die die Archäologen beim Ausbuddeln tätigten und die jetzt ein zur Gräberstadt gehöriges Museum bereichern, zählten Straußeneier und Nachbildungen der Wundergöttin Tanit. Spirituelle Nahrung für ein behagliches Fortleben im Jenseits.

*

Meine Stadtwanderung aber endet an einem sehr diesseitigen Ort. Bei Tagesanbruch, nach einer durchtanzten, nach einer schlaflosen oder grüblerischen Nacht, begebe ich mich gern an die östlichste Aussichtsplattform der Dalt Vila, den Baluarte de Santa Lucia. Im spitzen Winkel läuft er auf die Fischerhäuser von Sa Penya, die Mole und den Hafen zu. Den famosen Sakralbau von Santo Domingo würdige ich im Morgengrauen keines Blickes, auch nicht den Pulverturm in meinem Rücken oder die alten Kanonen, die man für die Touristen wieder vor den Schießscharten platziert hat. Ich betrachte stattdessen die Lichterketten der Dampfer, schaue nach Talamanca hinüber und fixiere einen besonders wohlgeformten Berg, irgendwo oberhalb von Puig d'en Valls und Can Pep Simó, dessen Straßenverlauf von Weitem wie ein Epsilon aussieht. Ich hole mir rasch einen Espresso und setze mich. Und dann wende ich mich dem Meer zu. Wo gerade eine glutrote, perfekt geformte Scheibe gravitätisch den Wellen entsteigt. Mein ganz privates »Café del Mar«.

Neben mir haben sich nur wenige Frühaufsteher und Nachtwanderer eingefunden. Es ist still. Niemand spricht, niemand bringt einen Trinkspruch aus, keine Champagnerkorken knallen. Ich habe alle Zeit der Welt.

Sonnenaufgänge genießt man am besten schweigend. Und allein.

Ganz nah jetzt: eine Festung, hoch oben auf einem Hügel. Das Schiff dreht langsam um einen Pier und läuft in den geschützten Hafen ein. Ihm wird nicht gestattet werden, die Vision dieser Ankunft zu vergessen, eingeklemmt in ein Renaissancegemälde sieht er zu, und der Schädel einer Stadt schaut ihn an, ein hoher, dreieckiger Stapel weißer Häuser mit offenen schwarzen Augen, eine Schädelstätte mit einer mittelalterlichen Kirche obendrauf, altgewordener Sand.

Am Kai winken und schreien Leute, und auf dem Schiff schreien sie zurück, die Inselbewohner, die auf dem Schiff waren, sind aus ihren Höhlen gekrochen, und ihre Stimmen ergießen sich über die in Minderzahl geratenen Fremden, lebenswichtige Botschaften, Lockrufe, Kinder werden geboren und Tote werden begraben in diesem Geschrei. Er sieht, wie sich der steinerne Kai auf ihn zuschiebt, seine Landkarte ist wirklich geworden.

Cees Nooteboom
*Der Ritter ist gestorben*, 1963

## *Yvica*
## Verpflanzt, verborgen, verführt, verwurzelt

Der Sommer 1974, elf war ich damals, begann zunächst mit einer Ernüchterung. Das vertraute, von uns geliebte Appartement mit großer, ebenerdiger Terrasse, direkt an der Felsküste, unterhalb des Dalt Mar und oberhalb der Taubenbucht, war bereits vergeben. Meine Eltern und wir Kinder erfuhren davon erst bei unserer Ankunft. Auch im Hotel war nichts mehr frei. Hochsaison! Man bugsierte uns in ein halb fertiges Wohnhaus weiter unten im Tal, ein ganzes Stück weg vom Meer. Eine Interimslösung. Eine kleine Wohneinheit mit Balkon stand uns dort zur Verfügung. Die moderne *residencia* war schon voll mit Mietern, äußerst hellhörig, und es wurde munter weitergebaut. Ein Höllenlärm umgab uns. Am Abend und am frühen Morgen verursacht von den ebenfalls gerade eingezogenen, zahlreichen Mitbewohnern, die lauthals durcheinanderschnatterten, wie es nur die Mittelmeervölker können, tagsüber von Hämmern, Bohrern und Betonmischern.

Wir vier waren untröstlich – wir vermissten den weiten, traumhaften Blick über die Südhälfte der Insel, die imposanten Sonnenuntergänge und die Möglichkeit, innerhalb von wenigen Minuten am Kiesstrand zu sein und gleich ins Wasser springen zu können. Um zu den Mahlzeiten im Bekanntenkreis und zum Treffen unserer Freunde in unser schönes kleines *hostal* zu gelangen, mussten wir jetzt mühsam den Puig des Molins hinaufkraxeln, und neben dem Neubau klaffte ein riesiges, metertiefes Loch – man hatte eine rechteckige Baugrube ausgehoben, auf deren Grund ein Pendant zum Mietshaus entstehen sollte. Noch war allerdings nichts passiert; den Bauherren war wohl das Geld ausgegangen. Und es war erstaunlicherweise auch noch niemand hineingestürzt. Holprige, nachts unbeleuchtete Geröllwege, aus denen spitze Steine herausragten und auf denen man Gefahr lief, sich die Espadrilles aufzuschlitzen, führten auf den gesichtslosen Neubau zu, vor den beiden Eingängen befand sich eine verwahrloste Wiese mit einem uralten Johannisbrotbaum, und rechts hinter der dem Meer zugewandten Vorderfront stiegen die mit Pinien und Olivenbäumen bestandenen Hügel terrassenförmig an. Links erhob sich eine karge, unbebaute und abweisende Felswand: Militärgelände im Einzugsbereich der Festung. Wir schauten uns an und kamen uns etwas verloren vor. Wie bestellt und nicht abgeholt.

Uns lief jedoch gleich zu Beginn unseres Aufenthalts ein herrenloser junger Hund zu, den wir einfach nicht mehr loswurden. Er hieß uns willkommen, noch bevor wir Gelegenheit bekamen, Trübsal zu blasen. Tagaus, tagein wartete er vor der Wohnungstür auf uns und wickelte uns rasch um den Finger. Kein stolzer, eleganter *podenco* – der inseltypische, feingliedrige Wind- und Jagdhund –, sondern eine Promenadenmischung mit braunem, räudigem Fell und mal traurigen, dann wieder liebevollen großen Augen. Seine Anhänglichkeit war entwaffnend. Etwas einfallslos tauften wir ihn auf den Namen Aquí, »hier« oder »hierher«, und das ließ er sich nicht zweimal sagen. Wenn wir durch einen kurzen Tunnel, in dem wir vor lauter Übermut spitze Schreie ausstießen und uns an deren Echo erfreuten, durch ein pittoreskes Armeleuteviertel direkt in die Altstadt spazierten, die sich nach weiteren Gehminuten hinter dem Portal Nou vor uns auftat, folgte der zutrauliche Aquí uns auf Schritt und Tritt.

Nach ein paar Tagen hatten wir uns schon ein bisschen an die neue Situation gewöhnt. Unsere Nachbarn, die *vecinos*, waren fast ausnahmslos Ibicencos. Bereits beim Umzug begegneten sie uns mit freundlicher Neugier. Und um zum Meer zu gelangen, das aus der Ferne lockte, benutzten wir jetzt einen anderen Weg und rannten über die Felder auf einen kleinen Strandkiosk zu, den der wortkarge, mürrische Paco betrieb. Es war keine geringe Herausforderung, dort an den wellenumtosten, glitschigen Steinen Halt zu finden, unbeschadet ins Wasser zu gelangen und, nach dem Wettschwimmen zu einem großen Felsen, auf dem Möwen brüteten, dann auch unversehrt wieder herauszukommen. Noch dazu seeigelstachelfrei! Aber wir meisterten sie.

Es gelang uns ferner, eine winzige Kammer auf der Dachterrasse dazuzumieten. Meine Eltern funktionierten sie zu einem luftigen Schlafzimmer um. Es handelte sich dabei eigentlich um die Waschküche des Hauses, die streng genommen nicht bewohnt werden durfte. Doch hier oben, rund um das Penthouse im Miniaturformat, ging immer ein frisches Lüftchen, die Aussicht auf die Festungsmauern der Dalt Vila und eine kleine Gruppe von Inseln am Horizont war atemberaubend, wenngleich die Spanier keinerlei Notiz von ihr zu nehmen schienen, und bald tobten wir zwischen den Wäscheleinen umher, von denen Laken und Handtücher flatterten, kamen mit den Einheimischen ins Gespräch, die mit Aufhängen und Abnehmen beschäftigt waren, lernten die *vecinos* besser kennen, schnappten Wörter und Sätze im Inseldialekt auf. Und den Erwachsenen wurde es zur lieben Gewohnheit, in der Abenddämmerung bei einem Gläschen Rosado ein

Schwätzchen zu halten, radebrechend Mandeln und Oliven zu naschen und einander näherzukommen. Unsere Terrasse – eine improvisierte Bodega. Die geselligen Abende zogen sich oftmals bis in die Nacht hin, kulinarische Mitbringsel waren unsere Tapas.

Wir alle wurden eine Spur spanischer in jenem Sommer. Von einem hageren Jungen aus der Nachbarschaft ließ ich mir ein paar neue Griffe und Kniffe auf der Gitarre zeigen, unsere Leidenschaft fürs Schachspiel wurde von unseren neuen Bekannten erwidert, und meine Schwester wurde anlässlich eines Festtags in die Tracht einer Ibicenca gesteckt. Wir verausgabten uns beim Gummitwist. Und wir betraten Neuland. So fanden wir heraus, dass man über eine alte, steile Steintreppe zur Festung hinaufklettern konnte. Versteckte Grotten gab es da und Schleichwege zum Hafen hinab. Wir ließen uns weitere geheimnisvolle Abkürzungen zeigen, gingen mit einem gleichaltrigen Zwillingspaar und ihren Harpunen unter Wasser auf Tintenfischjagd und wurden, Aquí stets auf den Fersen, in die Nachbarwohnungen eingeladen. Rasch war die Integration in die Hausgemeinschaft vollzogen. Wir kannten die meisten Vornamen auswendig, lernten täglich ein paar Ausdrücke hinzu und wurden von allen nur *los guapos* gerufen. Die Hübschen. Oder *los rubios*, die Blonden. Was ja auch zutraf. Meine Haare wurden im Sommer unter Einwirkung von Salz und Sonne sogar regelmäßig weißblond.

Auch in den Ferien lebten wir jetzt also in Parallelwelten. Zum Mikrokosmos des Mar-Blau-Hotels auf dem Hügel, vornehmlich Franzosen, Belgier und Festlandspanier, und zu den Freunden, die auf dem Land und in der Oberstadt wohnten, Dänen und eine Handvoll Deutsche, zum Nachwuchs der Hippies, meist Amerikaner und Briten, gesellte sich die

Gruppe der Nachbarskinder hinzu – waschechte Ibicencos. Als gleichsam kosmopolitische Geschöpfe verbrachten wir, als wäre es selbstverständlich, lange, abenteuerliche Tage und lange, laue Sommernächte miteinander. Wir waren kleine Europäer, lebten eine Utopie und merkten es – zum Glück – nicht einmal. Von Jahr zu Jahr wurden wir ein Stückchen selbstbewusster, redegewandter und polyglotter. Ich begann, um das Inselglück zu verlängern, Brieffreundschaften mit einer jungen Klavierstudentin aus Gent, einem französischen Knaben aus Madrid sowie einer deutschen Malertochter, die das ganze Jahr über auf Ibiza lebte. Wir *amigos* besuchten einander gelegentlich auch in den Wintermonaten, außerhalb der Insel. Und wussten genau, dass wir uns im nächsten Jahr wiedersehen und uns miteinander austauschen würden. Die Erwachsenen feierten, je nach nationaler Zugehörigkeit, anfangs eher untereinander und hatten ihrerseits viel Spaß, wenn ihre spanischen und französischen Generationsgenossen sie dann zum Mitzechen einluden. Inwieweit sie sich auch sprachlich öffneten und hinzuzulernen bereit waren, beschäftigte mich damals nicht. Sie ließen uns meistens in Ruhe, freuten sich an der friedlichen, fröhlichen Existenz dieser multinationalen Großfamilie und sorgten den Rest des Jahres immerhin liebevoll dafür, dass wir uns unserer alljährlichen ibizenkischen Ferien sicher sein durften.

*

Nachdem etwa ein Drittel dieser unbeschwerten Sommerfrische verstrichen war, fühlte ich mich zunehmend schlapp und antriebslos, fröstelte, wenn ich aus dem Wasser kam, obwohl an die vierzig Grad herrschten, und erwachte mit bleiernen Gliedern. Irgendetwas stimmte nicht mit mir. Ich bekam Fieber, die Kieferpartie schwoll an, meine Ohren waren verstopft, und ich konnte kaum noch kauen oder schlucken. Wie sich schnell herausstellte, hatte ich Mumps. Auch meine Mutter hatte es bös erwischt. Fast zeitgleich waren wir außer Gefecht. Für den Rest des Urlaubs wurde uns beiden Zimmerruhe verordnet. An Schwimmen und Tauchen, an heitere Strandspiele oder gar an spannende Entdeckungstouren in die vielen Viertel des Hafens und der *gitanos* war nicht mehr zu denken. Was konnte es für einen Elfjährigen Schlimmeres geben, als untätig im Bett zu liegen und die Laken durchzuschwitzen, während draußen ein perfekter Sommer ohne seine Beteiligung an ihm vorbeizog? Meine Mutter litt im Nebenzimmer. Besuch war uns nicht gestattet wegen des Ansteckungsrisikos, in die Sonne durften wir nicht und schon gar nicht ins Meer, nicht mal abends.

Verärgert und enttäuscht, zwischendurch immer mal wieder in einen Halbschlaf fallend, befand ich mich in einem zeitenthobenen Dämmerzustand, durchsetzt von wilden Träumen. Zwei, ja drei ganze Wochen verstrichen ungenutzt. Ausgerechnet jetzt! Als es allmählich wieder bergauf ging mit meinem Befinden, konnte ich mich wenigstens in einen Strohsessel setzen und vom schattigen Balkon aus den anderen Menschen beim Leben zuschauen. Ich musste mich damit begnügen, neidisch auf den perfekt blauen Horizont zu starren. Nicht einmal der wolkenlose Himmel bemühte sich, mir zuliebe eine Spur weniger hinreißend zu wirken. Meine Freunde hörte ich, ein paar Hundert Meter unterhalb von mir, in vier verschiedenen Sprachen in den Felsbuchten johlen und kreischen. Aquí tollte bellend um sie herum. Das ganze von Festungsberg und Mühlenhügel eingerahmte Tal öffnete sich vor mir wie eine weite Bühne, und mir kam es vor, als sei ich der einzige Zuschauer des dargebotenen Stücks. Zur Untätigkeit verdammt.

Auf einer Anhöhe links machte ich ein kleines Militärhospital aus, in dem psychisch angeschlagene Soldaten, beim Wehrdienst Verletzte und kranke Armeeangehörige ebenfalls eine herrliche Aussicht genossen. Im Gegensatz zu mir konnten einige von ihnen sich im Vorgarten und auf den Pfaden, die zum Meer hinführten, in blauen Bademänteln die Beine vertreten. Oder, auf Krücken gestützt, umherhumpeln – in die Mittagshitze ließ man auch sie nicht. Dann stellte ich fest, dass einer unserer Nachbarn, ein verkrachter und stets auch angeheiterter bayerischer Schauspieler, immer zur selben Stunde unser Mietshaus verließ und sich auf den Weg zu Pacos Strandkneipe machte. Pünktlich um vier Uhr nachmittags torkelte er aus seinem Appartement und begab sich, in freudiger Erwartung der nächsten Drinks und gekleidet in einen roten, unansehnlichen Bademantel, in Schlangenlinien Richtung Meer. Links unten im Haus hatte soeben eine Schule für Judo, Taekwondo und Jiu-Jitsu ihre Pforten geöffnet; asiatische Kampfsportarten waren seinerzeit noch ein absolutes Novum auf den Balearen. Am frühen Abend trafen dort die ersten iberischen Budoka ein, kleine Jungs, Burschen in meinem Alter, Halbwüchsige und Männer, und der Parkplatz füllte sich – bis eine veritable Armee von Spaniern in schneeweißen gegürteten Bademänteln im langen Schatten der Pinien plauderte, gestikulierte, ruckartige Bewegungen ausprobierte sowie Positionen des Angriffs und der Verteidigung simulierte, während sie geduldig auf den Beginn ihrer Kurse wartete. Das gesamte Tal schien überhaupt nur noch aus Bademantelmenschen zu bestehen, die fröhlich ihrer Beschäftigung nachgingen – eine surreale Szenerie. Farbtupfer in Rockform, baumelnde Kordeln im Olivenhain. Nur ich war zum Stillsitzen, Schwitzen und Drinnenbleiben verurteilt.

Kein Wunder, dass ich mich, stärker als je zuvor, in die Musik flüchtete und in die Literatur vergrub. *Hasta mañana* von Abba war damals der Sommerhit schlechthin. Pausenlos ließ ich ihn laufen, hörte mir die Akkorde ab und probierte mit Engelsgeduld so lange die Harmoniefolgen aus, bis ich den Song fehlerlos auf meiner Gitarre nachspielen konnte. Eine Etage unter uns wohnte ein dicker, gutmütiger Schlagzeuger, der nebenbei als E-Bassist in Rockbands spielte und damit des Nachts in Hotelbars sein Geld verdiente. Morgens, nach seiner Rückkehr von den Auftritten, erläuterte er mir von Balkon zu Balkon den Wechsel von e-moll nach D-Dur – mit den spanischen Fachbegriffen, versteht sich – und widmete sich den Rest des Tages mit zärtlicher Fürsorge seinen beiden kleinen Söhnen. Der jüngere von beiden, Vicente, litt an einer schweren spastischen Lähmung und fristete sein Leben im Rollstuhl. Womit ich nur wenige Wochen hadern musste, das Eingeschlossensein und das Alleinsein, war sein Schicksal – hinzu kamen für ihn die Gehbehinderung und unsägliche Schmerzen, die kaum artikulierbar waren. Nie, nicht einmal für eine Glücksminute, konnte er das Appartement verlassen, stieß, des Sprechens nicht mächtig, von Zeit zu Zeit furchterregende Schreie aus, war von allerlei tirilierenden Singvögeln in Käfigen umgeben und hatte sich im Laufe der Jahre zu einem wahren Opern-Aficionado entwickelt.

Stundenlang liefen bei voller Lautstärke *La Traviata* und *Rigoletto*, opulente Zarzuelas und alte spanische Volksweisen vom Plattenteller, während Vicentes Vater ohne Erbarmen auf seine heimischen Drums einhieb und zwischendurch die martialischen Rufe der Budoka und Karate-Novizen aus dem Erdgeschoss ertönten. Ich konterte mit Brahms' *Vierter,* Tschaikowskys *Pathétique* und Mozarts g-moll-Symphonie, Rita Pavones pathetischer Ballade *Fuggire da qui* und dem sensationellen spanischen Eurovisions-Erfolg *Eres tú* von Mocedades, an dem ich mich nicht satthören konnte – selbstverständlich alles vom Kassettenrekorder, auf dessen Besitz ich mächtig stolz war. In den wenigen Pausen zwitscherten die Kanarienvögel um die Wette.

Dem Nachbarjungen Pablo, der sich liebevoll um seinen gequälten Bruder kümmerte, schien die Kakophonie ebenso wenig auszumachen wie den restlichen Hausbewohnern. Darunter waren inzwischen zwei recht exzentrische ältere Damen aus Frankfurt in den Etagen über und unter uns, die mich, offenbar entzückt von unverhoffter wie verfügbarer männlicher Gesellschaft, abwechselnd zum Spaghettiessen einluden und dabei grell geschminkt und leicht geschürzt in ihren Esszimmern vor mir auf und ab stolzierten. Mir schmeichelte es, und sie fühlten sich gebauchpinselt. Es hätte nicht viel gefehlt, und sie hätten mit ihren hochhackigen Sandalen auf dem Steinboden aufgestampft wie Flamencotänzerinnen und somit den konfusen, ohrenbetäubenden Soundtrack, mit dem unsere *residencia* das stille, meerzugewandte Tal von früh bis spät beglückte, noch um weitere Klangballungen bereichert.

Selbst zu nächtlicher Stunde wurde unser Wohnblock quasi nonstop zum Konzertsaal: Kurz vor Mitternacht setzten nämlich oben auf dem Hügel die ausgedehnten Shows im Night Club ein – unter freiem Himmel. Deren Schallwellen wurden ungefiltert weit ins Tal hinausgetragen und fingen sich in der Baugrube nebenan, die wie ein Verstärker wirkte. Musik, manchmal auch nur Muzak umhüllte uns, drang über die Balkons und die große Terrasse in alle Schlafgemächer. Bässe wummerten, Streicher flirrten, Saxophone lockten, E-Pianos klirrten, und noch der Applaus war in aller Deutlichkeit zu vernehmen. Bis drei oder vier Uhr in der Frühe zogen sich die Darbietungen hin, und stets wussten wir genau, wer im bunten Entertainment-Programm gerade an der Reihe war – der virtuose Sologitarrist mit dem Dauerbrenner *Asturias* von Albéniz oder mit einer Popvariante von Rodrigos *Concierto de Aranjuez*, die Tanzkapelle mit spanischen Standards oder der dunkellockige Crooner Lorenzo Valverde, eine jugendliche Ausgabe von Julio Iglesias. Mit verführerischem Schmelz in der Stimme trug dieser Beau einfühlsam seine Balladen und sein Barry-White-Cover vor, und die von ihm angeschmachteten Señoras und Señoritas dankten es ihm mit lang anhaltendem Beifall und ekstatischen *Olé*-Rufen. Auf ihn folgten eine Reihe von Flamenco-Einlagen, ein *cante-jondo*-Solist, ein Zauberkünstler, dessen Tricks von spannungssteigernden Trommelwirbeln untermalt wurden, ein Alleinunterhalter, dessen Monologe und Späße mit den Lachsalven des Publikums abwechselten, und schließlich setzte, wenn auch nur kurz, die Disco-Phase ein. Eine eigenwillige Spielart von »Nächten in spanischen Gärten«! Die Reihenfolge der Nummern kannten wir buchstäblich im Schlaf, und so manche *canciones* setzten sich in unseren Träumen fest. Wir spürten genau, wenn die Combo nicht in Topform war oder der Magier einmal versagte, wann die Leute auf die Tanzfläche gelockt werden mussten oder wann sie gar nicht genug bekommen konnten von *Eviva España*, Sinatra-Songs, George McCraes erotischem Fistelgesang *Rock Your Baby* und sentimentalen Carpenters-Schnulzen.

Wie von selbst verstand sich, dass es niemandem unter den Hausbewohnern auch nur in den Sinn kam, sich über derlei ungebetene Nocturnes, deren Niveau beträchtlich schwankte, zu beschweren. Proteste wären sicher nutzlos gewesen, und es gefiel uns ja sogar, dass wir allnächtlich in den Genuss einer Gratisshow kamen. Statt als Belästigung oder Berieselung fassten wir den üppigen Klangteppich, den man so großzügig über uns ausbreitete, als Geschenk auf. An richtigen Schlaf, an Tiefschlaf gar, war in den heißen, sternklaren Nächten ohnehin nicht zu denken. Schlummern ließ sich viel besser während der ausgiebigen Siestas am späten Nachmittag hinter verschlossenen Läden, wenn die unbarmherzige Gluthitze Besitz nahm von Los Molinos, Figueretas und der Altstadt und sich so gut wie niemand draußen herumtrieb. Wir blieben also wach, wir waren Privilegierte. Wir betrachteten die funkelnde Milchstraße. Wir beklatschten das so aufstachelnde wie gekonnte Bongo-Getrommel, mit dem Vicentes und Pablos Vater seine Frau zur Weißglut brachte und die an ihrer Entfaltung gehinderten Singvögel einschüchterte. Lächelnd lauschten wir dem Gekeife der steinalten Antonia im Erdgeschoss und den Repliken des noch älteren, ja uralten Francesco einen Stock über ihr, der einst als verarmter Leiharbeiter auf kubanischen Zuckerrohrplantagen geschuftet hatte. Das Gegrantel dieser Großeltern, das Palaver von *abuela* und *abuelo*, übertönte noch die lautesten Anfeuerungsrufe tanzwütiger Nachtschwärmer über unseren Köpfen, die der Band eine weitere Zugabe abverlangten – der Evergreen *Un rayo de sol* von Los Diablos, ideal zum Mitsingen (»sha-la-la-la-la oh-oh-oh«), und Carl Douglas' hypnotisches *Kung Fu Fighting,* eingeleitet von ein paar exotischen Tarzanschreien, waren die Favoriten. Nur Aquí, hingestreckt auf den warmen Kachelboden, schien nichts mitzubekommen – er schlief unbekümmert und schnarchte.

Dann, weit nach Mitternacht, als auch ich endlich für ein

Stündchen vor die Tür und unter Leute gehen durfte, wurde unsere Waschküchenterrasse so manches Mal zur Tanzfläche umfunktioniert. So als wäre sie ein Anhängsel des Night Club. Bei einem gefühlvollen Slow schmiegten sich dort Paare verliebt aneinander, vermieden urplötzlich Berührungen und zuckten wie elektrisiert, wenn Janis Joplin in ihren *Mercedes Benz* einstieg und mit quietschenden Reifen um die Ecke bog. Wenn The Who und Deep Purple an die Reihe kamen, ließen Männer und Frauen wie in Trance ihre hängenden Köpfe kreisen und folgten kurz darauf, wieder vereint und Wange an Wange, mit parodistischem Ernst zackigen Pasodoble-Rhythmen. Wir Kinder amüsierten uns königlich, wenn wir den Erwachsenen dabei zuschauten. Vor allem, wenn sie beim Bumpen in die Knie gingen, ihre Hinterteile schwangen, sich aufeinander zubewegten, auf Hüfthöhe unsanft anstießen und wieder auseinanderstrebten. Unsere Eltern! Im nächsten Jahr bumpten wir dann selber mit.

*

Wenn endlich einmal wieder Ruhe eingekehrt war und kein Baulärm, kein Percussion-Solo, keine Koloratur-Arie, kein Bläsereinsatz und kein Gitarrenriff mehr die paradiesische Stille unseres absolut verkehrsfreien Tals zu stören vermochte, kam ich zum Lesen. Zum atemlosen, manischen Lesen. Ich verschlang alles, was ich in die Finger bekam. Betrieb meine krankheitsbedingte Lektüre ganz ohne System, dafür aber mit gesteigerter Leidenschaft. Von einem eifrigen Leser, der ich schon von frühester Kindheit an gewesen war, wurde ich in diesen Juli- und Augustwochen zu einem veritablen Literaturenthusiasten. Ich ließ mir die Bücher mitbringen, die abreisende Hotelgäste in ihren Zimmern vergaßen oder loswerden wollten, ich bat Nachbarn um Nachschub, rümpfte die Nase, wenn man es wagte, mir Kinderkram, Krimis oder Abenteurerstorys anzudrehen, und arbeitete mich durch unsere bereits vorhandene, nicht gerade erstklassige Bibliothek. Ein Sammelsurium von Zufallskäufen am Flughafen, alten Schwarten, ausgeliehenen Ferienromanen und einigen schönen Trouvaillen. Roald Dahl und Harold Robbins. Malaparte und Fallada. Cervantes und Chesterton. García Márquez und Kishon. Vargas Llosa und Hemingway. Hammett, Highsmith und Böll. Eine wilde Mischung. Ernte und Ballast verflossener Sommer, angereichert um wenige Schätze, die ich nun heben durfte.

Nicht allem war ich gewachsen, einiges blieb mir unverständlich. Dennoch ließ ich keine Seite aus, angespornt von unbezähmbarer Neugier. Mich trieb mehr an als bloßes Erkenntnisinteresse, Lust an Geschichten und der verständliche Wunsch eines Mumpskranken, wahllos die Zeit totzuschlagen: Ich wollte verstehen, wie es »die anderen« anstellten. Denn im Vorjahr hatte ich selbst bereits zum Stift gegriffen und im heimischen Niedersachsen mit meinem blauen Pelikan-Füller auf Dutzenden von linierten Seiten wirre Erzählungen zu Papier gebracht – Unausgegorenes und Selbsterlebtes, Zusammenfabuliertes und Beobachtetes, das, wie sollte es anders sein, sich ausschließlich auf unserer Insel abspielte. *Ferien auf Ibiza* hatte ich mein Elaborat genannt, es nicht einmal mehr einer flüchtigen Kontrolllektüre unterzogen, in einen zitronengelben Schnellhefter gepackt und stolz meiner damaligen Deutschlehrerin am Gymnasium zur Beurteilung überreicht. Die alte Dame – sie ging auf die Pensionierung zu – wird einigermaßen verwundert gewesen sein, dass ein Fünftklässler ihr, ohne Vorwarnung, eine Sammlung unverdaulicher *short stories* vorlegte und sie um ein Gutachten bat. Ihr, die sie nie einen Fuß auf die Balearen gesetzt hatte, wird es – im Wortsinne – sogar ziemlich spanisch vorgekommen sein. Jedenfalls nahm sie mich ein paar Wochen später, am Ende des Unterrichts, als die Mitschüler schon den Klassenraum verlassen hatten, beiseite – ich war vor Ungeduld beinahe geplatzt! –, um mir behutsam zu verstehen zu geben, dass sie meine literarischen Gehversuche noch für etwas überarbeitungsbedürftig hielt. An ihre Einwände und Verbesserungsvorschläge kann ich mich nicht mehr erinnern; lediglich das Gefühl von Ablehnung, Verlegenheit und Vertröstung blieb präsent. Doch ich weiß noch, dass ich gar nicht schnell genug nach Hause kommen konnte, um den Ordner ganz unten in einer Schublade meines Schreibtisches zu verstauen, wo ich sicher sein konnte, dass so schnell niemand mehr einen Blick auf mein jugendliches Geschreibsel werfen würde.

Dieser Plan ist in den Folgejahrzehnten auch nicht durchkreuzt worden; erst über dreißig Jahre später, nach einer Reihe von Umzügen in mehreren Ländern, tauchte das Manuskript plötzlich in einem Karton wieder auf. Augenblicklich begann ich darin zu blättern und las mich sofort fest – die Handlung im Erich-Kästner-Tonfall, ein Konglomerat aus ungelenken Detektivgeschichten à la Kalle Blomquist, kriminalistischen Elementen, die offenbar von den »Drei Fragezeichen« inspiriert worden waren, und einer Reihe von Porträts damaliger Ibiza-Veteranen, denen ich erfundene Namen zugeordnet hatte, vermochte mich nicht zu fesseln. Aber ich war überrascht von der Präzision und Anschaulichkeit der damaligen Landschaftsbeschreibungen, vom stimmigen Lokalkolorit. Gerührt war ich von der ausführlichen Schilderung von Episoden, die ich und meine Familie längst vergessen hatten, von zahllosen spanischen Einsprengseln und allerlei Anekdoten. Und nicht zuletzt erstaunt über die gesteigerte kindliche Wahrnehmungsfähigkeit.

Die Fiktionalisierungsversuche waren im Großen und Ganzen gewiss misslungen; ebenso unübersehbar war freilich, dass nur Ibiza und kein anderer Ort mich in die Lage versetzt hatte, zu Stift und Papier zu greifen und mich mit einer kleinen, vielgestaltigen und auch überfordernden Welt ausgiebig auseinanderzusetzen. Der Prozess der Mythisierung unseres mediterranen Inseldaseins in meinem Bewusstsein hatte augenscheinlich bereits eingesetzt, als ich als Kind noch mittendrin stand und eigentlich doch gar keinen Abstand dazu wahren konnte, als die Franco-Diktatur noch nicht zu Ende und die Hippie-Bewegung gerade in vollem Gange war. Damit hatte ich nicht gerechnet. Anders als erwartet, reagierte ich deshalb nicht peinlich berührt auf die Lektüre. Als Mittvierziger hatte ich hier eine Kiste vergilbter Polaroidaufnahmen aus den späten Sechzigern und frühen Siebzigern vor mir. In sprachliche Form gebrachte Schnappschüsse, manche unscharf, andere konturenreich, von denen ich einen nach dem anderen umdrehte, unter die Lupe nahm und studierte. Vergessene Gesichter, verdrängte Nuancen, Relikte einer schönen, vertrauten Weltordnung. Perspektiven eines Zehnjährigen. Die Chronik eines Heranwachsenden. Verschwommene Epochenbilder, gerade wegen ihrer Naivität und Unschuld von unbestechlicher Genauigkeit und angefüllt mit unwiederbringlichen Emotionen.

*

Jetzt aber, in jenem Sommer der Apathie, hieß es die Sinne schärfen und dazulernen. Sich der ganzen Bandbreite von Stilen, Stoffen und ästhetischen Herangehensweisen aussetzen. Aufsaugen, auswerten, die Spreu vom Weizen trennen. Besonders zogen mich Franz Werfels *Die Geschwister von Neapel* in den Bann. Fasziniert und auch angewidert sah ich lesend dabei zu, wie der Patriarch Don Domenico Pascarella seine vielköpfige Kinderschar mit Strenge, konventioneller Hierarchie und archaischen Erziehungsmethoden verzweifelt in Schach zu halten versuchte, um dem Auseinanderbrechen einer jahrhundertealten italienischen Werteordnung entgegenzuwirken. Nichts konnte fremder wirken auf uns internationale Kinderschar, die wir nahezu ohne Einschränkung die Freiheit auf einem Eiland der Glückseligkeit auskosteten, als diese Saga aus einer längst verflossenen Zeitspanne. Mit ihren in ein Moralkorsett gezwängten sechs *ragazzi*, deren komplexes Beziehungsgeflecht untereinander Werfel in seiner neapolitanischen *Buddenbrooks*-Variante ebenso zu entfalten vermochte wie die subtile Mischung aus Autoritätshass und Vaterliebe, aus Aufbegehren und Verehrung.

Von ganz anderem Kaliber war da Alberto Moravias kühner, frivoler und hochironischer Sittenroman *Io e lui*, den ich mir als Nächstes zu Gemüte führte. Die burleske Politparodie, dominiert von den Selbstgesprächen eines Intellektuellen, der mit seinem nicht unter Kontrolle zu bringenden, ein Eigenleben führenden Geschlechtsorgan hadert, konnte ihre Wirkung auf eine pubertierende Leseratte wie mich nicht verfehlen. Einige der hochgradig absurden, nichtsdestoweniger drastischen und deftigen Sexszenen Moravias, effektvoll in Szene gesetzt und mit dem pseudowissenschaftlichen 68er-Diskurs italienischer Marxisten heftig kollidierend, sind mir noch heute – mit ihrem auf die Spitze getriebenen Phalluskult, gespeist von unverhohlener Kritik am südländischen Machismo – so präsent, als hätte ich sie selbst durchlebt.

Schließlich fielen mir James A. Micheners *Kinder von Torremolinos,* so der deutsche Titel seines vielstimmigen Epos *The Drifters,* in die Hände. Ein Buch so ganz nach meinem Geschmack: Es uferte aus wie eine Sammlung südamerikanischer Legenden und Mythen. Es handelte von der unheilbaren Sehnsucht eingesperrter Nordländer nach dem ewigen Süden, und es beschrieb eindringlich verschiedene Ansätze, wie das experimentelle Ausleben eines so heftigen Freiheitsdranges gelingen, problematisch ausfallen und auch scheitern konnte. In mehreren kontrastiven Fallbeispielen erzählte Michener, den Evangelisten gleich, stets ein und dieselbe Geschichte: wie eine Handvoll junger Leute ganz unterschiedlicher Herkunft, angetrieben von der Aussicht, ihren Fuß in ein unwirkliches, verabsolutiertes spanisches Paradies setzen zu dürfen, ihre gesamte Jugend diesem Ziel unterordnet. Von allen Seiten des Erdballs bewegen sich seine Protagonisten auf dem Höhepunkt der Vietnamkriegs-Ära auf diesen magnetischen, kultisch verehrten Küstenort in Spanien zu. Einen Ort, dessen Name im Grunde austauschbar ist, der hingegen Verheißungspotenzial besitzt. Einen Ort, der als Schauplatz ungehemmter Sexualität, freier Liebe, maßlosen Drogenkonsums, künstlerischer Inspiration sowie Außer-Kraft-Setzen staatlicher Reglementierungsversuche lockt und ungeheure Energien zu entfesseln vermag.

Ohne den idealistischen Anspruch, die Welt aus den Angeln zu heben und mit friedlichen Mitteln zu verändern, in vollem Umfang einschätzen zu können, spürte ich unwillkürlich, dass das Ibiza, in dem ich aufwuchs und wo ich eine fundamentale Verschiebung der Wertvorstellungen wie auch eine euphorische Neuausrichtung von Lebensentwürfen wahrnahm, für Menschen aus aller Welt einen ähnlichen Brennpunkt repräsentierte. Die Lebenswege der *drifters* kreuzten sich auch hier. Männer und Frauen wurden wie Strandgut angespült, rissen sich die Kleider vom Leib, entledigten sich ihrer Vergangenheit und gierten nach einer neuen Identität. Sie lechzten nach unverbrauchten Emotionen. Hedonistische Tendenzen wurden bejaht und bis zum Exzess getrieben. Existenzen wurden vernichtet und neue erprobt. Die Insel glich einem Experimentierfeld – für Zuneigungsformen und Kreativität, für Unisex-Mode und antiautoritäre Erziehung, für Androgynität und alternative Landwirtschaft, für Gewaltfreiheit und für das spielerische Ausloten von Grenzen.

Die Insel suggerierte Transzendenz, explodierende Schaffenskraft und permanente Stimulation in allen Lebensbereichen. LSD-Rausch und philosophische Diskussion, Partnertausch und ökologischer Obst- und Gemüseanbau, Beschäftigung mit *psychedelic music*, Meditation und esoterischer Gedankenfluss, das Verfassen pazifistischer Traktate, das Verscherbeln von minderwertigem Kunsthandwerk, das man zuvor in Indien billig erworben hatte, und durchtanzte Nächte in Open-Air-Diskotheken ließen sich hier innerhalb von vierundzwanzig Stunden problemlos unter einen Hut bringen.

Nationalitäten und Ausbildung, familiäre Bindungen und Herkunft besaßen keine Aussagekraft; was zählte, war einzig die Vision einer harmonischen, ausgeflippten, heterogenen und extrem toleranten Gemeinschaft. Nur jung sollte man schon sein und, wenn möglich, den unwirtlichen Winter auf den Balearen meiden – weiterziehen nach Marrakesch und Kathmandu war dann angesagt. Wer blieb oder gar bleiben musste, kam in einer *finca* auf dem Lande unter und hüllte sich über etwaige Entbehrungen in Schweigen. Von den nasskalten, ungemütlichen Monaten zwischen November und April sprach niemand, nur von der unvergleichlichen Januarsonne und der betörend schönen Zeit der Mandelblüte war, reichlich klischeehaft, stets die Rede.

Die Kinder von Ibiza, das waren wir. Einige von uns führten zwischen Herbst und Frühling ein wenig aufregendes, bürgerliches Leben mit solider Schulausbildung in Nord- und Mitteleuropa, um jeden Sommer aufs Neue mit dem schrägen, coolen, verrückten Ibiza konfrontiert zu werden. Andere hatten als Sprösslinge von Aussteigern, *expats* und Sinnsuchern mehr oder weniger Glück – wie man's nimmt: Herumgereicht in improvisierten Schulen mit egalitärem Ansatz oder vorübergehend in strenge spanische Lehranstalten gesteckt, von neuen Müttern und Übergangsvätern mitgeschleppt zu mitternächtlichen Jam Sessions und Jazz Gigs, Vernissagen in Fischerhütten und pseudo-heidnischen Tanit-Festen am Meer, absolvierten sie Trommel-Workshops, wurden zu unfreiwilligen Zeugen von Gruppensex und dem Zusammenzimmern und Zerfallen von Beziehungskisten in Leichtbauweise. Sie blieben oft sich selbst überlassen und beherrschten keine einzige Sprache fehlerfrei. Sie hielten, obschon todmüde, an einem durchzechten Wochenende so lange durch wie die Erwachsenen oder übernahmen, wenn sich ein schwaches Verantwortungsgefühl bei ihnen regte, auf eigene Faust Behördengänge und Erledigungen, die ihre in den Tag hineinlebenden »Eltern« auf die lange Bank geschoben oder schlichtweg vergessen hatten. Keiner von uns stellte sich jemals die Frage, ob er mit jemandem aus dem »anderen Lager« tauschen wollte. Keiner von uns erzählte den anderen Kindern, was er in den sonnenlosen Jahreszeiten erlebt hatte oder ertragen musste. Jeden Juni wurde die Vergnügungs-, Verdrängungs- und Genussmaschinerie aufs Neue angeworfen und in Gang gesetzt. Der lange Sommer der Anarchie.

Und wenn man anfangs noch seine Überraschung darüber äußerte, einem kleinen Freund aus dem Vorjahr, einem brasilianischen Musiker vom letzten September, einem holländischen Model oder einem griechischen Bildhauer, in dessen Landhaus bei San Rafael man regelmäßig wilde Feste gefeiert hatte, nicht wieder zu begegnen, ließen die Gesprächspartner das Thema schnell fallen. Man konzentrierte sich lieber auf die Neuankömmlinge. Pirschte sich an die Trendsetter heran, schnupperte an Frischfleisch oder schuf selbst innovative Ablenkungen, frönte bislang unbekannten Ausprägungen modischen Müßiggangs. Kaum jemand hielt sich damit auf, Leuten, die Ibiza Adieu gesagt hatten, die hier oder anderswo unter die Räder gekommen waren, nachzutrauern oder sie gar zu vermissen. Für Irritationen war ebenso wenig Platz wie für ein wirkliches Hinterfragen von Sinn und Unsinn dieses Treibens, das um die Pole *sophistication* und *dolce far niente* kreiste. Wir Kinder waren noch die treuesten Sommerinselgäste von allen – uns heranwachsen zu sehen, von Saison zu Saison, war womöglich das einzige Kontinuum auf dem schnelllebigen Pityusen-Eiland.

*

Um einen Ausgleich zu schaffen zur allgegenwärtigen Hektik des Plaisirs, zum sich überstürzenden Wettbewerb der Spektakel und Sensationen, wie er vor den Strandbars und Boutiquen, in den Folkkneipen, in grellbunt geschmückten Altstadtgassen und auf den Laufstegen extravaganter Modeschöpfer täglich ausgetragen wurde, um der Flut visueller, sinnlicher Eindrücke, die uns auf Schritt und Tritt umgab, wenigstens halbwegs Herr zu werden, beließ ich es nicht bei diesem einen langen Ausflug in die Welt der Literatur, sondern reservierte mir von Jahr zu Jahr immer umfangreichere Zeitstrecken innerhalb der Ferienaufenthalte für das Studium ausgewählter Bücher.

Frühreife Beliebigkeit war gründlicher, disziplinierter Leseplanung gewichen. Nicht länger war ich auf die kümmerlichen Bestände der Insulaner oder die spärlich bestückten Regale von Nachbarn und Freunden angewiesen, nunmehr brachte ich selbst mir die Bände mit, nach denen mein Herz begehrte. Nach wie vor blieb meine Auswahl eklektisch, war aber nicht frei von Kriterien: Meist verwarf ich, was ich noch nicht bewältigen konnte; so manchen schweren Brocken mutete ich mir indessen mit pädagogischem Eifer zu und »hielt durch«, obwohl ich zu Beginn zuweilen nicht über die ersten Absätze hinaus kam; und ich versuchte mich endlich auch am verständigen Nachvollzug von Werken in der Landessprache, die mir mittlerweile immer geläufiger war. Besonders die klimatisch unbeständigen Frühlings- und Herbstwochen eigneten sich vorzüglich für die Vertiefung in Schmöker und Wörterbücher, und um mich für dieses strikte, selbst auferlegte Lesepensum zu entschädigen, suchte ich mir zur literarischen Abkapselung einsame Orte am Meer, in der Stadt und im Inselinneren, wo mich so schnell niemand aufspüren konnte. In einer schönen Parallelbewegung vervollständigten sich auf diese Weise meine Kenntnis der ibizenkischen Topografie und mein Orientierungsvermögen in der Bücherwelt gleichermaßen.

In der Erinnerung vermag ich noch heute fast jedem Ibiza-

Trip prägende Leseerfahrungen zuordnen: Die verwinkelten Gedankengänge und das erzählerische Labyrinth von Kafkas *Schloss* durchschritt ich mit siebzehn auf einem Felsvorsprung in schwindelnder Höhe über den Wellen, außer Hörweite und oberhalb von Pacos Strandkneipe; Brochs Faschismus-Parabel *Die Verzauberung* ging ich mit zwanzig auf den Grund, im Schatten eines der sieben Baluartes, der Wachtürme der Altstadtfestung. Ein Jahr später durchpflügte ich, im Hinterland der Salinen, mit größtem Vergnügen Albert Vigoleis Thelens *Insel des zweiten Gesichts,* einen fast tausendseitigen, funkensprühenden Roman von barocker Sprachgewalt und ornamentaler, überbordender Detailverliebtheit. Vor Thelens Scharfsinn, seiner prononcierten Formulierungskunst und zutiefst ironischen Bewältigung der dunklen Dreißiger- und Vierzigerjahre auf den Balearen verneige ich mich seither, voller Bewunderung, bei jeder neuerlichen Lektüre. Und wenn sein opulentes Sittengemälde, das von Sprachspielen und augenzwinkernden Wortklaubereien nur so strotzt, auch auf der großen Nachbarinsel Mallorca angesiedelt ist, so werden doch die auf dem ganzen Archipel anzutreffende, beklemmende Atmosphäre des Bürgerkriegs, die Verwerfungen und spätere Schreckensherrschaft des *franquismo* sowie die Präsenz der gefürchteten Nazihäscher auf der Jagd nach Flüchtlingen, Juden und Exilanten auf jeder Buchseite spürbar.

Denn Ibiza wurde von blutigen Kämpfen, von Exzessen der rivalisierenden Gruppen und vom totalitären Muskelspiel der neuen Machthaber keineswegs verschont. Es hatte unter den grausamen Auswüchsen des aufkommenden Faschismus ebenso zu leiden; es wurde während der *guerra civil* von Anschlägen, Rachemorden und Vergeltungsaktionen erschüttert – besonders schlimm traf es die Inselhauptstadt und Santa

Eulalia, wo Massaker verübt, Unschuldige hingerichtet, Verräter liquidiert und Kleriker dezimiert wurden. Andere Autoren, so etwa Pierre Drieu la Rochelle in den Schlusskapiteln seines verstörenden Romans *Gilles,* oder auch Elliot H. Paul in seiner furchterregenden Chronik *The Life and Death Of A Spanish Town* haben Zeugnis abgelegt von Instabilität, Chaos, Gefechten und menschenverachtender Übergangsherrschaft auf der weißen Insel. Aber davon las und erfuhr ich erst etliche Jahre später. Den Einheimischen kam während meiner Jugendzeit jedenfalls kein Wort über die Lippen, was diese düstere Epoche betraf, die damals noch gar nicht so lange zurücklag. Verständlich, waren in den frühen 1970ern die Tage der Franco-Regentschaft zwar bereits gezählt, doch noch nicht wirklich vorüber. Da wollte sich niemand den Mund verbrennen mit dem Heraufbeschwören heikler Erinnerungen.

*

Mit vierzehn oder fünfzehn öffnete sich für mich endlich die Tür zu einigen spanischen Sprachkunstwerken. Im Altstadttheater El Polvorín, einem zur Kleinkunstbühne umfunktionierten Pulvermagazin unweit der Festungswälle am Bollwerk bei der Kirche Santo Domingo, erlebte ich, in Gesellschaft einer gleichaltrigen spanischen Freundin, die für Verständnishilfe sorgte, eine aufs Äußerste reduzierte Wiedergabe der antiken Medea-Tragödie. Wobei mir der kahl geschorene Schädel der Protagonistin, ihr schwarz-weiß geschminktes Antlitz, ihre Schattenspiele im flackernden Kerzenschein als einziger Lichtquelle, ihre Drohgebärden, finsteren Monologe und die aus einfachen Säcken genähten, dürftigen Kostüme nachdrücklich im Gedächtnis geblieben sind. Off-Theater in Reinkultur, auf die Bühne gestemmt mit wenigen Mitteln: Auch so etwas existierte auf Ibiza. Damals schon auf Katalanisch. Noch steckte die Underground-Kultur in den Kinderschuhen. Abseits des schrillen Selbstdarstellungsgeplänkels eitler Paradiesvögel in der Unterstadt regten sich in der Dalt Vila erste Initiativen.

Noch stärkere Eindrücke hinterließ die Begegnung mit Miguel Mihuras avantgardistischer Komödie von den drei Zylinderhüten, *Tres sombreros de copa*. Auch sie wurde im Polvorín präsentiert. In dieser dramatischen Satire von 1932, einem frühen Vorläufer des absurden Theaters, karikierte Mihura die moralische Engstirnigkeit der Bourgeoisie im selben Maße wie das nur scheinbar liberale Milieu der Intellektuellen und Künstler am Beispiel der letzten »Junggesellen-Nacht« eines angehenden Ehemannes. Intrigen und ökonomische Abhängigkeit bestimmen die Gesetzmäßigkeiten beider ansonsten unvereinbarer Gesellschaftsbereiche, so lautete Mihuras in Späße und surrealen Klamauk verpackte Analyse. Elemente des Boulevardtheaters und amouröse, die Konvention sprengende Verwicklungen sind in seinen in die Zukunft weisenden Schwank geschickt eingewoben. Voller Begeisterung besorgte ich mir das dazugehörige Taschenbuch und kritzelte meine Beobachtungen und Übersetzungsversuche an die Seitenränder.

Anlässlich eines Ibiza-Aufenthaltes während der Osterzeit in einem der Folgejahre entdeckte ich den früh verstorbenen Lyriker, Sonderling und Romantiker Gustavo Adolfo Bécquer. Der Poet aus dem zweiten Drittel des 19. Jahrhunderts mit dem so deutsch klingenden Namen, dessen schlichte, gefühlvolle wie melancholische Verse ebenso schlicht nur mit *Rimas* betitelt sind, »Reime«, gilt als spanischer Heine. Sein Gesamtwerk, zu dem auch die *Leyendas* gehören, fantastische Schauergeschichten mit Anklängen an Poe und E. T. A. Hoffmann, angesiedelt zwischen Spuk, Traum, Horrorstory und lyrisch-psychologischer Seelendeutung, findet in einem schmalen Band Platz.

Bécquer wurde – nicht zuletzt, weil sein poetisch-romantisches Vokabular mit meinen Spanischkenntnissen vollständig erschlossen werden konnte und mir die Durchdringung seines Œuvres ein Erfolgserlebnis sondergleichen bescherte – für lange Zeit zu meinem Lieblingsautor. Seine *Rimas* und *Leyendas* trug ich jahrelang mit mir herum. Auf Küstenwanderungen im Nordosten, stets die kleine, vorgelagerte Insel Tagomago im Blick, oder im Südosten, von La Revista über die Hügelketten hinweg zum südlichen Ende des Playa d'en Bossa und nach San Francisco de Paula, hatte ich den Bécquer-Band als ständigen Begleiter bei mir. Dann und wann zog ich ihn aus der Tasche, deklamierte einen Vierzeiler, delektierte mich am lyrischen Überschwang, an der raffinierten Wortwahl und dem ausgeklügelten Wechselspiel der Klänge, Bilder und Metaphern. Und setzte beschwingt meine Wanderung fort. Zwei Solitäre hatten sich gesucht und gefunden.

*

In den frühen Achtzigerjahren ließ ich mich, stets am späten Nachmittag, gern an zwei besonders frequentierten Plätzen in Ibiza-Stadt nieder: auf der beschaulichen, terrassenförmig angelegten Plaza del Sol, gleich hinter dem Portal Nou. Dort, wo das Kubenmeer der Dalt Vila den Blick freigibt auf Hafen, Puig d'en Valls und die Hügelketten der Inselmitte. Oder unten an der Wasserfront, auf den Metallstühlen der Eisdiele Los Valencianos, mitten im quirligen Caféviertel. Zum Lesen bedurfte ich jetzt urbanen Flairs. Mir stand unterdessen der

Sinn nach einer diskreten, aber vernehmlichen Lärmkulisse. Weder die Fußball spielenden *chicos* in der Oberstadt noch die zu Hunderten an mir vorbeidefilierenden Bikinischönheiten und Lederjungs an der Uferpromenade hinderten mich am Eintauchen in fremde Welten. Zu jener Stunde krochen die Menschen wieder aus ihren schattigen *pisos*, ihren Wohnungen, hervor, da die ärgste Hitzewelle verebbt war, und machten sich schick für verwegene abendliche Unternehmungen.

Freiwillig klinkte ich mich aus solcher Geschäftigkeit aus, ignorierte das Balzverhalten der Urlauber und nahm stattdessen die Rolle des Beobachters ein, so als säße ich vor einer Pariser Brasserie auf den *grands boulevards*. Ab und zu genehmigte ich mir eine *horchata*, eine herrlich erfrischende, gekühlte Mandelmilch, oder ein *granizado de limón*, einen mintgrünen Zitronensaft mit gestoßenem Eis. Ich tauschte ein paar Belanglosigkeiten mit den Kellnern der Horchateria aus, nickte den Alten zu, die sich hinter einer aufgefalteten Ausgabe des lokalen *Diario de Ibiza* oder des weitaus kritischeren *cambio 16* verbarrikadiert hatten und stumm zurückgrüßten, und griff wieder zu meinem eigenen Lesestoff.

Besonders angetan hatten es mir mit Anfang zwanzig die fabelhaften Romane des Argentiniers Manuel Puig. Eines Meisters der Groteske, der trügerischen Simplifizierung und der literarischen B-Movies. Puig jonglierte mit den Genres, entlarvte narrative Codes und scheute sich nicht, Elemente des in Südamerika so beliebten Melodrams oder der Radionovela für die Strukturierung seiner Prosa zu verwenden. Von *Boquitas pintadas* bis zu *Cae la noche tropical*, vom *Schönsten Tango der Welt* bis zum *Einbruch der tropischen Nacht,* hing ich gefesselt an den Lippen dieses großartigen Erzählers. Von ihm, einem Kinofanatiker und Drehbuchschreiber, ließ ich mir den *Kuss der Spinnenfrau* aufdrücken und hielt dem abgründigen Blick der *Augen von Greta Garbo* stand. Puig mixte Triviales mit Avantgardistischem, bediente sich der Montagetechnik und kokettierte mit ästhetischen Ritualen der Massenkultur. Der beiläufige Plauderton und der ironische Umgang mit den großen Gefühlen nahmen den dramatischen Geschehnissen und lebensentscheidenden Umwälzungen viel von ihrer Wucht und Wichtigkeit. Eine solche Poetik der Leichtigkeit sagte mir zu. Es war einem gestattet, das Gelesene verallgemeinernd nachzuvollziehen, es auf eigene Lebenserfahrungen zu beziehen und nachzudenken, man wurde aber nicht dazu gezwungen. Man durfte auch einfach ein mittelmäßiger Erdenbürger sein, der in Buenos Aires oder Ibiza seinen Radioapparat aufdrehte, sich am Herzschmerz seiner Mitmenschen ergötzte und, nachvollziehend, in deren Glück und Unglück schwelgte.

Und wovon ich bei Puig auch las, ob von Flirts und Indiskretionen, Verführungsszenen zwischen *novias* und *novios* und Scharmützeln zwischen Nachbarn oder von Liebesleid sowie ins Opernhafte gesteigerten Emotionen: Es glich nicht nur den typischen Versatzstücken eines durchschnittlichen spanischsprachigen Fernsehspiels aus den Mittsiebzigern, es hatte auch verblüffende Ähnlichkeit mit dem betriebsamen, von Minidramen und echten Katastrophen erschütterten Block, in dem wir hausten. Unserem Bienenkorb. Hier wie dort herrschte ein ständiges Kommen und Gehen, flatterten nützliche und parasitäre Geschöpfe umher, wurde drauflos-kommuniziert, gestritten und geflucht, gelacht und gelitten, gequasselt und geliebt. Ich las ein Kapitel Puig und hatte zugleich den O-Ton unserer bunt gemischten Wohnanlage im

Ohr. Ich weidete mich an seinen mal spritzigen, dann wieder banalen Dialogen und sah mich schon in der Küche eines unserer Nachbarpaare stehen. Wo eine deftige Linsensuppe auf dem Herd brodelte, eine Aioli zubereitet wurde, eine *butifarra* aufgeschnitten zum Verzehr bereitlag und mir ein Teenager ein Glas Tri Naranjus oder eine *cerveza* San Miguel reichte.

Mindestens vier Unterhaltungen wurden gleichzeitig geführt, man wurde abgeküsst, umarmt und ausgefragt. Es war eigentlich unmöglich zu gehen, doch irgendwann fand man den Absprung, schlich sich aus der Wohnung, nur um im Hausflur dem nächsten Bekannten über den Weg zu laufen. Erneut war man verloren, konnte sich aber eines Grinsens nicht erwehren. Denn wenn man mitten im Gespräch freundlich lächelnd einfach den Rückzug antrat, war es auch in Ordnung. Die Wortgefechte wurden mit unverminderter Intensität weitergeführt. Ich für meinen Teil klappte mein Buch zu, leerte mein *horchata*-Glas, ließ einige Pesetas auf dem wackligen Tischchen liegen und zog von dannen. Wann immer ich Puig las, war ich schon umgeben von vertrauten Geräuschen und Gerüchen, war ich längst wieder zu Hause in unserem Tal am Fuß der Los Molinos.

*

Der von Mumps verdorbene Inselsommer, der mich aber gelehrt hatte, mich mit allen Sinnen auf unsere neue Heimat einzulassen, näherte sich seinem Ende, und ich war endlich wieder bei Kräften. Gerade noch rechtzeitig zum Araberfest am 8. August. *Las paperas,* so die spanische Bezeichnung für die Kinderkrankheit, hatten sich verflüchtigt, die Schwellungen an Hals und Kopf waren abgeklungen und die Wochen der Quarantäne und Rekonvaleszenz vorbei. Der Ortswechsel vom Berg ins Tal hatte es in der Tat in sich gehabt! Noch unsicher und etwas schwankend trat ich vor unseren Wohnblock. Neben der Judo-Schule hatte in diesen Tagen ein Immobilien-Büro aufgemacht, dem Großes vorschwebte: aus dem gesamten Tal eine riesige *urbanización* zu machen, mit Küstenbegradigung und künstlichem Sandstrand, mit Appartementhäusern auf beiden Hügeln, Supermärkten, Poolanlagen und einem Vergnügungscenter. Glücklicherweise sind diese hochfliegenden, verheerenden Pläne nie realisiert worden.

Skeptisch blickte ich ins dunkle Schaufenster, dann rissen mich laut geschmetterte Stierkampffanfaren vorbeischreitender Musiker aus meinen Gedanken. Aquí begrüßte mich mit freudig wedelndem Schwanz, und gemeinsam mit meiner Familie bahnte ich mir schließlich einen Weg durch die Menschenmenge, die von unserem stillen Tal für die Dauer eines Nachmittags und eines Abends Besitz genommen hatte.

Alljährlich gedenkt die Inselbevölkerung an diesem Augusttag mit einem großen Volksauflauf an den Abhängen des Puig des Molins, mithin direkt vor unserer Haustür, der *reconquista* von 1235, der Befreiung Ibizas von der mehrere Jahrhunderte währenden Maurenherrschaft. Im Auftrage von Jaime I. el Conquistador gelang Don Guillermo de Montgrí und seinen tapferen Truppen, angefeuert und unterstützt von den noch nicht endgültig zermürbten Ibizenkern, am *dia ocho y ocho* die Rückeroberung.

Anlässlich dieser *celebración* des bedeutsamen historischen Einschnittes steht Ibiza Kopf. Salutschüsse werden abgefeuert, eine gigantische Gratis-Paella wird auf einer improvisierten Feuerstelle zubereitet, kostenlose Portionen werden verteilt, die Sangría fließt in Strömen, und von den meterhohen

Klippen hinter der Festung springen wagemutige Jünglinge, in weißer Kluft *los árabes* verkörpernd, ins Meer, um daran zu erinnern, wie die fremden Eindringlinge abgeschüttelt wurden. Ihre spektakulären Sturzflüge werden bejubelt. Es wird getanzt und musiziert, Tambourine und Kastagnetten kommen zum Einsatz, und gegen Mitternacht lässt die Stadtverwaltung als Hommage an Kämpfer und Unverzagte ein gewaltiges Feuerwerk abfackeln. Die meisten Ibicencos sind dann in Feierstimmung.

An jenem Abend waren auch wir es, mehr denn je. Und so beschlossen wir, hierzubleiben in unserem urigen Mietshaus, das wir in so kurzer Zeit mitsamt seinen Bewohnern lieb gewonnen hatten. Alljährlich – mehr als ein Vierteljahrhundert lang – würden wir hierhin zurückkommen und nirgends anders. »Hier« blieb auch Aquí, den wir schon jetzt einer befreundeten Familie anvertrauten, damit seine Betreuung nach unserer Abreise gesichert war. Und bevor er und wir einander vollends ans Herz gewachsen wären. Unseren Nachbarn verkündeten wir den Entschluss, drückten viele Hände und wurden beglückwünscht.

Erst kurz vor der Jahrtausendwende sollten wir unserem Glücksgaranten, unserem ibizenkischen Zuhause, *nuestra casa, Adiós* sagen. Sehr schweren Herzens. Der Night Club war inzwischen verstummt und geschlossen worden. Zwei Drittel der Mieter hatten gewechselt, einige Nachbarn hatten sich neue Hunde zugelegt und pflegten einen deutlich veränderten Musikgeschmack. Die deutsche Punk-Patin Nina Hagen, wir trauten unseren Augen kaum, war leibhaftig auf der Bildfläche erschienen und hatte, eine Saison lang, gleich nebenan Quartier bezogen. Doch auf der Hausterrasse trocknete auch weiterhin frische Wäsche. Andere *parejas* tanzten auf ihr, andere Kinder machten die Gegend unsicher. Nur die gefährliche Riesenkuhle gähnte auch weiterhin in den azurblauen mediterranen Himmel. Als ewige Leerstelle. Kein Unfall hatte sich hier jemals ereignet, kein Verletzter war zu beklagen. Kein zweites Haus würde hier jemals errichtet werden. Kein Valverde-Echo mehr ertönen. Und all das, was sich direkt neben der Baulücke ereignet hatte, war somit einzigartig geblieben. Hatte sich ins Gedächtnis eingegraben.

*

Lange nachdem wir ausgezogen waren, kam ich noch einmal zurück. Ich wagte mich ein paar Schritte zur Mitte der Kuhle hin vor, stieg über Steine, Äste, Papierfetzen, geplatzte Reifen, kaputtes Spielzeug. Dann blieb ich stehen und sah mich um. Befriedigt stellte ich fest: Gras war in ihr, nicht aber über sie gewachsen.

Die Stadt mit Resten aus der phönizischen Zeit war wie ein Juwel, die Mittelmeerstrände wie aus Kristall, auf dieser Insel wollte ich bleiben.

Wir haben in den warmen Sommernächten bei quakender Grammophonmusik auf dem Dach Tango getanzt und getrunken. Es kamen die freundlichen Hippies, die den Polizisten Blümchen überreichten. Alles schien voller Eintracht.

Hans Laabs
*Notizen meines Lebens*, 2002

*Yebisah*

## Wie die Jungfrau zur Kunst

Drei lang gezogene, schier endlose *Calles* reichen, gleich oberhalb des Hafenbeckens, wie ein Trio gespreizter, suchender Finger tief in die labyrinthische Medina von Sa Penya hinein, in das Hafenviertel Ibizas. Breiter als Gassen und enger als Straßen. Krumm und schief wirken sie mit ihren mehrstöckigen, weiß gekalkten Häuserkuben, verlaufen dennoch einigermaßen parallel zueinander und sind zum Glück gänzlich autofrei. Drei horizontale, pulsierende Lebensadern – das Herz des ibizenkischen Souks: die Calle Garijo, Flaniermeile par excellence und öffentlicher Showroom für Schönheiten beiderlei Geschlechts und ihre Bewunderer, für den Jetset und ordinäre Gaffer, die Calle Mayor, in der sich Kneipen, Imbissbuden, Boutiquen, Läden für Kunsthandwerk und andere modische *tiendas* ballen, und die Calle de la Virgen, die bei Weitem steilste, längste und schönste von ihnen. Und, trotz des unablässigen Gewimmels und Gewusels, auch die intimste und ruhigste.

Im Zuge der regionalen Umbenennungsmaßnahmen verfügen alle drei inzwischen über katalanische Namen. Aus der einstigen Jungfrauengasse ist jetzt mit einem Synonym (wieder) der Carrer de la Mare de Déu geworden, das Sträßchen der Muttergottes. Eine spitzfindige Nuancierung, über die Religionskenner und Exegeten getrost debattieren mögen – für mich ist und bleibt sie »la Virgen«. Maria im Urzustand sozusagen, noch bevor die Verkündigung erfolgte und deren weltbekannte Konsequenzen und Komplikationen der jungen Frau, die nicht wusste, wie ihr geschah, mächtig zusetzten.

In den frühen Siebzigern gewannen wir Rostecks sie lieb. Man tauchte ein in diese verschwiegene, wohltuend touristenlose Gasse, indem man den kleinen Platz Sa Drassaneta, ein pittoreskes, geradezu archaisches Postkartenmotiv von Ibiza-Stadt mit öffentlichem Brunnen, hübschen Hauseingängen und kykladenweißen Treppchen, die in ein abgeschiedenes Restaurantviertel führen, rechter Hand liegen ließ. Man wagte sich in sie vor, indem man, nur wenige Meter weiter, einige Minuten vor der Kultstätte »Paula's« verweilte und ins dunkle, geheimnisvolle Boutiqueninnere spähte. Hier, im Tempel der Blumenkleidermode, wurden auf engstem Raum stilistische Pioniertaten vollbracht. Hier stand, geführt von dem Deutschen Armin Heinemann und dem Amerikaner Stuart Rudnick, eine der Wiegen der unverwechselbaren, farbenfrohen und auch theatralischen Hippiefashion Ibizas. Hier fand man durch gekonntes Recycling alter Stoffe, mit raffinierten Patchwork-Roben und aparten, bunt gemusterten Mehrteilern zu einer fantasievollen Ästhetik exotischer Freizeitbekleidung, deren oftmals bombastische Erzeugnisse Diven und Adepten freien Eintritt zu den Diskotheken der Insel verschafften, Neidern den Atem verschlugen und sich auch auf Opernbühnen gut machten.

Eine üppige Schwarze im Afrolook wachte noch in den Achtzigern, auf einem Schemel hockend, am Eingang des begehrten Lädchens vor einer dicken roten Kordel darüber, dass nur drei Kategorien von Kunden ins Allerheiligste von »Paula's« vordringen konnten: Exzentriker, Extrovertierte und Extravagante. Neurotiker, Narren, Narzissten. Vorzugsweise weiblichen Geschlechts. Jahrzehntelang rissen sie dem zierlichen Modepapst aus Mönchengladbach mit Pferdeschwanz und dünnem Bärtchen, einem umtriebigen Mann, der sich gern in Turban und Pluderhosen präsentierte, seine teils barocken Edelfummel, teils luftig-delikaten Kreationen aus den Händen und gierten, auf der Schwelle zu seiner Höhle, nach exklusiven, originellen Einzelstücken und phänomenalen Hüten. Wer vorgelassen wurde in die Goldgrube, durfte sich auserwählt fühlen. Weniger privilegierte Passanten drückten sich am winzigen Schaufensterchen die Nasen platt, um die Auslage, stets eine gelungene Mischung aus Kitsch, erotischen Accessoires sowie Retro- und Vintage-Fundstücken, zu bestaunen und zu kommentieren.

Dann wurde es stiller in der Calle de la Virgen, und mit jedem weiteren Schritt kam man ihren spanischen Ursprüngen wieder näher. Bis man, als unbeteiligter Spaziergänger, Zeuge von Impressionen iberischen Kleinstadtalltags wurde: dem konturenreichen Licht- und Schattenspiel der Dächer, Fassaden und Minibalkons, dem Aufhängen tropfnasser Wäsche, dem Geschrei umherlaufender, spielender Kinder, dem Gezänk tischtuchstickender Nachbarsfrauen, dem Schmücken von Heiligenfiguren in einer Nische, dem Geschirrgeklapper aus dem Muschelrestaurant Los Mejillones, dem Knoblauchgeruch aus Garküchen und den würzigen Meeresfrüchtearomen eines simplen Fischgrills. Das Straßenbild wurde vom Matriarchat dominiert: schwarz gewandete, breithüftige Matronen und bezopfte Bäuerinnen mit Kopftuch, schmächtige Gemüseverkäuferinnen und grau in grau gekleidete Nonnen waren allgegenwärtig. Selbstbewusste, stolze *señoras*, die uns Ausländer gelegentlich mit einem flüchtig gemurmelten *Buenas tardes* bedachten, hatten die spätnachmittägliche Gasse fest im Griff. Keine Männer weit und breit, von Lieferanten und Schuljungen einmal abgesehen.

Die Hitze baute sich wie eine Mauer vor uns auf oder fauchte uns an, sobald wir um die Ecke bogen und für Sekunden aus dem Schatten heraustraten. Unwillkürlich wichen wir dann vor den grellweißen Hauswänden zurück. Und dachten nicht einmal im Traum daran, noch bis zum Ende der sich immer weiter verjüngenden Schneise weiterzumarschieren, dorthin, wo Löcher in einer halb fertigen, unverputzten und mit Pink-Floyd-Graffiti verzierten Mauer den Blick auf das kobaltblau schimmernde, in der Tiefe vor uns liegende *mar mediterráneo* freigeben würden. Die Schwulenbars, die sich dort im *dead end* der Virgen angesiedelt hatten, öffneten erst gegen Mitternacht. Wir aber blieben in der Mitte des Gässchens vor einem ziemlich hohen, unscheinbaren Haus zu unserer Linken stehen, läuteten, befanden uns vor einer klaustrophobisch engen, steilen Treppe, die jeder Stiege in Amsterdam zur Ehre gereicht hätte, und erklommen, mittlerweile schweißnass, Dutzende von hohen, in den Himmel führenden Stufen.

*

Die Mühe hatte sich gelohnt: Oben auf dem Dach empfing uns Hans in einer anderen Welt. Er öffnete uns die Tür zu seiner lichtdurchfluteten, zweistöckigen Terrasse mit grandiosem Ausblick auf den Hafen und die gesamte Bucht bis hinüber nach Botafoch, Talamanca und Jesús. In seiner geschmackvollen, schlichten und weitläufigen »Casa Laabs«, die einer seiner engsten Freunde, der Architektur-Pionier und Ibiza-Veteran Erwin Broner, zurückgreifend auf Bauhaus-Prinzipien und inspiriert von der eigentümlich »modernistischen«, klaren Bauweise der Inselhäuser, für ihn entworfen hatte, thronte Hans wie auf dem Schiffsbug eines Ozeandampfers über dem Geschehen der Hauptstadt. Erhaben, entrückt und zeitenthoben fühlte man sich hier. Nicht mehr tangiert vom turbulenten Drumherum und doch mittendrin, einem unsichtbaren Weltenlenker gleich. Von hier aus konnte man seinen Blick über die Mole, über Hügelketten, Leuchttürme und Fährschiffe schweifen lassen, hier ließ sich meditieren, dem Sonnengott huldigen oder dem Getute der Lastkähne und den Rufen der heimkehrenden Fischer lauschen. Wenn die visuellen und akustischen Eindrücke zu überwältigend zu werden drohten, konnte man sich unverzüglich ins Innere des gläsernen Penthouse zurückziehen – in abgeschiedene Schlaf- und Wohnräume sowie in das großzügig geschnittene Atelier nebenan.

Ich freute mich stets unbändig auf die Audienzen bei unserem Malerfreund. Hans Laabs, Jahrgang 1915, muss damals Mitte fünfzig gewesen sein und wurde für mich heranwachsenden Jungen binnen weniger Sommer zum Inbegriff eines unabhängigen, freiheitsliebenden mediterranen Künstlers. Laabs, ein überzeugter Epikureer, war ein sehr schlanker, ja hagerer Mann mit noch jugendlicher Gestik, von dem eine friedliche und zugleich noble Aura ausging. Er wirkte auf mich wie ein Däne oder Schwede, aus irgendeinem Grund an die Gestade der Pityusen verpflanzt, und hatte etwas von einer Bühnengestalt. Mir sagte seine ruhige, bedächtige Art zu, sein leiser, weiser Humor, sein bescheidenes, diskretes Auftreten, sein freundliches Lächeln im sonnenverbrannten Gesicht unter strohblondem Haarschopf. Von seiner schmalen Gestalt und seiner asketischen Erscheinung fühlte ich mich angezogen. Ebenso gefiel mir die sparsame, fast spartanische, aber umso geschmackvollere Ausstattung seines Heims ungemein: Alles in seinem Domizil atmete gelebte Kunst. Klare Linien, perfekte Proportionen, schnörkellose Funktionalität. Auf dem Boden standen dickbauchige gläserne Wasserkrüge in verschiedenen Größen und Tonfiguren im phönizischen Stil. Die Wände schmückten ältere Werke aus den Fünfzigern und Sechzigern sowie eine Handvoll ausgesuchter afrikanischer Masken und Karaffen. Da er sich selbst auch als Sammler verstand, waren in den Bücherregalen einige Skulpturen und kleinere Arbeiten von Kollegen zu entdecken; auf der oberen Terrasse waren ein paar bequeme, tiefe Korbstühle um Kakteen in fassgroßen irdenen Gefäßen gruppiert. Umgeben vom Dächerwald der Ober- und Unterstadt, saßen wir hier wie auf einer Theaterbühne und sahen dabei zu, wie die Abendsonne sich Zeit ließ, bis sie im Inselwesten verschwand.

Viel gesprochen wurde anfangs nicht. Die Gelassenheit unseres Gastgebers, eines Geistesmenschen ohne auch nur einen Anflug von Überheblichkeit, übertrug sich augenblicklich auf uns. Hans, meist in ein schlichtes Hemd und eine weite Leinenhose gekleidet, zelebrierte barfuß, mit langsamen, präzisen Gesten, ein Ritual. Den Erwachsenen servierte er einen Sherry, meine Schwester und ich bekamen frischen Wassermelonensaft vorgesetzt. Obst und Oliven wurden gereicht, und dann entstand wieder eine längere Gesprächspause. Kein unangenehmes Stocken im Redefluss, keine wortkarge Zurückhaltung, eher die stille Vorbereitung auf etwas Besonderes. Auf eine Zeremonie. Small Talk war ihm fremd. Eigentlich war er, der allein zu leben schien, auch nicht sonderlich erbaut, wenn seine Gäste ihren Nachwuchs mitbrachten, er duldete keine Störungen oder Irritationen, aber bei mir machte er eine Ausnahme: Ich durfte an einer Ecke seines Arbeitstisches Platz nehmen, bekam Papier und Wachsmalstifte, und er zählte wohl darauf, dass ich mich allein beschäftigen, mich ruhig verhalten und ihn nicht weiter behelligen würde.

Ich empfand dieses Vertrauen als Auszeichnung und kritzelte artig, mit gespitzten Ohren, vor mich hin. In späteren Jahren setzte ich mich mit meiner Gitarre auf die jeweils andere Terrassenhälfte und spielte zur Untermalung etwas von Sor und Corelli oder den damaligen Ohrwurm, eine elegische e-moll-Fantasie mit hispanisierendem Unterton. Das behagte ihm. Aber am liebsten blieb ich an seiner Seite und hörte zu, wenn er mit ironischem Understatement, in zeitlupenartigem Sprechtempo, etwas aus seinem bewegten Leben erzählte, wenn er in langen Monologen gleichmütig seine ersten, aufregenden Jahre auf der Insel schilderte, und ich beobachtete ihn aufmerksam, wenn der Moment gekommen war, in dem er seine neuesten Acrylbilder, Gouachen, Ölgemälde und Zeichnungen vorführte.

Stillleben, Meereslandschaften, einzelne Früchte, Flaschen und Silhouetten zumeist. Türen. Vasen und Schalen. Gebrauchsgegenstände, Insignien der *vida cotidiana*. Menschen mit Hüten, lakonische Gestalten vor farbigem, flächigem Hintergrund und fast nie perspektivisch oder mehrdimensional »korrekt«, sofern es sich um etwas Figürliches handelte. In der Mehrzahl zeigte er aber abstrakte Kompositionen. Rhythmisiert von Strichen und Linien, gegliedert durch Kreuze, Kreise und verfremdete Buchstaben, durchsetzt mit Schraffuren und kalligrafischen Elementen. Stille, meditative und kontemplative Ibiza-Kunst in den unterschiedlichsten Formaten und Farbgebungen. Helligkeit, Heiterkeit und gnadenlose Hitze, die Wucht uralter Mythen und die Intensität des Lichts hatten Eingang in sie gefunden. Sinnbilder der Wehmut. »Wie Fenster, durch die man eine glückliche Insel erblickt«, schwärmte ein Experte, erleichtert, die aus einem spontanen Impuls hervorgegangenen Collagen des hochsensiblen Einzelgängers nicht genauer hinterfragen zu müssen. Und auch die gereiften, großen Ölbilder entzogen sich, mit Nonchalance, wie von allein allzu akribischer Analyse.

Fast kommentarlos trug Hans seine Blätter, Leinwände und Kartons vom Atelier nach draußen und breitete sie auf dem sonnenwarmen, gekachelten Boden aus. Oft war die Farbe noch nicht ganz trocken. Es war, als ob sich der Vorhang zu einem Ballett öffnete. Ohne Handlung, jedoch voller schöner, stiller Einzelszenen. Niemand sagte ein Wort, aber alle folgten mit den Augen aufmerksam der Choreografie eines Solitärs. Beiläufige, intuitive Bewegungen zu sorgsam durchdachten Arbeiten. Hans stieß zustimmende oder ablehnende Laute aus, er brummte und seufzte während dieser kurzen Gänge. Er summte vor sich hin, strich sich eine Strähne aus dem Gesicht, rückte ein Passepartout zurecht und wanderte um die Großformate herum. Vor allem aber schwieg er. Es war, als malte er seine Bilder, Köpfe und Seestücke vor uns noch ein zweites Mal, nicht mit Pinsel und Buntstiften, sondern mit Überlegungen, Einwänden und Zustimmung. Es war, als sähe man einem Philosophen beim Verfertigen seiner Gedanken zu. Einem gelassenen Eremiten und konzentrierten Melancholiker.

Als einen Poet des Einfachen und einen Maler der Stille hat man Laabs bisweilen zu Recht bezeichnet, und bereits einer der ersten Presseartikel, der je über ihn und seine unambitionierte, dafür aber umso gehaltvollere Kunst erschienen war, trug den visionären wie aussagekräftigen Titel *Die Kraft der Besonnenheit*. Diese Formulierung benennt den Kern seines Schaffens. Aus dem tiefsten Hinterpommern hatte es den angehenden Violinisten nach langen Um- und Irrwegen –

Wandervogelbewegung, Ausbildung zum Grafiker an einer Kunstgewerbeschule, Kriegsdienst, kurze russische Kriegsgefangenschaft, ein Intermezzo auf Usedom und wechselvolle Aufbruchsjahre im zerstörten Berlin – auf die Balearen verschlagen.

Im Jahre 1953 reiste er erstmals nach Spanien. Die Malerkollegen Heinz Trökes und Katja Meirowsky, die der magischen Anziehungskraft Ibizas schon verfallen waren, lagen ihm mit enthusiastischen Schilderungen eines verlockenden Lebens auf dem paradiesischen, unverdorbenen Eiland in den Ohren. Weitere Mundpropaganda bestärkte ihn, und er ließ sich zum Aufbruch überreden. Ein Mäzen, Kunsthistoriker seines Zeichens, stellte die Mittel für Hin- und Rückreise ins vermeintliche Elysium bereit. Hans wollte sich selbst ein Bild machen von der Trauminsel. »Auf dem Schiff nach Barcelona traf ich den Maler Paul Wunderlich aus Barcelona mit seinem Motorrad. Wie ich war er auf dem Weg nach Ibiza.« Und wie Hunderte vor ihm und Zigtausende nach ihm sah Laabs bei der Ankunft, beim Einbiegen in den Hafen, als Erstes die majestätische, von der Kathedrale gekrönte Altstadt, die mächtige Festungsanlage und die Fischerviertel, gewahrte den Esprit und den Genius Loci, und es war um ihn geschehen.

Zu mehreren mieteten Hans und seine Freunde eine Wohnung an, zunächst noch in San Antonio Abad, und »erlebten unter den dort ansässigen Ausländern eine erstaunliche Hilfsbereitschaft und freundschaftliche Zuneigung. Zumeist Skandinavier, Schriftsteller, Maler; Einzelgänger, Alkoholiker und Gestrandete, Schauspieler aus Hollywood, auch Deutsche, die den Hitlerkrieg bei den Bauern überlebt hatten.« Legenden wie Walter Gropius und Tristan Tzara tummelten sich auf Ibiza, der avantgardistische Geist von Raoul Hausmann,

Le Corbusier, Walter Benjamin, Jean Selz und Josep Lluís Sert, die sich in den Dreißigerjahren mit Tradition und Potenzial verschiedener Phänomene der Inselkultur auseinandergesetzt hatten, war noch deutlich spürbar. Laabs, empfänglich für groteske Gestalten und glückliche Fügungen, verliebte sich in dieses irdische Arkadien und blieb. Drei Jahrzehnte lang.

Hans, noch keine vierzig, doch vom Krieg gezeichnet, war gewappnet für etwaige Schicksalsschläge. Und er besaß die nötige ästhetische Souveränität für das abenteuerliche Inselexperiment. Dass die abgeschiedene Hauptstadt wie auch einige Dörfer über das intellektuelle Klima einer internationalen Künstlergemeinschaft verfügten, dass das Zusammenspiel von radikalem Individualismus, geistiger Stimulation und multikultureller Vielfalt hier, fernab der hektischen Metropolen, funktionierte – bei gleichzeitig primitiven Lebens- und Arbeitsbedingungen sowie der indifferenten Toleranz der Einwohner –, war eine günstige Ausgangssituation. Zwar hatte er der Musik entsagt, doch war er weiterhin für andere Disziplinen und Ausdrucksformen offen. So betätigte Laabs sich jetzt auch, zusätzlich zur Malerei, bei Reisen in den Maghreb, nach Barcelona und Ägypten und bei Streifzügen durch die ursprünglichen und unverfälschten *barrios* seiner ibizenkischen Wahlheimat, als Fotograf. Ständig, auch in seinen raren Selbstporträts, dem »Geheimnis des Einfachen« auf der Spur. Kindergesichter, flatternde Fahnen, Hafenszenen hielt er fest, näherte sich geometrischen Elementen auf Häuserwänden und alten Türen, die an Hieroglyphen gemahnten. Fischernetze und weggeworfene Puppen à la Bellmer, entsorgte Gartenstühle, leere Vogelkäfige, ein halb voller Glasballon, spielerische Lichtreflexe auf den Mauern des Nachbarhauses und sich selbst überlassenes Friedhofsinventar zogen ihn an. Auch mit der Kamera in der Hand ließ sich Hans von der *ciudad* und den *pueblos* verzaubern, und »Verzauberung« war genau der Begriff, den nahezu alle Bewunderer seiner luftigen, schwerelosen Kunst zur Charakterisierung des Laabs-Effektes gebrauchten.

Laabs und Landsleuten wie dem mit ihm befreundeten Kölner Maler und Architekten Erwin Bechtold müssen nach den entbehrungsreichen, verheerenden Kriegs- und Nachkriegsjahren im unwirtlichen Nordeuropa die Augen übergegangen sein angesichts so viel natürlicher Schlichtheit, angesichts solcher Unschuld, Idylle und milder mediterraner Exotik. Bechtold, ein Jahrzehnt jünger als sein Kollege, traf im Folgejahr 1954 auf der Insel ein und brach an diesem regnerischen Herbsttag gleich zu einem ersten Rundgang durch Sa Penya auf: »Das Fischerviertel in der Abenddämmerung, beleuchtet vom spärlichen Licht der Straßenlaternen, die weißen Häuser, die engen Gassen – das war der erste überwältigende und unvergessliche Eindruck dieser Inselstadt. Mein Entschluss stand fest: Hier bleibe ich. Aber es war nicht allein der schöne Schein, es waren auch ganz realistische Gründe, die mich zu dieser Entscheidung bewogen: Man konnte [zum einen] mit geringen finanziellen Mitteln auskommen und hatte auch noch einen Platz gefunden«, einen »Treffpunkt von Künstlern und Intellektuellen aus aller Welt«, »an dem man sich ganz und [gar] ungestört seiner Malerei widmen konnte«, ideal, »um sich konzentriert auf die eigenen Möglichkeiten zu besinnen«. Ibiza wurde somit auch zu Bechtolds Arbeitsplatz und existenzieller Verortung – »bis heute ist das so geblieben«. Gemeinsam mit seiner Frau Cristina zog Bechtold, dessen durchweg abstrakte Bilder sich einer klaren, geometrischen Formensprache bedienen, in der auch die Leere ihren

Platz zugewiesen bekommt, allerdings bald weit ins *campo* bei San Carlos (Sant Carles) hinaus. Dort schuf sich das Paar mit dem systematischen, Jahre währenden Ausbau einer Bauernhausruine, unter Berücksichtigung uralter architektonischer Regeln, eine Wirkungsstätte. Sie stand mit der Natur und den Traditionen der Insel im Einklang, verkörperte Archaik, Anspruchslosigkeit wie Modernität und stellte gleichermaßen Refugium wie Inspirationsquelle dar.

Hans war, was die Lebensführung auf Ibiza betraf, wohl der Urbanere von beiden. In den Wintermonaten kehrte er, auch um der Gefahr einer ästhetischen Isolierung und sprachlich-kulturellen Abkapselung vorzubeugen, regelmäßig nach Berlin zurück, wo ich, inzwischen Student in der geteilten Stadt, ihn in seinem Atelier in der Ludwigkirchstraße und in seiner späteren Wohnung am Preußenpark des Öfteren besuchen kam. Beide Berliner Appartements wirkten, was Einrichtung, Stilsicherheit und liebevolle Ausgestaltung im Detail anging, wie eine Verlängerung seiner ibizenkischen Traumterrasse, doch wiesen sie auch Spuren seiner Reisen nach Sri Lanka und Afrika auf, verrieten ein wenig von seiner Leidenschaft für eine zweite mythische Insel: Sylt. »Der Hauptgrund meiner Reisen war«, so erklärte Laabs einmal seine Zuneigung zu einer Vielzahl von Orten – wenngleich seine Liebe fraglos ausdrücklich der weißen Insel im Mittelmeer galt –, »Abstand von meiner Arbeit zu gewinnen, um nicht in eine Sackgasse zu geraten.« Das nordisch nüchterne Berlin und das windumtoste Sylt, das ihm eine völlig konträre Farbpalette zur Auswahl anbot, fasste er als Korrektive auf zum sinnlichen Überschwang in den Sommermonaten.

Laabs verfügte über einen weiteren natürlichen Schutzmechanismus gegen Ab- und Ausschweifungen, wie sie Ibiza damals schon in Hülle und Fülle bot: eine erstaunliche, mönchisch zu nennende Disziplin mitsamt einer beneidenswerten Abgeklärtheit und der Reduzierung aller »weltlichen« Bedürfnisse auf ein absolutes Minimum. Sowohl auf seinem Terrassenschiff über der Jungfrauengasse als auch im winterlichen Berlin stand er in aller Herrgottsfrühe auf, ging schwimmen und machte sich dann, mit Fleiß und Ausdauer, Tag für Tag an die Anfertigung neuer Bilder und Collagen. Die kontrastierenden Eindrücke des Insellebens und die Empfänglichkeit für das visuelle Mosaik seines Zweitwohnsitzes hatten zur Vervollkommnung seines Schaffens beigetragen: Früh beherrschte er die bildnerische Klaviatur und näherte sich einem künstlerischen Ideal, das mit Charakterisierungen wie »inneres Paradies« und »gestalteter Schwebezustand« bereits vortrefflich auf den Punkt gebracht worden ist.

Enigmatisches, Poetisches und »lebhafteste Farblust« standen ihm ebenso zu Gebote wie, bei aller Eigenständigkeit, eine Affinität zur Bildsprache Paul Klees, mit dem er bisweilen in Verbindung gebracht worden ist. Hans nahm solche Vergleiche – auch die mit Matisse – gelassen. Seine Verehrer wussten um seine Einzigartigkeit. Die Nachmittage gehörten dann, im Anschluss an eine kurze Siesta, der Lektüre philosophischer Schriften sowie den Begegnungen mit Freunden und Kunden. Während der abendlichen »Freizeit« blieb er bei seinem Bummel durch die Altstadt gelegentlich im Dirty Domingo hängen oder in Juanitos Speiselokal Bahía. Solche kleinen Verschnaufpausen durfte er sich durchaus erlauben. Denn dem malerischen »Kammermusiker« Laabs war das Kunststück gelungen, schon früh von seiner Arbeit leben zu können. Nicht unbedingt auf großem Fuß, aber für das unbeschwerte Nebeneinander von langen, farbentrunkenen und fröhlichen

Insulaner-Sommern mit ausgedehnten Reisen und intensiven Berlin-Monaten reichte die materielle Souveränität allemal aus. Das abgegriffene Etikett Lebenskünstler kam in seinem Fall ausnahmsweise mit voller Berechtigung zur Anwendung.

Sein biografischer Parcours, in den er mir so manchen Einblick gewährte, strotzte offenbar nur so vor aberwitzigen Erlebnissen und Bizarrerien. Anekdoten vermischten sich mit märchenhaften erzählerischen Kapriolen. Ich genoss diese Form des Erzählens. Immer schien er selbst, der Held dieser Geschichten, dem Schicksal ein Schnippchen geschlagen zu haben. Im Russlandfeldzug war dem Meldegänger Laabs sein Fahrrad entwendet worden – ein um sich spuckendes Lama, das zu einer in den Kriegswirren versprengten Zirkusmenagerie gehörte und nun herrenlos umherirrte, diente ihm zeitweilig als Ersatz-Fortbewegungsmittel. Als überzeugter Pazifist ertrug er das Soldaten- und Lagerleben nur schwer, schlich sich zuweilen davon und vertrieb sich die Zeit tagträumerisch mit Flötenspiel und Waldspaziergängen, bevor er wieder aufgegriffen und zurückgebracht wurde und sich vor der Lagerleitung verantworten musste.

Der Deportation nach Sibirien nach Kriegsende entging Hans nur knapp, indem er in einen Hungerstreik trat und die kultivierte, germanophile Lagerleiterin von seinem erbarmungswürdigen Zustand überzeugte. Sie ließ Milde walten und sich von ihm porträtieren, und Hans, der den Auftrag zu ihrer Zufriedenheit ausführte, erhielt schließlich den ersehnten Entlassungsstempel. Dann war Pommerland abgebrannt, und dass er später einmal in der Pommerschen Straße sein Zuhause finden würde, war jetzt noch Zukunftsmusik. In der Trümmerstadt Berlin durfte er nun endlich seine Studien fortsetzen, deren ersten Teil er vor 1940 in Stettin beim Bauhaus-Schüler Vincent Weber absolviert hatte. An der Hochschule für Bildende Künste bei Oskar Moll, dem »deutschen Matisse«.

Seine scharf geschnittenen, expressiven Züge, seine wilde blonde Mähne und sein ausgemergelter, langgliedriger Körper, mit dem er einem Fakir und Hungerleider eher glich als einem angehenden Jungmaler, kamen ab dem Sommer 1949 im Künstlerkabarett »Die Badewanne« im Femina-Keller in der Nürnberger Straße ganz vorzüglich zur Geltung. Laabs, dem es unterdessen gelungen war, maßgebliche Berliner Kunst- und Galeriepersönlichkeiten wie Anja Bremer und Werner Heldt auf sich aufmerksam zu machen, zählte, neben Alexander Camaro, Johannes Hübner und Jeanne Mammen, zu den Gründungsmitgliedern des avantgardistischen Etablissements. Den jungen Leuten mit einem Faible fürs Absurde und Blasphemische schwebte »eine spezifische Variante des Existenzialismus mit surrealistischen Elementen« vor; ihr Publikum zogen sie mit kurzen, schockierenden Szenen, Dramoletten, kühnen Pantomimen und lebenden Bildern in ihren Bann. Bei allen literarischen Anspielungen und kulturgeschichtlichen Verweisen klang ein humanistischer Unterton mit: Das makabre Element überwog deutlich.

Mal lag Laabs halb nackt als Leiche auf dem Seziertisch, mal stand er einem maliziösen Engel schutzlos gegenüber, der ihm mit einer siebensträhnigen Peitsche entgegentrat, mal duellierte er sich mit lächerlich großen Papppistolen, mal erwehrte er sich, Flaubert interpretierend, als heiliger Antonius im Büßergewand den Versuchungen Tod und Wollust. Oder er probierte vor den entsetzten Zuschauern diverse Selbstmordtechniken aus, führte seinen Bühnenfreitod durch Fenstersturz, das Aufschlitzen der Pulsadern, das Aufdrehen des

Gashahns, Harakiri oder die Einnahme von Morphium vor. Jarry und Artaud, Dalí, Breton und Sartre standen Pate bei diesem Experiment theatralischer Fantastik und ausgeklügelten, literarisch hochrangigen »Irrsinns« kurz nach der Stunde null, in dessen Zentrum Laabs von seinen Mitstreitern platziert wurde. Auf sein Publikum und die Kritiker wirkte er »inmitten der schlimmsten Hungerjahre in der unverhohlenen Zurschaustellung der eigenen Dürre auf der Kabarettbühne geradezu schockierend«.

Mit der von ihm personifizierten Kunstfigur des »Homo Surrealisticus Berolinensis« liefen die »Badewannen«-Akteure Sturm gegen eine selbstgenügsam-restaurative Stimmung in Westberlin und Westdeutschland, thematisierten mit dadaistischem Ulk indessen auch den Verlust nationaler Identität in einem besetzten Territorium, die allgemeine Verunsicherung, die schmerzende Orientierungslosigkeit. Hans hatte sich dabei als echte Mehrfachbegabung zu erkennen gegeben: Im Geigen- und Flötenspieler, im Maler, Zeichner und Collagenbastler Laabs steckte auch ein Mime und Schauspieler.

Er kannte sich mit gewagten kollektiven Experimenten also zur Genüge aus, als er, zusammen mit Bechtold, genau zehn Jahre später auf seiner Wunschinsel die internationale Künstlervereinigung »grupo ibiza 59« ins Leben rief. Weitere Mitstreiter des ideologisch keineswegs festgelegten Freundschaftsbündnisses waren Katja Meirowsky, die mit ihm bereits in der »Badewanne« geplanscht hatte, Erwin Broner, der Schöpfer von Hans' Penthouse, der seinen innovativen architektonischen Studien aus den frühen Dreißigern ein weiteres Kapitel hinzufügen wollte, Heinz Trökes, Bob Munford, Egon Neubauer und Antonio Ruiz sowie eine Handvoll kurzzeitiger Mitglieder nebst prominenten spanischen Vertretern und Gästen wie Antonio Saura, Fernando Zóbel oder Manolo Mompó.

Die Ausstellungsräume befanden sich im von Emilio Schillinger geführten »Seeräuberhotel« El Corsario, einer der ältesten und damals zugleich begehrtesten Herbergen, versteckt in einem verwunschenen Winkel der Oberstadt. Hans war für die Hängung der heterogenen Bilder und Grafiken in diesem kleinen Piratenpalast verantwortlich, und er entledigte sich dieser Aufgabe mit Bravour. Gropius schaute vorbei und zog, beeindruckt vom Aufbruchsgeist, Idealismus und von der Neugier dieser kleinen, verschworenen Gemeinschaft, einen Vergleich mit dem Elan der Bauhaus-Pioniere.

Es gab kein ästhetisches Manifest, keine programmatische Festlegung. Nur Offenheit zählte, handwerkliche Qualität und Konsequenz in der Ausführung. Und selbstverständlich das Bekenntnis zur Insel als verbindlichem, stimulierendem Schaffenszentrum. Broner hatte der »grupo« lediglich als Richtlinie vorgegeben, »sich nicht von der Erfindung ästhetisch-dekorativer Nettigkeiten verführen zu lassen«, und als verbindendes Element eine »besondere künstlerische Unruhe« benannt, »ein Nichtzufriedensein mit schnellen Effekten und Resultaten, ein immer neues Anfangen, ein Umwenden und Fragen nach der wirklichen Brauchbarkeit von Ausdrucksmitteln für die notwendige künstlerische Aussage«. Eher ein moralisches Postulat, ein Wunsch und eine innere Einstellung als eine präzise Vorgabe.

Nicht ikonoklastische Sturm-und-Drang-Energien wurden somit im El Corsario während heißer Sommermonate entfaltet, sondern Diskussionen angeregt, produktive Konflikte entfacht, Feste gefeiert und ein Akt der Selbstbehauptung vollzogen. Lebenslust gab den Ton an, und ein lebhafter Meinungsaustausch über das klassische Spannungsverhältnis von Abstraktionsdrang und der Notwendigkeit des Figürlichen, über den Vorbildcharakter der hiesigen »Primitivität« und über das Zusammenspiel von architektonischer Strenge und freier »Eingebung« prägte die Debatten.

Um den Erfolg ihrer Bestrebungen, die ja mit einfachsten Mitteln zustande gekommen waren – Einladungskarten und Plakate wurden etwa mithilfe einer uralten Druckerpresse in den Räumen der lokalen Tageszeitung hergestellt –, brauchte den Urhebern nicht bange zu sein: Das Konzept von wechselnden Einzelausstellungen und Kollektiv-Shows ging auf, die Kunstfreunde strömten zuhauf ins Corsario. Schon fanden sich erste Käufer. Einige Mitglieder dachten bereits ernsthaft darüber nach, sich dauerhaft auf der Insel niederzulassen, und es entstand auch so manche fruchtbare private Liaison. Die Eröffnungsdrinks waren legendär, und bei Cognac und Brandy klangen die langen Gruppennächte aus.

Nur fünf Jahre hatte die lose Gruppierung Bestand, 1964 löste sie sich wieder auf, war aber weiterhin, in wechselnder Besetzung, regelmäßig als »künstlerische Visitenkarte« Ibizas auch in überregionalen, nationalen und europäischen Kunstsalons präsent. Die Gründungsziffer »59« wurde zum Gütesiegel. Fünf Jahre hatten genügt, um einander Orientierungshilfe anzubieten und sich über grundlegende Vorstellungen von zeitgenössischer Kunst zu verständigen. Um widerstreitende Energien zu bündeln und an einem bestimmten historischen Punkt zu fixieren.

Ibiza brauchte sich, in der Wahrnehmung von Experten und Kuratoren, nicht länger mit dem vagen Nimbus eines Traumortes zu begnügen, sondern mauserte sich allmählich zu einem noch bescheidenen, aber definierbaren Knotenpunkt auf der europäischen Kunstlandkarte. Ein kreatives Fleckchen Erde, dessen Status ausbaufähig wurde. Kein Städtchen mehr, das sich von Kennern in Köln, Kassel, Paris oder Barcelona mit einem mitleidigen Lächeln abtun ließ. Auf einmal wollten alle hier leben, ein Atelier besitzen, eine *finca* ausbauen, ihre Heimatländer hinter sich lassen, ihre Namen auf den Inselpostern lesen, dazugehören. Ibiza lag im Trend.

*

Wenn ich diesen Prozess der Wandlung vom Geheimtipp zum Kultort hier in aller Ausführlichkeit am Beispiel unseres Malerfreundes Hans Laabs und der »grupo« schildere, so deshalb, um zu skizzieren, dass die meisten Protagonisten der Insel-Kunstszene nicht als Novizen oder Debütanten auf die Balearen kamen. Viele von ihnen waren Routiniers und Könner, freilich aufgeschlossen genug, früheren Erfahrungen neue, womöglich spannendere und auch verwirrende hinzuzufügen. Beachtliche Strecken hatten sie schon auf ihren Lebenswegen zurückgelegt und unterwegs Ballast abgeworfen, waren im Zickzackkurs hierhergelangt, zwischendurch mehr als einmal gescheitert, und sie sehnten sich nach einer Neuausrichtung ihrer Ziele und einer Verschiebung ihrer Positionen.

Zugleich spürten sie, dass hier kein sanft vor sich hin dösendes Eiland aus seinem Dornröschenschlaf erweckt werden musste. Sie schrieben sich in ein ungemein lebendiges historisch-künstlerisches Kontinuum ein, dessen Grundlagen von den Karthagern, Römern und Mauren geschaffen worden waren und dessen Terrain Avantgardisten aus Frankreich und Deutschland in den Jahren kurz vor dem Bürgerkrieg beschritten und neu definiert hatten: als Schauplatz ungeahnter Möglichkeiten, als Stätte wegweisender Baustile und vorbildlicher Agrarkultur und als Ort, an dem die Ideale der Bauhaus-Ästhetik in nuce schon seit einer halben Ewigkeit vorhanden waren und im Grunde nur noch mit den Ideen der Moderne verschmolzen zu werden brauchten.

Hier auf Ibiza, im mediterranen Kontext, wurde nach Plänen Serts die Vision einer Modellsiedlung in Can Pep Simó realisiert, hier schufen Philosophen und Literaten von Rang wie Albert Camus, Michel Leiris, Jacques Prévert und Janet Frame kurze, aber umso eindringlichere und bestechendere Texte. Hier waren Architekturtheoretiker fündig geworden und hatten Projekte entworfen. Hier waren Hausmann und Benjamin in sich gegangen und hatten Gewissheiten, zuvor für unerschütterlich gehalten, mutig über Bord geworfen. Hier wirkte der einstige Kokoschka-Schüler Broner – ein Vierteljahrhundert nachdem er das erste Mal seinen Fuß auf die Insel gesetzt hatte und eine halbe Ewigkeit nach seiner kalifornischen Emigration. Jetzt schuf er für die Liebhaber schlichter, klassischer Formen unter den Galeristen, Künstlern und Individualisten auf dem Land, in der Altstadt und auf Formentera eine ganze Folge von »klassischen« Bauten: eine »ibizenkische Folge« der Sonderklasse.

Alle diese schöpferischen Auseinandersetzungen in den verschiedensten Disziplinen hatten sich wie Gesteinsschichten abgelagert und ein Fundament gebildet, auf dem neue Generationen von Gestaltern ihre Fußabdrücke hinterlassen würden. Und wer nunmehr, am Vorabend der Flower-Power-Ära, in der Dalt Vila zum Pinsel griff, in Santa Gertrudis eine Gouache in Angriff nahm, bei Las Dalias auf dem Hippiemarkt mit Schere und Nadel hantierte oder nahe Es Cubells Tonfolgen auf Partiturseiten niederschrieb, bejahte seine Zugehörigkeit zu diesem Kaleidoskop, begriff sich als Wahrheitssucher,

Fantast, Tüftler, Laborant und Minigenie. Reihte sich in einen ungeordneten, dauernd in Bewegung befindlichen kreativen Zirkel ein. Wer oder was davon Bestand haben würde, spielte keine Rolle – wer sich auf dieser Drehscheibe niederließ, hatte schon an anderen Stationen ein befristetes Zuhause gefunden und würde irgendwann weiterziehen. Als kreativer Nomade.

*

Als meine Familie und ich gegen Ende der wilden Sechziger Teil von Ibizas bereits kräftig wirbelndem Kunstkarussell wurden und wir uns, nicht selten vom Schwindel ergriffen, auf ihm in luftige Höhen begaben, war die Etablierung der Insel als maßgeblicher Ort schöpferischen Wirkens demnach schon in vollem Gange. Gab es eigentlich einen Abend oder eine Woche, an dem nicht irgendwo Atelierfeste, Künstlerbegegnungen, Vernissagen oder Accrochagen stattfanden? In der Rückschau erscheinen mir die Sommer- und Herbstmonate der frühen Siebziger wie eine einzige Kunstparty ohne Anfang und Ende. Es handelte sich bei diesen *fiestas* nur sehr selten um jene langweiligen Veranstaltungen, auf denen sich beflissene Menschen mit einem Glas in der Hand stundenlang die Beine in den Bauch stehen, den Exponaten den Rücken zugekehrt.

Auch benötigte man keinen künstlich herbeigeführten »Event«-Charakter, keinen »Aufhänger« für das Gelingen solcher Zusammenkünfte. Keinen Vorwand und keine Rechtfertigung. Die Menschen *wollten* kommen und interessierten sich tatsächlich für das Gezeigte. Und sie konnten sich sicher sein, dass ihnen auch im Rahmenprogramm etwas geboten wurde. Das Schrille und Skurrile war hier das Normale, was vernünftige, gepflegte Unterhaltungen nicht ausschloss. Happenings ergaben sich oft ganz von selbst, Performances waren an der Tagesordnung. Spontaneität bestimmte den Ablauf der Abende – sogar die Veranstalter wussten nie ganz genau, was sie von einer Eröffnung erwarten konnten oder wie die Präsentationen im Einzelnen verlaufen würden.

Selbstdarsteller schufen sich ihre Bühne, Maskenträger rezitierten theatralisch einen Monolog, Transvestiten, deren Make-up zentimeterdick aufgetragen war, huschten fächerschwenkend umher oder verteilten Küsschen. Dazwischen: Dutzende von spielenden Kindern und schreienden Säuglingen. Hunde wurden gleich scharenweise mitgebracht. Katzen waren sowieso anwesend. Die Räume gerieten in Bewegung. Irgendjemand steuerte immer Livemusik bei. Diashows mit Vexierbildern liefen ab, auf eine Hausmauer projiziert. Man zeigte einander selbst angefertigtes Kunsthandwerk und ausgefallenen Schmuck. Man erschien mit den verrücktesten Modeeinfällen, man übertrumpfte sich gegenseitig mit noch gewagteren Kreationen. Man paradierte und stieß Entzückensschreie aus. Auf Ibiza waren auch die Galeriegäste wandelnde Kunstwerke. Oder taten jedenfalls alles, um dafür gehalten zu werden.

Wir pilgerten ins Ca'n Pablo, in die Galeria Es Vedrá und zum Corsario; viele Künstler öffneten ihre Ateliers oder luden in ihre *pisos* oder Landhäuser ein. Improvisierte Strandpartys gingen ebenfalls als *inauguraciones* durch, solange nur Aquarelle, Holzschnitte und Miniaturskulpturen zur Begutachtung herumgereicht und akklamiert wurden. Magneten waren aber vor allem die Oberstadtgalerien des russisch-schottischen Zweimetermanns Ivan Spence und des Holländers Carl van der Voort. Bei ihnen spielte die Musik, hier fanden die zukunftsweisenden und erfolgreichen Ausstellungen statt. Spence, gebürtiger Berliner, Ibiza-Veteran und bekennender Kosmopolit, präsentierte in knapp anderthalb Jahrzehnten an die hundertfünfzig Einzelausstellungen von Künstlern aus dreißig verschiedenen Ländern. Als biblischer Riese und Inselpatriarch überragte er die Exponate, deren Schöpfer und die mehr oder weniger illustren Besucher. In van der Voorts tunnelartigem, tief in den Altstadtfels hineinragendem Gewölbe, ideal gelegen an der Plaza de Vila und unweit des heutigen Museums für Zeitgenössische Kunst, blieben die Leute gern bis in die frühen Morgenstunden. Van der Voort war es auch, der die originelle Idee hatte, kleine Grafikquadrate in hoher Auflage, vom jeweiligen Künstler eigens für die Soirée entworfen und signiert, unter den Anwesenden zu verteilen beziehungsweise als Einladungskarte zu versenden. Diese Initiative zog zusätzliche Aficionados an.

Die Gäste und Ehrengäste beider Galeristen bewiesen Ausdauer, und dies nicht allein wegen der Gratis-Apéritifs und des in Strömen fließenden billigen Rotweins. Niemand kam auf die Idee, nur die Honneurs zu machen und gleich, nach einer Ehrenrunde, in eines der vielen kleinen französischen Restaurants auszuschwärmen, die damals wie Pilze aus dem Boden schossen. Es wurde geraucht, palavert, gelacht, gestritten und natürlich viel zu viel getrunken. Prominenz verirrte sich absichtlich in Carls Keller und Ivans Showroom. Roman Polanski etwa wurde gesichtet, Arm in Arm mit einer jungen Schönen. Monika Peitsch mischte sich unter die Kunstkritiker und Weintrinker, Kabarettisten und Bühnenbildner tauschten sich aus. Auch deutsche Galeristen waren präsent wie etwa die Schmelas. Und Broners Ehefrau Gisela, die in einem schiffsrumpfartigen, großartig-futuristischen Bau ganz am Ende der Penya residierte, gehörte praktisch zum Inventar.

Wir Kinder hatten dabei nie das Gefühl, von unseren Eltern zu einer öden Kulturveranstaltung mitgeschleppt zu werden. Im Gegenteil: Wir waren mit Spaß bei der Sache. Für uns war es das Normalste auf der Welt, Einzelausstellungen großer Persönlichkeiten wie Antoni Tàpies oder Eduardo Chillida, beide damals bereits internationale Berühmtheiten und in ihrer radikalen Modernität Vorzeigekünstler eines progressiven, Franco-fernen Spaniens, beizuwohnen. Für uns waren das einfach nur zwei weitere Männer mittleren Alters in weißen Hosen, um die sich die Menschen drängten. Auf Retrospektiven von Legenden wie Joan Miró klauten wir respektlos die Galerieposter, befingerten Linolschnitte oder spielten in Carls Arbeitsraum Verstecken.

Längst kannten wir die Sprösslinge der anderen Paare und Patchworkfamilien. Wir tanzten mit, sahen fasziniert zu, wenn eine Installation aufgebaut wurde oder eine Performance misslang, wir schlugen uns eine Schneise durch das polyglotte Dickicht. Und wenn uns doch mal der Geduldsfaden riss, rannten wir einfach am betagten, rüstigen Ivan vorbei auf die Gassen, deren Kopfsteinpflaster von unserem Getrappel widerhallte, und suchten uns irgendwo in der Nachbarschaft geeignetere Terrains für eigene Betätigungen. Die *madres* und *padres*, mit sich selbst schwer beschäftigt oder dabei, sich bei Carl eine Lithografie signieren zu lassen, vermissten uns nicht sonderlich. Sie wussten, dass wir sie bald noch am selben Ort oder in Bennys Bar, über dem El Olivo, wiederfinden würden.

Benny, ein gemütlicher Däne, hatte als nordische Frohnatur einen Hang zum Burlesken. Nicht selten schritten seine zahlreichen männlichen Freunde, nur leicht bekleidet und mit Federboas, Pailletten und Straußenfedern geschmückt, durch sein winziges Etablissement, während er seinen vorzüglichen Pisco-Cocktail mixte. (Wir durften wenigstens probieren.) Village People *avant la lettre*. Oder er legte Platten der schon in die Jahre gekommenen, in Spanien immens beliebten argentinischen Filmdiva Celia Gámez auf, deren schwülstige Lieder gerade wieder den Nerv der Zeit trafen. Die meisten sangen mit, und wer die Texte nicht verstand, in denen jedes zweite Wort *cariño, sueños, ansiedad* oder *corazón* lautete, konnte nach einer Reihe von Abenden bei Benny zumindest sämtliche Melodien mitsummen.

Neulich habe ich eine alte LP der Gámez, *¡Celia hoy!*, mal wieder hervorgekramt und mich gefragt, was damals alle so schräg fanden an den ollen Kamellen. Die *canciones* klangen ein wenig nach Konfetti, Rummel und Milonga-Seligkeit, und die Sängerin wirkte wie ein iberischer Marika-Rökk-Verschnitt oder eine Möchtegern-Josephine-Baker, angefeuert von Gauchos und schmierigen Tangotänzern. Doch dann, als ich die Platte schon wieder vom Teller nehmen wollte, kamen endlich die Evergreens, die Bennys geschulten Ohren nicht entgangen waren, und erweckten in mir eine merkwürdige Sehnsucht. Ich erkannte alles wieder und bekam gleich unbändige Lust, auf dem Speicher nach unserem Super-8-Projektor zu suchen, um mir dann überbelichtete, peinliche, herrliche Dreiminutenfilme aus den Swinging Sixties anzuschauen.

Celia zuzuhören führte freilich zum selben Resultat: Ein grellbunter, schöner und auch ein bisschen kitschiger Film wurde in meinem Kopf abgespult. Darin saß ich wieder als Junge im Benny's, von langhaarigen, qualmenden Vätern und ebenso langhaarigen blonden Müttern in »Paula«-Kleidern umringt, meine Posterrolle in der Hand. War ich es, der sie nach Hause und ins Bett brachte?

Jenseits der Penya-Nächte und offiziellen Plattformen waren wir mit vielen der Inselkünstler rasch auf Du und Du. Einige rotierten wie wir zwischen zwei Ländern und Kulturen, einige statteten uns in norddeutschen Gefilden einen Besuch ab, einige wurden Freunde und wuchsen uns ans Herz. Mit ihnen allen trafen wir uns lieber in privatem Rahmen. Da waren der schwedische Maler Gerry Eckhardt, aus Riga stammend, und seine deutsche Frau Ingeborg. Beide pendelten unablässig zwischen Ibiza, ihrem Häuschen in Alicante und einer Stadtwohnung in Stockholm. Der gütige und sanftmütige, bereits ergraute Eckhardt, Sohn eines lettischen Popen, arbeitete bevorzugt mit auf dem Boden ausgebreitetem japanischem Reispapier, auf das er, wie ein nordischer Jackson Pollock, mit beeindruckender Energie seine Farben verspritzte. Gold- und Silberflecke, die in der Sonne herrlich schimmerten und im ibizenkischen Licht besonders schön funkelten, gaben auf seinen hauchdünnen, am Rand ausgefransten Großformaten den Ton an. Da war der Willi-Baumeister-Schüler Eduard Micus, der sich auf zweiteilige Coudragen spezialisiert hatte – Arbeiten in hellen Weiß- und Beigetönen, in denen die Auflösung des Bildcharakters selbst thematisiert wurde: durch einen stets identischen »Stereo«-Aufbau von linker, »leerer« Hälfte, abgetrennt durch eine Naht von der unruhigen und spannungsreichen rechten. Mit seiner Frau Mica lebte Micus im Dörfchen Jesús auf halber Strecke zwischen Talamanca und Santa Eulalia del Rio, wo wir ihn jedes Jahr gern aufs Neue besuchten.

Da war der Göttinger Grafiker Helmut Bönitz, gezeichnet von einer schweren Kriegsverletzung, aufgrund derer er sich nur humpelnd fortbewegen konnte. Auch er hatte den Abstraktionsgrad seiner geometrischen Farbkompositionen im Laufe der Jahre zugespitzt. »Zum Realismus zurück« war keine Devise für ihn, zu stark hatte ihn die Bewegung des Informel beeinflusst. Ihm begegneten wir eher in den Herbstmonaten, mit ihm focht ich lange Schachpartien aus. Heute habe ich den Verdacht, dass er mich manchmal absichtlich gewinnen ließ. Und da war der gut gelaunte, rotgesichtige Kunsthändler Willi Uhrmacher, ein Kölner Original, mit seinem kleinen Laden voller schöner Drucke in einem Allerweltsneubau nahe dem sterilen Hotelpalast Los Molinos. Auf seine alten Tage hatte er eine bezaubernde junge Begleiterin gefunden, die rothaarige Finnin Sirkka, und mit ihr einen weißblonden Knaben gezeugt. Sirkka sprach nur wenig Deutsch, Willi sprach so gut wie kein Spanisch, und der Kleine konnte noch gar nicht sprechen. Zu dritt führten sie unverzagt und guten Mutes eine typische, da völlig unwahrscheinliche Inselexistenz. Weiß der Himmel, wie sie über die Runden kamen und die langen, ereignislosen Wintermonate überstanden, ohne Kunstkäufer, ohne Kunden, ohne Vernissage. Leerlauf schien ihnen nichts auszumachen. Klagen hörten wir sie nie.

Des Weiteren liefen wir dem Amerikaner Don Kunkel über den Weg oder dem Frankomarokkaner Régis Dho, der seine feinen, frivolen Zeichnungen in einer kleinen Boutique in Figueretas vorstellte. Wir trafen auf den Wiener Felix Waske, dessen erotisch konnotierte Radierungen, auf denen es vor mikroskopisch kleinen Figürchen nur so wimmelte, wir schätzten, und wir hielten über lange Jahre hinweg den Kontakt zu der Düsseldorfer Malerin Ellen Selfkant aufrecht. Sie lebte mit ihrer Tochter und einem Meerschweinchen im *gitanos*-Viertel und war, als Einzige unter den Vorgenannten, ausschließlich von heimischen Stadteinwohnern umgeben. Wie sich später herausstellte, war sie einst eine Zeit lang Laabs' Kommilitonin gewesen – die beiden verband eine alte Freundschaft –, und ihre poetischen, nur scheinbar naiven Bilder, die zuweilen wie Ausschnitte aus Bühnendekorationen wirkten, hatten viel mit der Ästhetik der Auslagen in der »Paula's«-Vitrine gemein. Puppen, grell geschminkte Mädchen mit großen Augen, feenhafte Fantasiegestalten, Fabelwesen und androgyne Figuren in zarten Pastelltönen waren ihre Motive. Ihren Bildern haftete etwas Tastendes, Provisorisches an, sie wirkten scheu, man bekam sie nicht zu fassen. Zum Verkauf ihrer Arbeiten musste Ellen regelrecht überredet werden, sie zierte sich und gab sich unwirsch. Oder sie kreuzte plötzlich mit einem taubengrauen Stück Treibholz bei uns auf, das sie mit ein paar Farbflecken, etwas Tusche, Perlen und kleinen Knöpfen in einen verblüffend echt wirkenden Eulenkopf verwandelt hatte. Das war dann aber ein Geschenk.

Überraschend war nur, dass keiner unserer Künstlerfreunde, auch nicht der Ibicenco Rafael Tur Costa in seinen sparsamen, fragmentarischen Grafiken, die Motive der Insel selbst aufgegriffen, zur Schau gestellt oder verfremdet hatte. Hafenansichten, Genreszenen, Porträts der Einheimischen, Windmühlen oder Strandbilder, die man eindeutig bestimmten Lokalitäten hätte zuordnen können, wurden auch von denjenigen, die sich auf gegenständliche Weise mit ihrer Bildwelt auseinandersetzten, tunlichst vermieden. Nichts Liebliches, Typisches oder Pittoreskes. Das Abbildhafte, ja Abziehbildhafte überließ man getrost der später einsetzenden Massenkultur mit ihren tausendfachen Reproduktionen von Sonnenuntergängen, freundlich lächelnden Bäuerinnen, niedlichen Eselskarren und allseits bekannten *landmarks*. Es gab da wohl einen besonderen, nie eigens artikulierten Heidenrespekt vor der Topografie Ibizas – oder es bestand, auf geradezu verschwörerische Weise, Einigkeit, dass die besonderen Wesensmerkmale und die Singularität des verehrten Schaffensortes nur indirekt, bereits verarbeitet und gefiltert, in Leinwände, Lithos und Gouachen einfließen sollten.

Denkbar ist weiterhin, dass die mit großer Vorsicht und Behutsamkeit waltenden Künstler der Sechziger und Siebziger die fabelhaften Abzüge einiger bedeutender Fotopioniere der vergangenen Jahrzehnte noch deutlich im Hinterkopf hatten: Mit solch bahnbrechenden Landschaftsaufnahmen und Stadtdokumentationen von Ibiza war bereits »alles gesagt«. Die gewollte Abstraktion der Inselerlebnisse drängte sich deshalb auf, nicht nur, weil Abstraktion gerade einem Zeittrend entsprach. Laabs etwa, dessen Werke nur so von innen leuchten vor lauter Ibiza-Intensität und mit ihren subtilen Valeurs in Gänze vom Aufenthalt in der Penya durchdrungen sind, räumte später immerhin ein: »Die langen Aufenthalte am Mittelmeer haben mein Farbempfinden stark geprägt.« Und er verkündete mit einer schönen Wendung, die zum geflügelten Wort so mancher Insulaner taugt: »Ich möchte, dass die Farbe lächelt und zuweilen singt, Ängste haben wir schon genug.« Mehr an Programmatik ließ sich ihm nicht entlocken. Jede Menge Understatement spricht aus diesem schlichten und doch so idealistischen Wunsch.

Einem einzigen Inselmaler vertraute Ibiza seine Motive und Themen dann doch an: dem begnadeten Zeichner Antonio Marí Ribas, genannt Portmany. Dieser *gran dibujante* mit der Baskenmütze, treuer Sohn der Inselhauptstadt, in der er 1906 das Licht der Welt erblickt hatte, schien Miguel de Unamunos Diktum von einer Kunst, die nichts anderes zu sein habe als »die Verewigung des Gegenwärtigen«, in Hunderten von Tuscharbeiten beherzigt und auch umgesetzt zu haben. Auf ihnen findet man die alten Frauen in ihren Trachten und die Karten spielenden Männer, die Marktleute und die Fischer gleich scharenweise, stets eng beieinander, fast gedrängt, in Gruppen ineinander verknäuelt. Kein Individuum schält sich da aus der Masse heraus. Schiffsmasten, Netze, Gestänge, die Silhouette der Festungsmauern und die namenlosen, geschäftigen Menschen bilden in Ribas' selten mehr als zweifarbigen Impressionen eine unentwirrbare Einheit. Von Realismus oder Naturalismus meilenwert entfernt, doch von einer erstaunlichen Immanenz. Wir Betrachter stehen mittendrin, vernehmen die Alltagsgeräusche, spüren die leichten Berührungen von Leuten, die an uns vorbeieilen und uns dabei unabsichtlich streifen, riechen verdorbenes Obst, frisch gebrannten Kaffee, Seetang, den Rauch von Cigarillos. Populär ist Ribas' Motivik, aber er biederte sich seinem Gegenstand, dem Volk, dem er entstammte, nie an. Eine respektvolle Dynamik durchzieht seine unauffällige, bescheidene und doch so »typische«, sich auf die Wesensmerkmale des Insellebens konzentrierende Kunst: Virtuoses, rasantes Gekritzel provoziert bei den Schauenden auf wundersame Weise Ruhe, Behaglichkeit und Beschaulichkeit. Das Bild einer Welt, die nur aus Arbeit und einfachen, monotonen Verrichtungen besteht und die trotzdem – oder gerade deshalb – mit sich im Reinen ist.

Ribas, der kleinwüchsige, verschmitzt wirkende Inselstädter, und Laabs, der exemplarische Europäer, stellten in stilistischer und physiognomischer Hinsicht Antipoden dar und waren dessen ungeachtet mit ihren so konträren Ausprägungen von »Ibiza-Kunst« ideale Repräsentanten ihres Schaffensortes – unermüdlich auf der Suche nach Einfachheit, kompromisslos in ihrem Bestreben, alles Überflüssige zu eliminieren, authentisch in ihrer ethischen Grundhaltung. Ein gemeinsamer Wunsch, die liebenswerten Errungenschaften und Qualitäten der Insel nur behutsam in die Hand zu nehmen, zu betrachten, umzudrehen und »unangetastet« zu würdigen wie einen Kieselstein, den man am Strand aufhebt und wieder zurücklegt, ohne diesen Phänomenen Gewalt anzutun oder sie noch länger mit der Gegenwart eines Eindringlings zu behelligen. Der Unwille, das Eiland zu verändern oder in seine Strukturen einzugreifen, machte ihre Größe aus. Sie waren Traditionalisten im besten Sinne. Feinde des Zerstörerischen und des Unfertigen. Wann immer in meinem Leben ich bei Hans zu Gast war – unangemeldete Besuche waren sowieso undenkbar –, herrschte penibelste Ordnung in seinem Atelier. Alle Spuren künstlerischer Arbeit waren getilgt. Seine Palette oder seine Staffelei bekam man nie zu sehen und auch kein Bild im *work-in-progress*-Zustand. Getrocknete Pinsel und angespitzte Stifte steckten ordentlich in nebeneinander aufgereihten Gläsern. Er wollte möglichst kein Aufhebens von seiner Tätigkeit machen, die ihm doch so viel bedeutete. Er trat hinter sie zurück.

Von Ibiza ließ er daher verständlicherweise rasch ab, als sich der Geist der frühen Jahre zu verflüchtigen begann und die Dekadenz um sich griff. Mit einem mehr oder minder dem Kommerz geweihten Urlaubsort mochte er, der Geistreiche, nicht mehr in Verbindung gebracht werden; sich anbahnender Vulgarität setzte er seinen Rückzug entgegen. »Vom Festland kamen Kriminelle, die leer stehende Villen plünderten, es gab tragische Folgen bezüglich des Rauschgiftkonsums«, gab er als Gründe für seinen Weggang an. »Die Insel war nicht mehr die gleiche wie zuvor. Der Massentourismus setzte schon früh ein«, resümierte er voller Trauer, »Diskotheken und schicke Bars entstanden, mit blendenden Neonlichtern. Es war nicht mehr meine Insel.«

Hans ging 1983 für immer und konzentrierte sich auf Sylt und sein altes Berlin. Als ich mit meiner Familie dort zwei Jahre später, im März 1985, die Galerie Eivissa in der Leonhardtstraße am Stuttgarter Platz eröffnete, war es für ihn Ehrensache, von Anfang an dabei zu sein und auf seine uneigennützige Weise mitzumischen – als amüsiert lächelnder Vernissagengast im Hintergrund. In hellem Anzug und mit Schlips, ein ungewohnter Anblick. Und mit dem Angebot, uns eine Reihe von Tàpies-Grafiken zu vermitteln, um unserer Initiative zu einem guten Start zu verhelfen und die gute alte Ibiza-Tradition gleich von Anfang an wiederaufleben zu lassen.

Ibiza blieb für mich und für uns untrennbar mit der bildenden Kunst verbunden. Ohne Pathos darf ich konstatieren, dass hier, was die Leidenschaft für Bilder, Zeichnungen und Skulpturen anging, für uns alle die Initialzündung erfolgte. Eine durchweg bereichernde Erfahrung. Wir pflanzten ein wenig Insel-Esprit in die Köpfe und Herzen so mancher heranwachsender oder störrischer Künstler. Wir wurden bald, intensiver, als es uns oft lieb war, mit der komplexen und komplizierten Psyche der Kunstschaffenden vertraut und haben seitdem das ganze Spektrum dieser sensiblen, bestenfalls seismografisch agierenden und manchmal auch arg schwierigen Sorte Mensch kennenlernen dürfen. Wir haben auch diesen Lernprozess überstanden, mit großer Geduld, und dabei kuriosen, eigenwilligen Performances im »richtigen Leben« beiwohnen müssen.

In den Achtzigern brachten wir immerhin den Fluxus-Vorreiter und Wahlspanier Wolf Vostell dazu, für uns vor Ort eine erstaunlich zarte und helle »Eivissa-Suite« anzufertigen; und für meine Schwester Corinna begann nicht zuletzt auf Ibiza die abenteuerliche Reise in visuelle Ausdruckswelten – ein Aufbruch zur Schönheit. Ein Trip ins Ungewisse, der ihr und uns, mit ihren Fotoarbeiten, Installationen, Projektionen, Aquarellen und Gemälden, schon viele Überraschungen beschert hat. Eine Spurensuche und ein Experiment. Eine Expedition in Richtung Zukunft und Vergangenheit.

*

Als ich dreizehn war, betrat unser hochbegabter argentinischer Freund Arturo die Inselbühne. Ein Ausbund an Kreativität, der Lebenslust und der Spleens. Er entwarf fantastische Kleider für langbeinige Damen, er nähte Vorhänge und Wandteppiche mit androgynen Motiven, er fabrizierte preziöse Objekte, in denen ausgebrannte Glühbirnen, kaputte Kühlschrankdeckel, Spiegelscherben und Handpuppen Platz fanden. Er studierte die Profile seiner Mitmenschen und ritzte sie in Glas, als handle es sich um Scherenschnitte. Er lief mit einer Stimmgabel durch die Gassen der Penya, brachte sie zum Schwingen, indem er damit gegen die Häuserwände stieß, und hielt sie, sobald er einen Kunden oder Bekannten traf, an dessen Ohr. Arturo sprach mal Spanisch, mal Französisch. Alle liebten ihn. Er war auf liebenswerte Weise verrückt, er schenkte uns seine Talente mit verschwenderischer Großzügigkeit, sein Lachen war das eines glücklichen kleinen Jungen, und es hätte mit etwas Glück sogar ein weltberühmter Modeschöpfer aus ihm werden können.

Dann kam der Tag, als er von dem Gedanken besessen war, eine Oper zu komponieren. Und dafür brauchte er mich.

Die Insel verwandelte manchen der Fremden. Viele entdeckten ihre Begabungen, begannen zu malen oder zu dichten, andere zu trinken, und einige tranken sich zu Tode. Der Mond schien damals nie unterzugehen, man saß bis in die tiefe Nacht draußen, und jeder zeigte sein »entblößtes Herz«, erzählte seine Lebensgeschichte. Oft wurden die Lügen so durchsichtig, dass sie bizarrerweise fast real erschienen. Pepe spielte dazu auf der Gitarre, und ein unvergesslicher Duft von Thymian, Pinien und Rosmarin hing in der Luft.

Mit den Blumenkindern kam der Geruch von Haschisch dazu. Mitte der 60er Jahre begann man, sich malerisch zu kleiden und ungewöhnliche Feste zu feiern, barfuß in langen Gewändern, bei Räucherstäbchen und flackerndem Kerzenlicht, zu psychedelischer Musik in einsamen Fincas oder abgelegenen Buchten am Strand. Für die Fremden war dies ein gefährlich anziehender, magischer Boden, steinig, streng, von herber Schönheit und flirrender Faszination.

Ursula von Kardorff
*Ibiza – Die wunderbaren frühen Jahre*, 1978

*Ibosim*

## Von Musenküssen, Machwerken und Mondscheinsonaten

Ganz egal, ob wir im Juli auf die Insel kamen, früh im Oktober oder in der Karwoche: Nach einigen Stunden der Euphorie, wieder hier sein zu dürfen, nach Tagen der Eingewöhnung, der Wiedersehensfreude und des Einfädelns neuer Kontakte, wurde ich von derselben Unruhe ergriffen – es stand mir kein Klavier zur Verfügung. Völlig sinnlos wäre es gewesen, sich schon im Vorhinein um ein geeignetes Instrument zu bemühen oder es gar reservieren zu wollen, dieses chronische Problem galt es an Ort und Stelle zu lösen. Die Anschaffung eines Instrumentes war unverhältnismäßig und auch kostspielig, den Rest des Jahres hätte es vergeblich auf ein Paar wohlwollender Hände warten müssen und traurig und einsam in der Ecke gestanden. Platz dafür war ohnehin nicht vorhanden. Eine solche Verrücktheit hätte sich für niemanden gelohnt, denn wir alle wussten, wie die Omnipräsenz von Meer, Sand, Staub und Salz einem vernachlässigten Piano zusetzen würde. Die Feuchtigkeit kroch noch hinter verschlossenen Türen durch alle Ritzen, das Klavier wäre nach kurzer Zeit zum unbrauchbaren Wrack geworden. Und so gut wie keiner, den wir auf der Insel kannten, besaß einen Flügel, der noch einigermaßen funktionierte. Oder die Musiker wohnten einfach zu weit weg.

Damals war ich daran gewöhnt, mindestens anderthalb Stunden am Tag zu üben. Auf Ibiza ein Ding der Unmöglichkeit, und ich geriet in Panik. Nicht wenige unserer Freunde klopften mir beschwichtigend auf die Schulter, wenn ich meiner Sorge Ausdruck verlieh und ihnen mit Nachfragen und Erkundigungen auf den Wecker ging. »Es sind doch Ferien« bekam ich zu hören, und sicher dachten alle, der Kleine sollte froh sein, für eine Zeit lang Fron und Disziplin entsagen zu können. Wenige nur verstanden, dass ich wirklich spielen *wollte* – am liebsten den ganzen Tag lang. In einem der Vorjahre hatte ich erleben müssen, was es bedeutete, wenn ich für fast zwei Monate aussetzte. Geläufigkeit, Fingerfertigkeit und Partiturkenntnis hatten gelitten, die Routine fehlte, und mit dem Auswendigspielen der meisten Stücke war es auch nicht mehr weit her gewesen. Clavinovas oder Tischklaviere, an die man einen Kopfhörer anschließen und auf deren Tastatur man zumindest den Prozess des Übens simulieren sowie ein wenig Gelenkigkeit beibehalten konnte, waren seinerzeit noch nicht verbreitet. Guter Rat war teuer.

Zuerst versuchten wir es im mondänen Night Club, unserem kleinen Hotel angegliedert und tagsüber ungenutzt leer stehend. Morgens war er geschlossen, da war nichts zu machen, aber nach fünfzehn Uhr, »in der schönsten Zeit«, wie meine Mutter jammerte, dann, wenn die halbe Insel in Siesta-Lethargie verfallen war, ließ man mich nach langem Feilschen gewähren. Ein brummelnder Hausmeister schloss mir Neunjährigem mit einem großen rostigen Schlüssel die Eingangspforte auf, und ich rannte sofort in Richtung Bühne. Die Proben der Bands begannen meist erst am späten Nachmittag, die kreisrunde, von kleinen Palmen und Kakteen eingerahmte Tanzfläche lag in der prallen Sonne, Stühle und Tische waren zur Seite geräumt worden, und eine Putzkolonne brachte die weitläufigen Terrassen und Bars wieder auf Hochglanz. Hier störte ich niemanden, und in der Nähe des Tresens stand, zwischen Gitarrenkoffern, Notenständern, einem Mischpult und einem Schlagzeug, tatsächlich ein abgetakeltes, in die Jahre gekommenes Klavier mit Honkytonk-Sound: so verstimmt, dass man sich fragte, ob es abends jemals zum Einsatz kam, und schon der Agonie anheimgefallen. Einige Tasten waren halb abgebrochen, einige Hämmerchen fehlten, der Filz hatte sich weitgehend aufgelöst, und das hölzerne Gehäuse war übersät von Weinflecken, Wachsklumpen und Gläserspuren. Ein Fossil. Mir war es einerlei. Glücklich legte ich los und machte mich an Schuberts Impromptus, deren Läufe weniger perlten, als sich arg verzerrt in die Lüfte schwangen, wo sie mit den heiseren Rufen der Möwen über meinem Kopf ein seltsames Duett ergaben. Und an Bartóks martialisches *Allegro barbaro,* dessen aggressives Gewummer wie geschaffen schien für die morsche Kiste, aus der ich noch ein paar dumpfe Akkorde herauszuholen versuchte. Es muss scheußlich geklungen haben. Für mich war es die schönste Musik der Welt.

Nach und nach, je länger ich spielte, füllte sich der Klub mit Personal, Musikern und Künstlern, und die Vorbereitungen für die abendlichen Shows verliefen parallel zu meinen pianistischen Anstrengungen. Ich verlieh Beethovens *Wut über den verlorenen Groschen* unzulänglich Ausdruck, und die Kellner deckten die Tische. Ich mühte mich an einer Mozart-Sonatine ab, und eine Flamencotänzerin perfektionierte direkt neben mir neue, schwierige Schrittfolgen, und so wenig, wie mich ihr Aufstampfen und energisches Getrappel aus dem Takt brachten, nahm sie von meiner noch ziemlich stümperhaften Auseinandersetzung mit Chopins langsamem a-moll-Walzer Notiz. Keine Ahnung, was sie von dem kleinen blondhaarigen deutschen *niño* in beigen Ledershorts und grellbuntem Batik-T-Shirt hielt, dem der Schweiß über die Stirn lief. Aber sie war auch nicht zu beneiden, in voller Montur bei vierzig Grad im Schatten. Es raschelte und klapperte, wenn sie wieder und wieder die hölzerne Tanzfläche überquerte, und ich konnte hören, wie sie nach Luft rang. In jenen Jahren trank niemand Wasser oder nuckelte an einer Plastikflasche, obwohl wir gewiss alle mächtig durstig waren. Das war einfach undenkbar.

Dann intonierten vereinzelt die Bläser, der Zauberer baute im Hintergrund seine Trickkiste samt Gerätschaften auf, und mein »Kollege« näherte sich mir: Pedro, der Keyboarder der Combo. Er schaute mir ein Weilchen über die Schulter, schenkte mir ein freundliches Grinsen und schloss sein E-Piano an den Verstärker an. Zum Spaß imitierte oder variierte er Passagen, die ich gerade gespielt hatte und die auf seinem Plastikklavier wie Science-Fiction-Filmmusik klangen. Oder er forderte mich auf, auf seinem Hocker Platz zu nehmen. Dort zeigte er mir ein paar Tricks und brachte mir schräge Akkorde bei und eine Handvoll *blue notes*. Nie aber setzte er sich an meine alte Klapperkiste, und er spielte auch nicht nach Noten. Vor ihm stand lediglich eine Mappe mit Texten in Plastikhüllen. Sie enthielt die Programmfolge und seitenweise Akkordsymbole, deren Sinn sich mir nicht erschloss, weil ich damals noch keinen Schimmer von den lateinischen Notennamen hatte. *Do-re-mi-fa-sol-la-si-do*, sagte er mir vor, es klang wie ein Songtext, und ich konterte mit den Bezeichnungen aus unserer deutschen Tonleiter. Schließlich schüttelte er mir theatralisch die Hand: das Zeichen für mich zu gehen.

Denn inzwischen waren die anderen Bandmitglieder eingetroffen, die Dämmerung hatte eingesetzt, und ich hockte mich auf eine der Stufen, über die abends die Tänzer herabspazierten, um in rauschenden Gewändern vor die Zuschauer zu treten, und hörte zu, wie die Gruppe *Popcorn* einstudierte. Den damaligen Instrumental-Sommerhit mit seinem eingängigen, lustig hüpfenden Refrain aus abwärts gerichteten Akkordbrechungen. 1972 muss das gewesen sein. Pedro spielte darin die Melodie und alle Soli. Ich war stolz auf ihn. Ich verfolgte, wie der Bandleader, schon im offiziellen Outfit, aber noch ohne sein silbrig glitzerndes Dinnerjacket, fingerschnippend die Einsätze gab. Und abends spät, wenn ich vor dem Zubettgehen von Weitem noch den Anfang der Show mitbekam, hörte ich zu meiner Überraschung, dass die Combo in ihr Einleitungs-Medley kurze Zitate aus meinen nachmittäglichen Stücken eingebaut hatte. Zehn Takte Mozart, zehn Takte Bartók und dann wieder *Strangers In The Night* oder das schnulzige Thema aus *Love Story*. Eine Prise Debussy, gefolgt von Middle of the Road oder Elton Johns *Your Song*. Musikalische Morsezeichen, nur für mich bestimmt und nur von mir zu entschlüsseln. Da war ich noch eine Spur stolzer, das waren »meine« *Schicksalsmelodien*. Und als Rausschmeißer, schon im Morgengrauen, nach der letzten Zugabe, so erzählte mir mein Vater anderntags beim Frühstück, verabschiedeten sich die Musiker immer mit *Schlafe, mein Prinzchen, schlaf ein*. Als Hommage an den Knaben. An den kleinen *alemán*. Doch der lag längst in den Federn und träumte von Schlagern und Malagueñas, deren harmonische Wendungen ihn noch im Halbschlaf beschäftigt hatten.

*

So ging das eine Reihe von Sommern. *A los cinco de la tarde*, zur nachmittäglichen Stunde, gehörte der Night Club mir. Die Bands wechselten, meine Shorts wurden länger, meine Haare kürzer. Meine Ansprüche stiegen, aber das halb kaputte Klavier war immer noch dasselbe. Auf E-Pianos weigerte ich mich zu spielen, jedenfalls die klassischen Stücke – da kam ich mit dem Anschlag nicht zurecht und das Fender Rhodes nicht mit mir, und oben wie unten hätte man noch eine Oktave dransetzen müssen, damit genug Tasten vorhanden waren für Liszt, Rachmaninow, Grieg oder Khatchaturjan.

Im Herbst waren die Proben angenehmer, denn es kam dann und wann ein kühles Lüftchen auf, der Himmel bezog sich von Zeit zu Zeit, und lange zu üben fiel einem noch viel leichter, wenn man dafür nicht kostbare Stunden am Strand versäumen musste. Arturo hatte gerade auf einer der unteren Mar-Blau-Terrassen eine kleine Modenschau veranstaltet, seine Kundinnen, durchweg ältere Damen, juchzten und applaudierten, während bildhübsche Models gekonnt vor ihnen auf und ab paradierten, als ihm der Wind längere Melodiefetzen zutrug. Und ihm damit einen Floh ins Ohr setzte. Was er hörte, versetzte ihn in Begeisterung, und als er erfahren hatte, dass meine Finger für diese luftige Klangberieselung verantwortlich gewesen waren, erklärte er mich kurzerhand zu einem Genie. *Mon pequeño Mozart,* pflegte er zu sagen, sobald sich unsere Wege kreuzten, und er begann, wie wild um mich herumzutanzen. Ich verdrehte die Augen. Er aber hielt die Zeit für gekommen, auch als Opernschöpfer zu brillieren, und sah in mir den idealen Erfüllungsgehilfen für die Verwirklichung seiner musikalisch-dramatischen Träume. Mein Einverständnis wurde stillschweigend vorausgesetzt, über Honorar nicht gesprochen. Hartnäckig machte er mir den Hof – als Künstler. Jeden Nachmittag lauerte er mir am Eingang des Night Club auf, geschminkt und in einem prächtigen, bodenlang wallenden Gewand voller Schmetterlingsmotive, schloss mich in seine Arme, ob ich wollte oder nicht, flüsterte mir in einem spanisch-französischen Kauderwelsch Komplimente zu, lud sich selbst ein und wich bis zum Ende meiner Probezeit nicht von meiner Seite. Er wippte mit den Füßen, gestikulierte, dirigierte, vollführte kühne Sprünge auf der Tanzfläche. Sein kaum zu bändigender Wuschelkopf war ständig in Bewegung. Ich ließ mich nicht aus der Ruhe bringen, und er wagte es auch nicht, mich beim Üben zu unterbrechen. Nur in den kurzen Pausen entfuhren ihm Anfeuerungsrufe und enthusiastisches Geschrei. Und als ich endlich fertig war und mein Pensum hinter mich gebracht hatte, baute er seine Entwürfe vor mir auf.

Es war, das muss ich schon sagen, sehr hübsch anzusehen, was er da als Libretto vorbereitet hatte. Ein kalligrafisches Kunstwerk in den verschiedensten Farben wurde mir präsentiert. Auf Riesenblättern, die immer erneut vom Notenpult rutschten. Kleine und große Textpassagen in gleich drei Sprachen enthielten sie, umkringelt, verziert und mit Schlangenlinien versehen, obszöne Zeichnungen, gigantische Fragezeichen, Wölkchen, Blumen und eine Reihe von Gesichtern im Profil, aus deren Augen Tränen kullerten. Nur Dialoge oder auf mehrere Sprecher und Sänger verteilte Texteinheiten, die einen Zusammenhang ergaben, vermochte ich beim besten Willen nicht zu erkennen. Mal abgesehen davon, dass ich noch nie etwas Derartiges komponiert hatte und beileibe noch nicht in allen europäischen Idiomen zu Hause war, wie er es in diesem anspruchsvollen und zugleich wirren Konglomerat voraussetzte.

Bald merkte ich jedoch, dass es gar nicht um eine kohärente Handlung ging – Arturo hatte offenbar vor, alle Rollen selbst zu singen und zu spielen, wobei er sich an einem gewaltigen

Thema abarbeitete: dem schwierigen und vielschichtigen Verhältnis zu seiner Mutter. Hass, Liebe, Abhängigkeit, Wut, Inzest, Zärtlichkeit brachte er zum Ausdruck. Mal jubilierte er in den höchsten Tönen wie ein Koloratursopran, dann knurrte er oder versuchte sich in tiefer Basslage, verstellte im nächsten Augenblick die Stimme, stieß wilde Schreie aus, zischte und pfiff. Ich verstand: In solchen Momenten verkörperte er erst seine in Buenos Aires lebende Erzeugerin, die von dieser extremen künstlerischen Auseinandersetzung mit ihrem erzieherischen Erbe wohl nichts ahnte, dann wieder war er die Reinkarnation der Männer, die in ihrem Leben eine Rolle gespielt hatten – er selbst als Kleinkind und Jüngling, sein Vater, zu dem er mir keine Auskunft geben wollte –, und mimte, in Tenor- und Baritonlage, eine Vielzahl von Geliebten. Streit und Flirt, Liebesglück und Liebesleid enthielten seine Ausbrüche. Und jede Menge Bestrafungen. Als zwitterhafte Diva konnte er sich jetzt für Dinge rächen, die seine Mutter ihm angetan hatte, um sich gleich darauf wieder virtuell bei ihr einzuschmeicheln. Oder ihr zu huldigen. Denn *mama* war selbstverständlich einmalig, intelligent, elegant, *hermosa*. Die Beste. Nichts ließ er auf sie kommen, obwohl er sie noch Sekunden zuvor wie ein Tollwütiger verwünscht und verflucht hatte. Mal wies er mich an, zu spielen, was mir in den Sinn kam, zu improvisieren, auf die Tasten einzuhauen, fuhr plötzlich dazwischen, funkelte mich mit seinen großen grünen Augen an, dann hagelte es Kommentare und Befehle: »Schneller! Langsamer! Zu klassisch! Mehr Jazz! Atonal! Verführerisch! *Precisamente!*« Er schlug den Takt und schob mich an den Armen hin und her. Er klopfte und trommelte. Versetzte sich selbst eine ganze Serie von Ohrfeigen. Und er fing wieder an zu gurren und zu säuseln, zu hüpfen und zu deklamieren.

Er schwebte, geriet in Rage, tanzte außer Rand und Band. Er verfiel in Ekstase, umarmte mich, lachte glücklich, weinte bitterlich, schrie hysterisch und winselte wie ein Hündchen, das um Vergebung bitten möchte. Ein Vokalwunder. Ein über die Stränge schlagender Selbstdarsteller, den ein Derwisch in Besitz genommen hatte. Bis zur Erschöpfung verausgabte er sich. Und seine ominöse Stimmgabel, die er eigentlich gar nicht benötigte, legte er nicht mal sekundenweise aus der Hand. An ihr hielt er sich fest, sie verlieh ihm Stabilität.

Mir waren die frühen Abendstunden an der Seite des Multitalents nicht ganz geheuer, zumal sie sich immer mehr in die Länge zogen. Zwar war ich fasziniert und nachgerade berauscht, Teil dieser außergewöhnlichen kreativen Aktionen zu sein, an deren Ende womöglich die Geburt eines innovativen Musikdramas stehen würde. Doch wusste ich nicht, was ich von Thema und Inhalt dieses Gesamtkunstwerkes für zwei sehr unterschiedliche Männer halten sollte, denn Arturo geizte mit Erläuterungen und wurde ungeduldig, ja gereizt, wenn man Fragen stellte oder nach einem tiefer gelegenen »Sinn« forschte. Die Verständigung war schwierig. Logik und Stringenz störten ihn nur.

Hypnotisieren lassen mochte ich mich nicht. Musikalisch war ich ihm haushoch überlegen, aber als Partner nicht gewachsen, da funkte unser beträchtlicher Altersunterschied dazwischen. Ich ließ mich also »freiwillig« manipulieren. Tapfer spielte ich, was mir gerade einfiel, hielt mich an seine Anweisungen, oder ich zitierte irgendwelche Schlager oder Etüden. Ihm fiel schon gar nicht mehr auf, was ich da abspulte, solange die Musik nur im Fluss war und abrupte stilistische Wechsel vollzog. Von einer »Probe« zur nächsten änderten sich Vorlage und musikalische Gestaltung wieder, wir begannen von vorn. Alles zuvor Besprochene zählte nichts mehr, als hätten die früheren Zusammenkünfte nie stattgefunden. Einstudiert wurde nichts, die Möglichkeit einer Aufführung schien in weite Ferne zu rücken.

Heute wird mir klar, dass es sich bei dieser interdisziplinären Vergangenheitsbewältigung des armen, besessenen Arturo um eine Art Ritual handelte. Um einen multimedialen Exorzismus. Mit mir als gutmütigem Musikus, der mitmachte, ohne aufzumucken. Ich war Teil eines von Manie und überbordender Fantasie gesteuerten Happenings. Bald machte er sich auch an die szenische Gestaltung und brachte einen Diaprojektor mit, auf dem Schnappschüsse aus seiner Kindheit, kopulierende Knaben, Entwürfe für seine Kleider, Skulpturen und Gemälde zu sehen waren. Das meiste davon konnte ich gar nicht so genau erkennen, weil ich die Tasten beackerte, aber ich sah aus dem Augenwinkel, wie er atemberaubend schnell die Kostüme wechselte und alle paar Minuten in eine andere Haut schlüpfte. Man hätte das Ganze filmen müssen, nur auf diese Idee kam Arturo seltsamerweise nicht.

Einen Ausschnitt aus unserer *opera*, in etwas gemäßigter Form und natürlich wieder ohne jegliches Konzept, ohne vorherige Absprache, stellten wir in einer kleinen Galerie in der Neustadt im Rahmen einer Kunst- und Modepräsentation dann doch vor. Arturo hatte an der Decke leere Eierkartons befestigt, in die gebrauchte, blinde Blitzwürfel gesteckt waren. Polaroidfotos mit Nacktaufnahmen des Künstlers lagen auf dem Boden herum. Niemand hob sie auf. Es gab dort kein Klavier, sondern nur ein noch älteres, gänzlich funktionsuntaugliches Harmonium. Ich war der Verzweiflung nahe, weil mir keine Zeit zur Vorbereitung gewährt worden war, meine Finger nicht gehorchen wollten, ich mit den Pedalen und der

Luftzufuhr auf Kriegsfuß stand und das Ganze auch noch schaurig klang, nach demolierter Hammondorgel und blasphemisch verfremdeten Chorälen. Mit rotem Kopf spielte ich drauflos. Arturo zog seine One-Man-Show durch, ohne mit der Wimper zu zucken, und setzte sich und mir am Ende, bevor er sich vor mir verneigte, selbst gebastelte Kronen auf. Die Leute waren aus dem Häuschen, tranken weiße Sangria, von der ich leider nichts abbekam, und Arturo war wieder einmal der *talk of the town*.

Zum Dank schenkte er mir eine hellblaue schwere Steinplastik, die man wie ein Bild an die Wand hängen kann und aus der mich viele türkisblaue Augenpaare, umrahmt von kleinen Spiegelsplittern und rätselhaften Schriftzeilen, anstarren. Es geht, trotz ihrer verstörenden Zusammensetzung, etwas Beruhigendes und Versöhnliches von ihr aus. Noch heute schmückt sie meine Wohnung und erinnert mich an meine ersten Gehversuche als Tonsetzer. Mit Arturo kam es aber zu keiner Neuauflage unseres Opernduos mehr. Ich ging ihm nicht aus dem Weg, machte ihm hingegen klar, dass er für seine Exzesse und seelische Selbstreinigung nicht mehr mit meiner Mitarbeit rechnen konnte. Er nahm es mir nicht übel. Wenn ich ihn wiedersah, tanzte er, stets seine Stimmgabel umklammernd, unbeschwert wie ein großes Kind über den Vara de Rey oder trug, aus dem Stegreif, flüsternd ein Gedicht vor. Arturo war einfach eine Primadonna, denke ich heute. Eigentlich musste man immerzu auf ihren Schwanengesang gefasst sein. Kein Spinner – eher ein Träumer. Mit genialischen Zügen.

Eines Tages war er einfach von der Bildfläche verschwunden. Wie so viele andere Inselphänomene. Spurlos, aber nicht sang- und klanglos. Ibiza hat ihn lange vermisst. Und ich wünschte, ich besäße noch einen kleinen Fetzen unserer Partitur. Oder eine Tonaufnahme und ein kurzes Video. Eine Stimmgabel habe ich allerdings immer noch nicht.

*

Ein zweiter Kompositionsauftrag ließ nicht lange auf sich warten. Edith Kritzel – Kritzel hieß sie wirklich! – trug ihn an mich heran. Sie war eine alternde Balletttänzerin aus Berlin, selbstbewusste Mutter zweier erwachsener, gut aussehender Söhne, die gelegentlich auf Ibiza bei ihr vorbeischauten, und so etwas wie die heimliche Seele unseres Hotels. Man traf Edith, eine hochgewachsene, gertenschlanke und elegante Kettenraucherin mit grauem Pagenkopf, von früh bis spät am Bartresen an, wo sie Neuankömmlinge in ein Gespräch verwickelte, mit dem Personal plauderte und zungenschnalzend das Eintreffen alter Bekannter kommentierte. Eine Zwanzigerjahre-Gestalt in ausgefallenen Roben, ausgestattet mit flinkem Mundwerk und einem zuweilen boshaften Humor, vor dem sich manche Rivalinnen in Acht nahmen. Man hörte sie schon von Weitem theatralisch lachen, man sah sie am Fenster ihres Zimmers, wenn sie Abreisenden zuwinkte und nahende Freunde lautstark begrüßte, und auf der meerzugewandten Seite verwandelte sie am frühen Morgen die Frühstücksterrasse in einen Ballettsaal. Das Geländer war die Stange, und sie hatte ihre abgewetzten Spitzenschuhe angelegt. Sie absolvierte ihre Dehn-, Lockerungs- und Streckübungen mit dem Ehrgeiz einer achtzehnjährigen Elevin und der Ernsthaftigkeit und Unerbittlichkeit einer herrschsüchtigen, verbitterten Choreografin. Gelenkig und graziös war sie wie keine Zweite, und wenn sie ihre Probestunde, ihre bezaubernden Figuren und Posen, mit einem formvollendeten Spagat abschloss, brandete Beifall auf. Huldvoll nahm Edith ihn entgegen, verbeugte sich und zelebrierte ihren Abgang. Vor Publikum blühte sie auf, und es bestand kein Zweifel, dass sie kaum Patina angesetzt hatte, dass sie einmal eine begnadete Tänzerin gewesen sein musste. Auch eine Solistin, eine Primaballerina? So genau wussten wir das nicht.

Edith schien die Extrovertiertheit in Person zu sein, doch wir Kinder kannten auch ihre stille, melancholische und traurige Seite. Manchmal kamen wir sie nämlich in ihrem Hotelzimmer besuchen, aus dem sie, mit dem Einverständnis der Pächter, einen Salon gemacht hatte. Er glich einer Künstlergarderobe hinter der Bühne – vollgestopft mit Kostümen, vergilbten Szenenfotos, alten Plakaten, Fächern und einem Paravent. Wir wähnten uns am Tauentzien, im Admiralspalast oder in einem Tingeltangel à la Blauer Engel; Spanien blieb hier draußen vor der Tür. Und wie eine Sheherazade der Bühnenzunft konnte Edith, umgeben von echter Theateratmosphäre, spannende Geschichten erzählen – von kleinen und großen Malheurs, misslungenen und unvergesslichen Gastspielen, Sternstunden im Scheinwerferlicht und sensationellen, aufregenden Inszenierungen. Kabaretttratsch und Kollegenschelte waren dabei, unglaubwürdige Episoden und immer aufs Neue Beschreibungen von Opernszenen, Details von Begebenheiten hinter den Kulissen, die Schilderung umjubelter Premieren und schrecklicher Vorfälle aus Kriegszeiten.

Dazu legte sie alte Platten auf. Zarah Leander, Claire Waldoff, die Comedian Harmonists und französische Chansons wie *J'attendrai*. Die Texte der Lieder konnte sie auswendig und trällerte sie munter vor sich hin, wenn ihr nicht gerade wieder ein neuer Vorfall aus den ruhmreichen Dreißigern und Vierzigern im Kopf herumspukte, den sie uns unbedingt erzählen wollte. Während sie plapperte und auch ein wenig flunkerte, förderte sie enge Trikots und bunte Bühnengewänder aus großen, ramponierten Koffern zutage und legte sie vor uns an, zauberte Schmuck und Accessoires aus Kästchen und Schatullen hervor und zeigte uns, in einen überdimensionalen Spiegel mit Goldrahmen blickend, wie man sich in wenigen Minuten bühnenfertig machen und perfekt schminken kann.

Am Ende solcher Vorbereitungen vor ihrem kleinen Publikum wirkte sie bereit für den großen Auftritt, die ganz besondere Soirée. Fast wartete man auf die Durchsage des Abendregisseurs, dass sie bald an der Reihe sei, und auf das Klopfen der Assistentin, die sie nunmehr vor ihre ungeduldigen Zuschauer geleiten würde. Doch nichts geschah, es entstand eine entsetzlich lange, quälende Pause, und dann fiel die Illusion wie ein Kartenhaus in sich zusammen. Keine Vorstellung war anberaumt worden, ihre Tanzkunststücke waren nicht mehr gefragt. Ediths große Tage lagen hinter ihr. Ihr Wortschwall versiegte, und sie schaute uns gedankenverloren aus großen, schwarz umrandeten Augen an. Ihr Mund zitterte, sie nippte an ihrem Longdrink und bedeutete uns, sie allein zu lassen. Nur wenige wussten, dass sie danach oft ganze Nächte in ihrem Miniatursalon am Hotelfenster saß, ohne sich im Speisesaal blicken zu lassen, und, um wieder inneren Frieden zu finden, aufs schwach bewegte sommerliche Meer starrte, das wie schwarzer Lack glänzte.

Was ihr bei diesen einsamen kontemplativen Sitzungen durch den Kopf ging, schrieb sie auf. Ungeordnete Einfälle zumeist, in Ansätzen Philosophisches. Poetisches und auch Banales brachte sie zu Papier. Von einheimischen Künstlern aus dem Night Club ließ sie sich ihre unvollkommenen Notate, geistiges Strandgut und vergleichsweise anspruchslose *écriture automatique,* ins Spanische übersetzen. Und in einer besonders stimmungsvollen Vollmondnacht befasste sie sich mit der Bedeutung des *camino plateado,* des langen silbrigen Weges, den der goldgelb glühende Himmelskörper und treue Nachtwächter mit seinem Widerschein auf den dunklen Wellen hinterlässt. Von ihm ging eine magische Wirkung auf sie aus. Zu einem Spaziergang ins Ungewisse sah sie sich aufgefordert, ja genötigt. Zu einer Sinnsuche. Zu einer Auseinandersetzung mit ihren Urängsten. Indem sie diesen Impulsen Folge leistete, ergab sich eine Verbeugung vor dem Meer: eine Hommage an die Elemente und eine Reflexion über die Verlorenheit und Unerheblichkeit eines jeden Erdenbürgers im Angesicht der Perfektion von Mondlicht und nächtlicher Stille:

*La luna mi luna mi mar*
*la tranquilidad*
*el mar tranquilo.*

*Sobre ese mar*
*un amplio camino plateado*
*mi camino*
*sí*
*andar quisiera*
*sobre ese camino*
*lentamente*
*plena de ansias.*
*Me atrae*
*con una irresistible fuerza …*

»Der Mond – mein Mond – mein Meer. Stille. Das stille Meer. Über diesem Meer möchte ich auf einem breiten Silberweg entlangschreiten, mich ganz allmählich vorwärts tasten. Von ihm fühle ich mich mit unwiderstehlicher Kraft angezogen …« Diesen weniger sentimentalen als vielmehr aufrichtigen Sehnsuchtstext – mehr als ein Gedankenspiel und eine innere Mutprobe, aber noch keine authentische Lyrik – legte Edith mir vor, als ich vierzehn war und die Experimente mit Arturo schon ein Weilchen zurücklagen. Sie entschied, dass dies ihr wichtigster Mehrzeiler sei, dass er einer musikalischen Ausdeutung bedürfe, und setzte sich zu mir ans Klavier. Zwei Deutsche, die sich eher schlecht als recht an einem spanischen »Gedicht« abmühten. Als Verfasserin wusste sie freilich genau über ihre Intentionen Bescheid und vermittelte mir, mit untrüglichem Gespür für Nuancen, worauf es ihr ankam. Zu allem, was ich spielte, deklamierte sie. Wir variierten das Tempo, ich behalf mich mit selbst gemachtem Notenpapier und konstruierte ein Harmoniegerüst.

Das Stück wuchs und gedieh, und die Zeit verging wie im Flug. Wir suchten nach kurzen Wendungen und längeren Melodiebögen, wir spürten Akkordverbindungen nach, probierten Modulationen aus und verwarfen sie wieder, und was dabei zustande kam, ähnelte einem langen, unaufgeregten Rezitativ. Einem Zeitlupen-Nocturne. Einem instrumentalen Parlando. Denn wir schrieben nicht für eine Singstimme und ein begleitendes Instrument, sondern woben den Text »unausgesprochen« den beiden Klavierhänden ein. Wie ein Lied ohne Worte. Es schloss eine insistierende Selbstbefragung ein:

*¿adónde voy? ¿qué me espera?*
*¿el infinito? ¿qué me espera*
*al final de ese largo camino?*
*Calor, comprensión,*
*humanidad, protección.*

Wohin steuert man wie ich am Anfang eines Lebens, wohin wie sie an dessen Ende? Was muss man aushalten, was kann man erwarten? Was hat man zu gewärtigen? Was kommt, nach dem Abschreiten des womöglich trügerischen Weges aus Licht, Mond und Meer, Metaphern für die essenziellen Bestandteile jedes menschlichen Parcours wie Motivation, Fürsorge und Beständigkeit, auf einen zu? Wo stößt man an Grenzen? Edith blieb zunächst optimistisch: Sie hatte »Wärme, Verständnis, Menschlichkeit und Schutz« erfahren und wusste doch nur zu genau – ohne es mir expressis verbis mitzuteilen –, dass dieser simple Vierklang im Laufe eines Erdendaseins unendlich schwer und erst recht nicht gleichzeitig herzustellen war. Sie hatte erleben müssen, dass mindestens eine seiner Komponenten ausbleiben, Schwankungen unterworfen sein oder einen durchweg enttäuschen würde. Ganz anders als der immer perfekte Vierklang im Reich der Musik, hier in Form einer Kette von Akkorden in Terzabständen, die ich mit einer träumerischen Girlande aus Sechzehntelnoten unterlegte, sobald diese vier Worte erklangen. Wie ein Versprechen: F-Dur, d-moll, C-Dur, a-moll. Eine harmonische Progression, so alt wie die Erde selbst. So zuverlässig wie das Rollen der nächtlichen Brandung gegen die Felsen, wie Mondaufgang und Monduntergang.

*Pero ante mis ojos todo desaparece*
*mis lagrismas acaban*
*con mis inquietas ansias …*
*¿Terminaré andando*
*sobre ese camino?*
*(Sí.)*

Die lyrische Reflexion endete mit dem Verschwinden dieser zuversichtlichen Vision – einer Fata Morgana gleich hatten sich Mondschein und »silbriger Weg« in Luft aufgelöst. Nur das Meer schlug noch gegen die Klippen, die Finsternis trug bedrohliche Züge. Niemand leuchtete dem einsamen Betrachter mehr heim. Zuversicht war Zweifel gewichen. »Vor meinen Augen wird alles unscharf, das Bild lässt sich nicht länger festhalten. Meine Tränen setzen meiner unruhigen Sehnsucht zu. Werde ich eines Tages ans Ende dieses Weges gelangen? Werde ich aufhören können, ihn zu beschreiten?« lautete die bange Schlussfrage. In Ediths Vorlage blieb sie aus Furcht vor einem zerstörerischen, alles zunichte machenden »Nein« unbeantwortet. Ich wagte es, ihm in Gedanken ein trotziges, doppeldeutiges *sí* entgegenzusetzen, was im Spanischen sowohl »Ja« als auch »Doch!« bedeuten kann. Zu hören war es nicht.

Wir waren mit unserem Lied ohne Worte zufrieden, meine rechte Hand »sang« den Text, es wirkte stimmig. Es berührte uns, als wäre es uns in seiner Endgestalt wieder fremd geworden, so als hätten es andere für uns geschaffen. Wir gingen nicht groß damit hausieren, nahmen es jedoch mit dem Kassettenrekorder auf, und was es mit den *palabras* hinter der Klangfassade bei diesem recht romantisch daherkommenden Klavierstück auf sich hatte, behielten wir für uns. Meine erste Komposition überhaupt! Ich hatte mit ihr nicht nur den Grundstein für meine kontinuierliche kreative Beschäftigung mit Musik gelegt, sondern zum ersten Mal eine Verschmelzung sinnlicher, nicht fassbarer Regionen mit benennbaren, vom Verstand kontrollierbaren Ebenen erfahren. Das Ineinander-Aufgehen von Gedanken und Ratio mit Empfindungen und musikalischer Eigengesetzlichkeit. Wenn man so will, ein synästhetischer Schock. Ibiza hatte ihn mir verschafft.

Noch heute eröffne ich jede Übungs- und Konzertstunde, jedes Solo-Recital und jeden neuen Austausch mit einem Musikerkollegen, sobald ich mich an den Flügel setze, mit unserem *La luna mi luna mi mar*. Ich stelle mir selbst damit die elementaren, die grundsätzlichen Fragen. Ich begebe mich erneut an diesen Fluchtpunkt, an dem sich Schicksale und Befindlichkeiten sicher nicht rein zufällig gekreuzt haben. Und ahne bereits, wenn ich ans Ende des Stückes gelange, wie die *famous last words*, die Schlusstakte, die Antwort und das lange herausgezögerte *sí* diesmal ausfallen und klingen werden.

*

In den ersten Jahren nach Francos Tod änderten sich mit dem Abenteuer Demokratie für die Ibicencos und ihre Sommergäste auch die Ausgehgewohnheiten. Die Nachtschwärmer kamen nicht mehr zu Fuß oder mit dem Taxi in kleinen Gruppen in unseren Night Club, ganz altmodisch in Abendkleid, Schlips und leichtem Anzug; nunmehr rollten die großen Touristenbusse an, verpesteten die milde Abendluft und luden die Menschen in Rudeln ab: T-Shirt- und Bermuda-Träger, die eine *noche de baile* unter dem Sternenhimmel als bloße Fortsetzung ihrer Strandvergnügungen ansahen. Das Interesse am gepflegten Gesellschaftstanz in einer stilvollen *sala de fiestas* ließ nach; Kapellen, Bands und Combos waren binnen Kurzem Mangelware, und die Betreiber senkten die Preise. Nur noch am Wochenende wurde gepflegte Unterhaltung geboten, fanden wie zuvor Revuen statt mit Varietékünstlern und Gaststars, die sich die Ehre gaben.

Viermal die Woche hielt man nun eine Open-Air-Disco ab, auch für Leute unter achtzehn. Was wir Teenager uns natürlich nicht zweimal sagen ließen. Der Türsteher kannte uns und winkte uns mit einem Augenzwinkern durch, wenn beim Einlass gerade eine Lücke entstand und die Reiseleiter versuchten, ihre Schäfchen in Schach zu halten. Hinter den weiß gekalkten Mauern tobte der Bär. Reggae, Ska und Punk waren Trumpf, das *Saturday Night Fever* war ausgebrochen, *Grease*-Hits und Slows von Umberto Tozzi und Miguel Bosé zählten zu den Favoriten. Bis Mitternacht durften wir bleiben, die zahlenden Gäste machten ihrerseits die Nacht zum Tag. Alle hatten einen Heidenspaß. Selbst dann, wenn die Eltern sich uns anschlossen. Nur mit der Exklusivität und dem gediegenen Ambiente war es unwiderruflich vorbei.

Mein altes Klavier war ebenfalls dem Epochenwechsel zum Opfer gefallen. Ich musste auf andere, private Übequartiere ausweichen, was vielleicht auch ganz gut war. Im Übrigen war der Night Club zu Ostern und im restlichen Frühjahr sowieso geschlossen. Entweder hielt er noch Winterschlaf, oder er wurde gerade einer Renovierung unterzogen. Dank meiner Freundin Mirjam, fast das gesamte Jahr über auf der Insel ansässig und selbst Musikerin, fand ich eine Reihe von ausgesuchten Stätten und Alternativen. In einem bourgeoisen Palacio in der Oberstadt, nahe der Plaza del Regente Gotarredona, wo Mirjam wohnte, ließ mich eine traditionsreiche Ibicenco-Familie an ihr reichlich morbides Instrument – ich vergalt es ihr mit schon ganz ordentlich vorgetragenen Fugen und Präludien aus dem *Wohltemperierten Klavier.* Oder Catherine gesellte sich zu uns, eine belgische Pianistenkollegin. Mit ihr diskutierten wir dann knifflige Passagen und vertrackte Fingersätze aus Darius Milhauds aberwitzig-aufmüpfiger Duett-Suite *Scaramouche,* einem musikalischen *trompe-l'œil* besonderer Güte, das wir bislang nur unvollkommen beherrschten – für dessen Ausführung wir gleichwohl noch ein zweites Piano im selben Raum benötigt hätten. Ein Luftschloss!

An manchen Nachmittagen schlüpften wir auch in die weniger bedeutenden, tagsüber meist verwaisten Gotteshäuser der *ciudad,* in San Telmo, im Hafenviertel oder in der Nähe der Markthalle. Mirjam, recht aktiv in der bescheidenen Kirchenmusikszene der Stadt, deichselte alles, uns wurde Zutritt gewährt; und während um uns herum die Boutiquen zum Leben erwachten, *Blinded By The Light* oder *Hotel California* aus den Kneipen und Terrassencafés ertönte, perfekte Einstimmung für zahlreiche hedonistische Spaziergänger und glückstrunkene Tagediebe, machte ich mich in finsteren Sakralräumen mit den Orgeln Ibizas vertraut.

Einige von ihnen pfiffen buchstäblich aus dem letzten Loch, aber für ein paar Stunden Schütz und Buxtehude waren sie gerade noch zu gebrauchen. Zufällig hineinschneiende Passanten klatschten am Ende der Stücke, die frommen Kirchgänger beäugten uns eher argwöhnisch. Es hatte durchaus etwas Frivoles, gerade hier, inmitten von Funk, Soul und spanischem Disco-Gehopse, von dicken Mauern umgeben auf einer düsteren Insel der Seligen, wo es nach Weihrauch, Feuchtigkeit und Schimmel roch, alle Register zu ziehen und den musikalischen Zeitgeist herauszufordern. Mit barocken Sonaten, mit Sarabanden, Menuetten und Passacaglien.

Nicht dass wir die Hits unserer Generation ignoriert hätten, ihnen mit Feindseligkeit oder Dünkel begegnet wären! Aber alles zu seiner Zeit. Wir hörten zu einer späteren Stunde ja Al Stewart und Alan Parsons Project mit derselben Leidenschaft, die wir nun gerade für Scarlatti-Partituren oder für von Basso Continuo grundierte Flötenstücke des achtzehnten Jahrhunderts an den Tag legten.

Wenn Mirjam und ich aus den kühlen, dunklen *iglesias* wieder auf die Straße traten, fühlten wir uns, als hätten wir eine Zeitreise unternommen. Umzingelt von Schickeriatypen und nasshaarigen Strandheimkehrern in kurzen Hosen und Badelatschen kamen wir uns vor, als hätten wir etwas Verbotenes getan. Mussten uns die Leute nicht an der Nasenspitze ansehen, dass wir gerade musiziert hatten? Zwei Sechzehnjährige, die sich eifrig der Musik verschrieben hatten und an Romanze oder Flirt nicht einmal einen Gedanken verschwendeten. Unerhört.

Wenn ich meine Flöte spielende *compañera* einmal nicht auf Orgel oder Klavier begleitete oder einer ihrer Chorproben beiwohnte, nahm sie mich – als Zuschauer – mit zum Ballettunterricht, wo sie traditionelle spanische Tänze erlernte und sich in der Kunst geschwinden Kastagnettenschlagens unterweisen ließ.

Nebenbei eignete sie sich noch das Spiel mit der im Süden und auf den Balearen so beliebten Bandurria an, einem mandolinenartigen, zwölfsaitigen Instrument, das man entweder zupfen oder mit dem Plektrum tremolierend zum Klingen bringen konnte. Dazu sang sie Volksweisen aus Asturias, Balladen von Turina, *canciones* aus Jaén und Córdoba. Auf diese Weise tauchte ich tief ein in die ungeheure Vielfalt der in Nordeuropa eigentlich fast unbekannten spanischen Welt der Musik.

Von selbst versteht sich, dass zu diesem Universum für uns auch Gitarren gehörten. Ein besonders schönes Exemplar aus dunklem Kirschholz hatte ich an der Avenida España in einem Musikgeschäft erstanden. Und wie meine *amiga* widmete ich mich ihrer Erkundung und Beherrschung. Fast mit derselben Intensität wie dem Klavier.

Wohl kein Inseltag verging, an dem unsere Gitarren, die wir eigentlich ständig bei uns führten, nicht zur Verwendung kamen. In nahezu jeder Altstadtecke, jeder Bucht und jeder Bodega fand man Gleichgesinnte, kam sofort miteinander ins Gespräch und versuchte sich im Zusammenspiel. Amerikanische Folkgitarristen, Nostalgiker, die Songs von Carly Simon, Leonard Cohen und Donovan, von Carole King oder den Mamas and Papas anstimmten, und dazwischen immer wieder die Söhne der *gitanos* und ihr rauer, kehliger Gesang. So spontan wie nuanciert – schmerzerfüllt, brutal, provozierend, geschmeidig und auch zärtlich. Die vokale Virtuosität der *gitanos* und ihre perkussive Meisterschaft auf der Gitarre machten uns sprachlos, flößten uns Ehrfurcht ein. Wir konnten ihnen wenig Vergleichbares entgegensetzen.

Mirjam und mir hatten es, zum Ende der Siebzigerjahre hin, eher die Protestsongs und Lieder der Friedensbewegung angetan. Darein vermochten auch wir ein wenig Gefühl zu legen; sie ermöglichten es uns, eine diffuse, noch unausgegorene politische Haltung zu artikulieren. Insofern waren auch wir Kinder unserer Zeit. *Creo* oder *¡Déjame gritar: paz!* gehörten zu diesen schlichten Weisen. »Lass mich ›Frieden‹ schreien!« Sie enthielten viel bedeutungsschwangeres Moll, jede Menge lyrisch verbrämtes Antikriegsgetöse und schlichte pazifistische Parolen – an denen nichts Lächerliches oder Naives war, solange man sie klar, mit ernsthafter Attitüde und ohne falsches Pathos vortrug. Und genau das hatten wir vor. Wir tüftelten an reizvollen Arrangements, sangen alle Strophen zweistimmig und hockten uns zum Ausprobieren in einen Tunnel beim Kathedralenvorplatz, wo der Nachhall unseren Stimmen schmeichelte.

Wenn jüngere Erwachsene, meist flanierende Touristen oder spanische Twens auf Heimaturlaub, stehen blieben, einen Kreis um uns bildeten und mitsangen, ergab sich für Minuten eine einträchtige, friedliche Gemeinschaft. Einmal brachten wir sogar eine Gruppe junger Soldaten dazu, innezuhalten. Keiner von ihnen machte den Mund auf, aber es war ihrem Mienenspiel anzusehen, dass sie den Text auswendig kannten und offenbar auch guthießen. Ein bewegender Moment.

*

Wenn es nach unseren Eltern ging, kamen unsere Gitarren mitsamt unserer Fähigkeit, den einen oder anderen Schlager mit ein paar Akkordgriffen zu untermalen, möglichst oft auf Partys und bei Picknicks zum Einsatz. Ich erinnere mich gern an regelmäßige, feuchtfröhliche Herbstausflüge mit einem Fischkutter, organisiert von einer Hannoveraner Galeristenfamilie, auf die große, lang gestreckte und unbewohnte Insel Conejera, gegenüber der Westküste Ibizas. Von der Mole eines Außenbezirks von San Antonio legten wir ab. Nicht weit von der Stelle, wo Emigrant Walter Benjamin 1932 einen Unterschlupf gefunden hatte. Auf der kahlen Kanincheninsel – der Sage nach der Geburtsort Hannibals, wofür aber noch keine überzeugenden Belege aufgetrieben werden konnten – lagerten wir in Ufernähe und blieben den ganzen Tag über. *Tränen lügen nicht* wurde auf dem Höhepunkt des Gelages als Ständchen von uns eingefordert oder, wenn *vino tinto* und *hierbas,* der klebrig-süße Kräuterschnaps der Pityusen, schon Wirkung gezeitigt hatten, das unverwüstliche *Guantanamera.* Wir ließen uns nicht lange bitten und griffen zur Klampfe. »*Yo soy un hombre sincero, de donde crece la palma …*«, entrang es sich vierzig ungeübten Kehlen, doch noch immer wollte die in dieser Textzeile beschworene kubanische Palme auf dem felsigen Eiland einfach nicht in die Höhe schießen! Nach vier mehr gelallten und gegrölten als wirklich gesungenen Refrains waren die meisten Picknickteilnehmer, voll des süßen Weines, sanft entschlummert, und meine Freunde und ich konnten uns endlich in die Fluten stürzen. Wie ein Schlaflied, wie eine *canción de cuna,* hatte unser »revolutionärer« Gassenhauer sie in Morpheus' Reich entführt.

*

Hellwach waren wieder alle, als Ende Juni 1978 ganz andere Gitarrenkoffer geöffnet wurden: in der Plaza de Toros. Bob Marley & The Wailers gaben sich, im Rahmen ihrer Welttournee, in Ibizas Stierkampfarena die Ehre, und wir saßen aufgeregt schon am heißen Spätnachmittag, als die erbarmungslose Sommersonne selbst den letzten Winkel des ebenerdigen Ovals der Arena fest im Griff hatte, auf den harten, unbequemen Sitzen der »Schattenseite«. Das musikalische Großereignis des Jahres, wenn nicht des Jahrzehnts stand bevor, und wir wollten uns keine Sekunde davon entgehen lassen. Stunden schien es zu dauern, bis der jamaikanische Superstar sich endlich auf der Bühne zeigte, schräg oberhalb der hölzernen Pforte, aus der an einem gewöhnlichen Inselsonntag die wütenden, ebenfalls seit Stunden eingesperrten Stiere hervorschossen, und seine Zuhörerschaft doch tatsächlich mit »Jah – Rastafari!« begrüßte. Nicht ganz unerwartet!

Der Rest seiner Ansage ging im Freudentaumel der Insel-Community unter, die I-Threes bauten sich hinter ihren Mikros auf und nahmen eine laszive Pose ein, und nach einem kurzen Intro war er schließlich da, der so charakteristische, basslastige, süchtig machende Groove. Paradiesisch cool. Auf den höher gelegenen Dachterrassen drängten sich die Gratiszuschauer, in der Arena machten Hunderte von Joints die Runde, und nach nur wenigen Songs wogten die Dreadlocks, vibrierten die Drums, swingte und tanzte die halbe Stadt. Auf *I Shot The Sheriff* folgte *No Woman No Cry*, bei *Is This Love?* und *Get Up, Stand Up* kannte das Publikum kein Halten mehr, und bei *Jammin'* gerieten schließlich alle in Ekstase.

Gab es eigentlich irgendetwas Schöneres auf Erden, als hier und jetzt, mitten im Sommer und in den Himmel getragen von würzig duftenden Marihuanaschwaden, auf Ibiza zu sein?

Alles schläft hier, die Gebräuche, die Häuser, die Männer und Frauen, einen enggegrenzten Gefälligkeitsschlaf, nur die fremd Hergekommenen träumen, oder tun, als träumten sie, von Dingen, die eine Tätigkeit ersetzen möchten, die sie von vornherein verlieren werden oder verloren haben.

Raoul Hausmann
*Hyle. Ein Traumsein in Spanien,* 1926–1971

*Iiih Bitza*

## Kleine Sittengeschichte des Strandes

Auf einmal trugen alle Tangas. Eines schönen Tages tauchten sie auf, als hätte es nie eine andere Bademode gegeben. Eine langbeinige, bildhübsche Skandinavierin namens Janne bot sie als Erste feil. Im Sand kniete sie, weißblonder Archetyp einer nordischen Amazone, unter einem schattenspendenden Sonnenschirm mit riesigem Durchmesser. Janne zerpflückte Stoffbahnen, bastelte barbusig an briefmarkengroßen Patchworkslips, breitete ihre verführerische Ware aus und sah, emsig ihre Stofffetzen nähend, in diesem Nichts einfach hinreißend aus. Jeder und jede wollte, jeder und jede musste plötzlich ihre Tangas haben, und jeder und jede legte sie an. Beim Faulenzen, beim Ballspiel, beim Windsurfen, beim Anbändeln und beim Gang an die Bar. Alle folgten offenbar einem urdemokratischen Impuls. Oder unterwarfen sie sich gar einem Uniformierungszwang? Denn nie glichen sich die Menschenkinder mehr als jetzt, nur noch mit diesem kleinsten gemeinsamen Nenner an Textilien ausgestattet.

Für Männlein und Weiblein war der Schnitt ziemlich ähnlich – vorne ein spärliches Dreieck, die Geschlechtszugehörigkeit kokett ignorierend. Je nach Geschmack mal bunt gefiedert, mal gerüscht, mal nüchtern einfarbig, gewagt transparent oder gar aus Leder oder aus falschem Leopardenfell. Ein dünnes Lendenschürzchen, das der Fantasie und Vorstellungskraft von Betrachtern wie Trägern wenig Spielraum ließ und mehr enthüllte als verbarg. Sowie drum herum ein Geflecht aus wenigen Schnüren, Bändern und Fäden, die Seitenriemchen zum Hochziehen, links und rechts über die Hüftknochen, in der Mitte die *strings* zum Zerteilen der blanken Gesäßbacken. Und sonst: nichts. Unisexmode, genderunabhängige Minimalbekleidung zum Akzentuieren eigentlich nackter Tatsachen. Preiswert und todschick, eng und knapp. Unterschiede bot nur das Design. Und Oberteile gab es erst gar nicht – wer brauchte hier einen BH?

Die Vorteile dieser unverschämt winzigen, brasilianisch inspirierten Schrittbedeckungen lagen auf der Hand: Die begehrten Tangas verschafften perfekte Rundumbräune, schmiegten sich an die Haut und trockneten in Windeseile, daher konnte man sich in ihnen frei, ungezwungen und wie unbekleidet fühlen. Umziehen war auch nicht nötig. Ein weiterer Vorteil: Beim Flirten, Anbaggern und Aufreißen wusste man gleich ganz genau, woran man war und worauf man sich einließ. Wenn jemand gerade aus den Wellen stieg oder schon länger bäuchlings Lustgefühle hegte und sich dann unwillkürlich umdrehte, wusste man das womöglich sogar genauer, als einem lieb war.

Die Nachteile: Die Höschen leierten rasch aus, und ihre Farben verblichen in der Sonne. Besser also, ein halbes Dutzend in Reserve zu haben oder bei Bedarf rasch welche nachzukaufen. Erregungszustände ließen sich weder unter Kontrolle halten noch kaschieren oder überspielen. Und außerdem trennte sich beim Tangatragen automatisch die Spreu vom Weizen. Diese Minidreiecke überzustreifen – denn von Anziehen konnte wohl keine Rede sein – musste man sich erlauben können, eine passable oder besser noch hervorragende Figur vorweisen. Und man musste bereits prächtig vorgebräunt sein.

Nie wurde ein Sommer- und Sonnendebütant unbarmherziger entlarvt als beim Zurschaustellen eines wachsbleichen, arg geröteten Allerwertesten im Tanga. Ich habe meine Fotoalben aus den späten Siebzigern konsultiert und durfte mit Genugtuung feststellen, dass die meisten Wahl-Ibicencos und Strandpromeneure in puncto Bauchumfang und Pobeschaffenheit damals einem beachtlichen ästhetischen Standard genügten – quer durch alle Altersgruppen. Kein Vergleich mit dem, was sich heutzutage als mitteleuropäischer Durchschnitt ungeniert in die Freibäder und an die Ufer wagt – es nimmt kaum wunder, dass sich inzwischen die weiten, wadenlangen Badebermudas gerade für Männer durchgesetzt haben, unförmige rockartige Gebilde, hinter und unter denen man allerlei optische Zumutungen sowie ganze Schichten von Unterbekleidung gnädig verschwinden lassen kann. Von einem Extrem ins andere ist die badende Menschheit seither gefallen – von der Reduktion zur Expansion. Vom luft- und windgetrockneten Minimum zum tropfnassen, jämmerlichen Maximum. Von libertinärer Autonomie zur Versklavung. Von der Verliebtheit in den freien, zur Schau gestellten und ansehnlichen Leib zu dessen totaler, schamhafter Verhüllung.

Prüderie war auf Ibiza sowohl vor als auch nach 1975 unbekannt, angestrengter Körperkult aber auch. Joggen, Fitnesstraining und übertriebenem Muskelnarzissmus maß man noch keine Wichtigkeit bei. Man war einfach schlank! Was man stattdessen anstrebte, war Entblößung. Nicht aus Gründen der Erotomanie, der Selbstvermarktung, des Exhibitionismus oder etwa, um unkontrolliert Sinnlichkeit zu entfesseln. Es handelte sich zuallererst um das Abstreifen von Hüllen, um die Überwindung von Schranken. Für die Spanier wurde das Nacktsein zum Symbol der Befreiung von politischer Knechtschaft. Von einem rigiden, diktatorischen Regime, das alle Lebensbereiche überwacht und die Menschen unterdrückt und eingeschüchtert hatte. Das sie misstrauisch und unzufrieden hatte werden lassen. Das sie um ihre Artikulationsfähigkeit gebracht sowie, schlimmer noch, der Lust am Dasein beraubt hatte.

Oben ohne ins Wasser zu steigen und mit einer Gruppe von Freunden unbekleidet in einer Felsbucht zu planschen, hieß auch, Vorschriften und Hierarchien zu ignorieren, keine gesellschaftlichen Vergleiche mehr zu ziehen, zu einer kindhaften Kreatürlichkeit zurückzufinden. Sich unverfälscht, seiner Hüllenlosigkeit bewusst zu zeigen, bedeutete, dem streng katholischen Sittenkodex zu entsagen, Blicke zu genießen und zu erwidern und Gefallen am Betrachten und Berühren anderer Körper zu äußern, ohne dass solche lustvollen Begegnungen und Vereinigungen gleich in das Zwangskorsett von Schicksalsgemeinschaft, Eheschließung und Familiengründung münden mussten. Nach Francos Tod und in der heiklen Übergangsphase bis zur Verwirklichung einer eigenständigen, überlebensfähigen Demokratie näherte man sich der Sexualität lebensbejahend, neugierig und spielerisch, mit Entdeckerfreude, und probierte neue erotische Identitäten aus. Vor allem die Großstädter unter den Spaniern rissen sich die Klamotten förmlich vom Leibe und legten damit zugleich alle Hemmungen ab, sobald sie sich den Küsten der Balearen näherten. Es herrschte Aufbruchstimmung für Körper und Seele. Endlich nackt sein, endlich leben und lieben, so lautete die Devise.

Was die Badeetikette anging, benahmen wir uns als höfliche Besucher in unserem Gastland stets so, dass die Gastgeber keinen Anlass zur Klage hatten. Also benötigten wir Nordeuropäer zum Nacktsein auch keine gesonderte Aufforderung.

Die Hippies und ihre Epigonen sowieso nicht, aber auch nicht die Pauschaltouristen und Langzeitinsulaner. Schon zuvor waren von den Behörden aufgestellte Holzschilder, mit denen der *nudismo* gleich beim Betreten des Strandes untersagt werden sollte, regelmäßig von einheimischen Freizeitanarchisten zerbrochen oder herausgerissen, zertrampelt und im Sand versteckt worden. Es war seit Langem selbstverständlich auf der Insel, sich als Paar oder in kleinen Gruppen diskret in eine schwer einsehbare Bucht zurückzuziehen, um textilfreiem Badeplaisir zu frönen; kaum jemand machte ein weltanschauliches Problem daraus oder konfrontierte kleine Kinder, die nicht zur Familie gehörten, mit plakativer, dreister Nacktheit. Dass es gelegentlich zu eindeutigen erotischen Verbandelungen kam, im Schutze der Dünen, in Pinienwäldern und in Felsgrotten, blieb bei solcher Freizügigkeit und unter solch idealen klimatischen Bedingungen natürlich nicht aus, aber Orgien waren ganz gewiss nicht an der Tagesordnung.

Andere Vorkommnisse sind mir dagegen lebhaft in Erinnerung geblieben: wie ein Rudel wutentbrannter splitternackter Aussteiger, die sich dem Nacktbadeverbot der Guardia Civil widersetzt hatten und sich auch weiterhin weigerten, Schwimmzeug anzulegen, in Handschellen von uniformierten Beamten abgeführt und, so wie Gott sie geschaffen hatte, in einem bedrohlich aussehenden Gefährt abtransportiert wurde – unter den Pfiffen und Flüchen anderer Strandgäste, die mit aller Gewalt versuchten, die martialisch wirkenden, knüppelschwingenden Ordnungshüter an der Festnahme zu hindern, und sich dabei solidarisch ebenfalls auszogen. Ihre Bikinis und Badehosen schwenkten sie mit provozierenden Gebärden wie Agit-Prop-Fahnen und wedelten den Guardia-Civil-Agenten damit frech vor der Nase herum. Adam und

Eva gegen Vater Staat. Ein Bild für die Götter. Die alles andere als »grüne« Minna, ein schwerfälliges graues Ungetüm, umringt von Dutzenden von rebellischen Aufmüpfigen, hatte große Mühe, sich vom Strandparkplatz zu entfernen. Es regnete Steine und Bierflaschen auf das anfahrende Militärfahrzeug, und anderntags saßen die nackten Rebellen mit fröhlichem Grinsen bereits wieder an ihrem angestammten Platz. Das Spektakel wiederholte sich: Berittene Polizisten führten die absurde Razzia mit brachialer Gewalt durch und rückten den friedlichen Nackedeis gar mit Schlagstöcken auf die Pelle, bevor sie abermals zur Festnahme schritten. Wie durch ein Wunder wurde bei diesem brutalen Einsatz niemand ernsthaft verletzt.

Ein andermal schlossen sich Hundertschaften von Nudisten zusammen, um sich gegen weniger bedrohliche, aber ebenso ungeliebte Eindringlinge zur Wehr zu setzen: von übermütigen, leichtsinnigen und alkoholisierten Youngsters gesteuerte *dune buggies*, die nicht nur gefährlich waren, wenn sie auf im seichten Wasser planschende Kinder zusteuerten, sondern auch Krach machten, alles platt walzten und hässliche Schneisen im Sand zurückließen. Mit vereinten Kräften hoben die unbekleideten Eiferer und Küstenschützer alle fünfzig Meter reichlich tiefe, surfbrettbreite Gräben aus, womit ein natürliches Hindernis geschaffen wurde. Die lärmenden Raupen mussten unverrichteter Dinge wieder abziehen, und ihre Strandpräsenz war fortan untersagt. Die nackte Vernunft hatte gesiegt!

*

Die Playa de Ses Salines, im Volksmund kurz Salinas genannt, bildet mit ihrem Pendant, der Playa de Es Cavallet, so etwas wie den doppelten Hausstrand Ibizas: Beide teilen sich eine flache, lang gestreckte und spitz zulaufende Halbinsel im äußersten Südosten, die wie eine pinienbestandene Sandbank wirkt. *Land's End*. Hier an den Salinas hatten sich die soeben geschilderten Begebenheiten zugetragen, hier gilt noch heute: sehen und gesehen werden. Und hier müssen wir zusammengerechnet wohl ganze Jahre unbeschwerten Insellebens verbracht haben. Zu unser aller Glück ist dieser paradiesische Landzipfel, umgeben von karibikblauem, seichtem Meer und untergliedert in längere sandige Abschnitte und schmale, verschwiegene Felsbuchten, obschon nur zwanzig Minuten Autofahrt von Ibiza-Stadt entfernt, von den Auswüchsen des Baubooms, von Immobilienspekulation und grassierender Umweltzerstörung weitgehend verschont geblieben.

Mitsamt einer unscheinbaren Ansiedlung, La Canal, gehört das Strandpaar nämlich zum Areal der Salinen, weitläufiger Salzgewinnungsfelder, die einst einen bedeutenden Industriezweig darstellten und die noch heute einen Großteil der Inselfläche zwischen Flughafen, dem Dörfchen San Francisco und den südlichen Vororten der Hauptstadt beanspruchen. Bauverbote und strenge Nutzungsauflagen verhinderten die Ansiedlung von hässlichen Bettenburgen und zerstörerischer touristischer Infrastruktur. Auf dem Weg dorthin passiert man riesige dreieckige Salztürme und überquert Tausende von kleinen und großen flachen Salzbecken, in deren stehendem Wasser sich die markanten Gipfel der Südküste widerspiegeln. Stellenweise erinnert die Szenerie an eine Mondlandschaft; im Hintergrund sind Salzzüge auszumachen, und der Fäulnisgeruch ist abschreckend.

Doch dann ist man schon fast am Ziel seiner Wünsche, an einem grässlich überfüllten Parkplatz, und schwärmt aus in die Dünen und Pinienwäldchen. Um kurz darauf, von kleinen Anhöhen aus, endlich die großartige Weite in den Blick zu nehmen und dem Meer entgegenzurennen, hinter dessen Horizont sich der afrikanische Kontinent verbirgt. Lediglich Zeitungskioske, Stände und kleine Strandbuden, *chiringuitos,* die in der Nebensaison geschlossen sind oder abgebaut werden, rhythmisieren den Küstenverlauf. Ein paar Edelschuppen wie das Malibú locken die Edlen und Betuchten unter den Sonnenhungrigen an, zum Gourmetschmaus, zum Chill-out, zur exhibitionistischen Outdoor-Massage und zum Bankkonten-Striptease. Ansonsten herrscht, trotz großen Andrangs, trotz Kinderscharen und strandtypischer Betriebsamkeit, coole Gelassenheit.

Je weiter man sich von den gehfaulen Picknickern, den spanischen Großfamilien, den Surfern, den Angebern, den Schickimickitypen, den Zuhältern, den Möchtegern-Models, den gelifteten Inselveteraninnen und dem Pulk der Bustouristen entfernt, die, alle zusammen, das erste Stranddrittel unter sich aufteilen und sich auf watteweichen Matten lümmeln, je entschlossener man dem bunten, vergnüglichen *beach carnival* der Ganzkörperepilierten und Ganzkörpertätowierten entsagt, desto mehr nähert man sich dem Terrain der Individualisten. Es will erobert werden: Der Weg hierhin ist beschwerlich und schweißtreibend, festes Schuhwerk ist dringend angeraten, Schatten spendende Unterstände sind die Ausnahme, und an Erfrischungsgetränke kommt man hier auch nicht mehr. Belohnt wird man dafür mit einer Vielzahl von exklusiven, quasi privaten Einbuchtungen. Mit herrlichen, friedlichen Küstennischen, in die man sich hervorragend zurückziehen kann. Mit wohltuender Ruhe. Unbehelligt von Wassersportaktivitäten, von Spannern, Maulhelden, quengelnden Teenagern und anderen Störenfrieden. Bizarr geformt, ja zerklüftet sind diese Miniatur-*calas*: Vor etlichen Jahrhunderten wurde hier das Steinmaterial für die mächtige Zitadelle aus den Felsen herausgeschlagen und dann in Richtung Stadt gekarrt oder mit Kähnen zu den Baustellen befördert. Übrig geblieben sind Stufen, Ecken, scharfe Kanten, trotz unablässiger Bearbeitung durch die Wogen noch kaum abgeschliffen. Was den Zugang zum Wasser erheblich erschwert und damit allzu bequeme Zeitgenossen abschreckt: Wer sich hier einmal den Fuß blutig stieß, kommt so schnell nicht wieder. *Tanto mejor* – umso besser.

Falls Lektüre, Gitarrenspiel, Badefreuden, Entspannung und traute Zweisamkeit einmal des Guten zu viel werden sollten und die Mittagshitze mörderisch, sollte man von hier aus, in Tanga und Sonnenhut, umstandslos zu einer fabelhaften Wanderung aufbrechen. Sollte sich durch Gebüsch und dichte Pinienhaine eine Schneise schlagen, wobei man an so mancher Lichtung unfreiwillig zum Augenzeugen heftiger schwuler Liebesspiele werden kann, und an der sanft abfallenden Felsküste entlang auf den südlichsten Punkt der Insel zusteuern: die Punta de Ses Portes mit ihrem alten Mohrenturm. Sie gibt den Blick frei auf das sich in der Ferne abzeichnende Formentera, aber auch auf die winzigen Inseln und Inselgruppen, die die beiden Pityusen wie eine feine Schnur verbinden: die Islas Negras, Espardell und das bei Seglern und Jachtbesitzern äußerst beliebte Espalmador, gesäumt von türkisblauen Gewässern. Meeresweiten, wohin man auch schaut. Dreht man sich um und wendet sich gen Norden, öffnen sich die Perspektiven scherenförmig und panoramatisch: zur Linken die unverbauten Salinas, der kleine Salzverschiffungshafen La Canal, die Punta Roma und das Cap Es Falco, zur Rechten praktisch die gesamte Südosthälfte Ibizas. Dort schließen sich an den raueren Cavallet-Strand der kleine Ort La Revista und die Punta Corpmari an, in der Bucht des Playa d'en Bossa die Inselchen Negra, Ratas und Malvinas und, weiter nördlich im Dunst, der Leuchtturm von Talamanca und das Botafoch-Cap. Wie eine Breitbildleinwand entfaltet sich die Meereslandschaft hier vor einem. Eine spektakuläre Gesamtschau. Zumal im Juli und August, wenn unzählige Boote, Schiffe und Fähren aus allen Himmelsrichtungen auf die Punta zusteuern. Ganz allein steht man hier, den Torre im Rücken, und wird unverhofft zum Fluchtpunkt maritimer Aktivitäten.

*

Mit beiden Hälften des Doppelstrandes, mit den mondänen, üppigen, der Sonnenuntergangsseite zugewandten Salinas und dem geheimnisvollen, spröden, stärker dem Wind ausgesetzten Cavallet, verbinden mich reizvolle und auch gegensätzliche Erfahrungen: zaghaftes *cruising* rund um die Hedonisten-Hochburg Chiringay, in das sich die freudige Überraschung mischte, wie begehrenswert man als Jüngling auf andere, mindestens ebenso attraktive Geschöpfe wirken konnte. Sowie das unerwartet flexible, aufregende Rollenspiel erwachsener Männer. Fürsorgliche Familienväter und liebevolle Ehegatten auf der einen Strandseite, hungrige, leidenschaftliche Sexpartner und triebgesteuerte Freibeuter auf der anderen. Sobald sie dort auf Pirsch gingen und sich für ein halbes Stündchen hinter Gestrüpp verbargen, um ihresgleichen recht rabiat den Hof zu machen, erblickten sie auch in mir nicht mehr den unschuldigen Nachbarsjungen, sondern waren sofort bereit, mich in die Gepflogenheiten der Promiskuität einzuweihen.

Dass ich mich zierte und nicht so leicht zu haben war, hat mir instinktiv wahrscheinlich auf lange Sicht das Leben gerettet – noch konnte ja niemand ahnen, was die verheerende AIDS-Epidemie, was die Ausbreitung eines diabolischen Virus in den nächsten Jahren anrichten würde …

Solche verführerischen Dünenspiele und possierlichen Heimlichkeiten, so viel mannmännlicher Körperspaß und erregender Voyeurismus kontrastierten dann wieder aufs Schönste mit Harmlosigkeiten. Mit lapidaren, freundschaftlichen Begegnungen mit Berühmtheiten zum Beispiel. Mit Promis, denen viel daran lag, auf ihren Badetüchern und in ihren kleinen Sommerhäuschen im Hinterland möglichst unerkannt zu bleiben – die deutsche Schauspielerin Judy Winter etwa. Die Brüder Rolf und Joachim Kühn, famose Jazzmusiker. Oder das spanische Schlagersternchen Jeanette, das gerade einen Eintagsfliegen-Hit mit *Porque te vas* gelandet hatte. Sie alle gaben sich sympathisch unarrogant. Man begegnete ihnen beim Tanken, am Strandkiosk und in Peps und Katis kleiner *tienda,* der einzigen Einkaufsmöglichkeit im Umkreis von zehn Kilometern, man nahm auf dem Hausdach gemeinsamer dänischer Freunde einen Drink mit ihnen, man mochte sich und hielt dennoch ein wenig Abstand – die Devise *¡vamos a la playa!* galt zwar für uns alle und nivellierte gesellschaftliche Unterschiede ein Stück weit. Aber nie rückte man sich auf die Pelle oder drängte sich auf. Intimität war Trumpf. Und die *happy few,* das waren wir alle.

In den Mittsechzigern, eine Inselgeneration zuvor, war die Fahrt hierher noch ein kleines Abenteuer. Weit und breit kein Auto auf der einzigen, kaum befestigen Zufahrtsstraße, der

Strand auch im Hochsommer menschenleer. Ein befreundetes älteres Ehepaar nahm uns in seinem Wagen mit, und vor jedem ersten Strandtag im Sommer, nachdem wir den holprigen Schotterweg über die Salzfelder glücklich hinter uns gelassen hatten, machten wir halt an der Gartenpforte einer mittellosen, sich selbst überlassenen Bauernfamilie. Dahinter verbarg sich eine bescheidene, von Schilfrohr umstandene Behausung. Warum wir gerade mit diesen Leuten verkehrten und sie regelmäßig besuchten, was genau der Ursprung unserer Beziehung und die Gründe für ihre erschreckende Verarmung waren, Arbeitsunfähigkeit oder Ausschluss durch den eigenen Clan, kann ich nicht mehr mit Bestimmtheit sagen. Waren sie bei einer Ausweitung des Salinen-Terrains enteignet und zwangsumgesiedelt worden? Hatten sie sich etwas zuschulden kommen lassen, was von der Inselobrigkeit geahndet worden war? Jedenfalls hatten unsere freundlichen Chauffeure und meine Eltern das ganze Jahr über Geschenke gesammelt und angehäuft, die wir nun übergaben – jede Menge Spielzeug, Zigaretten für die Erwachsenen, haltbare kulinarische deutsche Spezialitäten, gebrauchte Anziehsachen für den Nachwuchs, Stifte und gleich mehrere bunte Kalender mit Alpenmotiven.

Die Leute, die uns in abgerissenen Kleidern begrüßten, nahmen unsere Gaben ein wenig verlegen, aber sichtbar erfreut entgegen, riefen ihre Kinder herbei und legten beim Reden ihre Hände schützend über meinen hellblonden Haarschopf. Sie sprachen nur den Inseldialekt der Landbevölkerung, das *eivissenc pagès*, das vom »Hochkatalanisch« erheblich abweicht, nebst einigen Brocken *castellano*. Doch so viel verstanden wir, dass wir an einem der Folgetage unbedingt wiederkommen sollten. Egal an welchem, anrufen konnte man ja nicht. Und dass ihnen die Kalender von allen Geschenken wieder am besten gefielen. Vielleicht, weil ausnahmslos Winterbilder die Monatsseiten dominierten: Berggipfel, Schlittschuhläufer, Skifahrer, Schlitten, Weihnachtsbäume, Menschen in bayerischen Trachten. Schließlich war Santa Maria de las Nieves, die Schnee-Madonna, die sie Neus nannten, die Schutzheilige ihrer Insel. Wir kannten nicht einmal ihre Namen, und sie wussten auch nicht, wie wir hießen. Wahrscheinlich nannten sie uns einfach nur *els alemanys*.

Nie haben wir herausbekommen, wie sie es fertigbrachten, jeweils an jenem Zufallstag, an dem wir wieder bei ihnen hineinschneiten, vorbereitet zu sein, aber sie hatten jedes Mal eine feine, verlockende Spätnachmittagstafel präpariert, in ihrem kleinen, unordentlichen Garten am Fuße eines noch nicht abgetragenen Salzberges. In ihre Hütte ließen sie uns nicht schauen, aber – das war für sie Ehrensache – sie tischten auf: einen gigantischen kreisrunden *flaó*, jenen inseltypischen Käsekuchen mit Minze und Anis, den wir nie wieder anderswo so köstlich vorgesetzt bekommen haben, und stark gebrannten *carajillo*, Espresso mit Brandy. In rauen Mengen! Und selbst ich bekam eine Tasse davon ab, verlängert mit sehr viel Wasser. Woraus ich mir naturgemäß noch nichts machte. Abgerundet wurde das einfache, aber schmackhafte Mahl mit mehreren Runden *frigola*, einem ibizenkischen Kräuterlikör, dessen infernalische Mixtur sofort zu Kopf steigt. Unsere Gastgeber grinsten glücklich und schenkten nach – sie hatten sich nicht lumpen lassen.

Hunde kläfften, Schwärme von Moskitos umtanzten uns, jemand zupfte auf einer nicht gestimmten, scheppernden Gitarre herum, die Unterhaltung ging etwas mühsam vonstatten und schleppte sich so dahin, doch wir hockten genießerisch kauend auf im trockenen Gras ausgebreiteten Bastdecken und freuten uns über diese friedliche, ungewöhnliche Form der Völkerverständigung. So selbstverständlich das alles schien, »normal« war an solchen Treffen wenig. Der Bürgerkrieg lag damals erst fünfundzwanzig Jahre, das Ende des Zweiten Weltkrieges gerade einmal zwei Dekaden zurück. Und wir hier, Deutsche und Spanier, begegneten uns, wenn schon nicht in materieller, so doch in menschlicher Hinsicht auf Augenhöhe. Nicht der Fremdenverkehr hatte uns zusammengebracht, nicht eine hierarchische Konstellation wie etwa Tourist/Bediensteter oder Arbeiter/Bauherr – nur der gemeinsame Wunsch, sich gegenseitig etwas Gutes zu tun. Jeden Sommer wiederholte sich das zweiaktige Spiel aus Bescherung und Bewirtung. Es schien den Leuten besser zu gehen, unsere Gaben wurden weniger, aber nützlicher, und irgendwann war die Familie verschwunden. Wie vom Erdboden verschluckt. Ich habe sie nicht ein einziges Mal am Strand gesehen, und ich kann heute niemanden mehr fragen, was aus ihnen geworden ist.

*

An den Salinas neben der alten Salzmühle, an einer Imbissbude, wo sich die Arbeiter ihr Mittagessen holen gingen, gab es die leckersten *bocadillos* der Insel – monströse, großzügig belegte Sandwiches mit einem staunenswerten Durchmesser. Sie machten ihrem Namen alle Ehre. Denn nur abbeißen konnte man von ihnen, hineinbeißen war schlichtweg unmöglich. Kein Mund – keine *boca* – ließ sich so weit aufsperren. Eine etwas aus der Form geratene Mamsell bereitete sie in Windeseile zu, Fliegen schwirrten, ein Ventilator surrte, und die bei ihren Verrichtungen vergossenen Schweißtropfen gaben den würzigen Pausenbroten wohl ihre besondere Note. Als Kinder teilten wir uns ein *bocadillo* und schafften, obschon anfangs ganz heißhungrig, dann nicht einmal die Hälfte … An den Salinas gab es auch das hübsche, unverwüstliche *hostal* Mar y Sol, wo man im Freien sitzen und ein landestypisches, deftiges *almuerzo* verzehren konnte. Oder man ließ sich einfach nur ein paar Tapas bringen sowie einen Korb mit Brot, eine Schale mit Oliven und die Knoblauchbombe *alioli (aioli)*, diese teuflisch gute, abhängig machende Mayonnaise, vorsetzen. Heruntergespült mit einem Gläschen eiskalten Rosados – damals bevorzugte man die Hausmarke, heute würde man sich wohl eine Flasche des inseleigenen Weinanbaugebietes Can Maymó kredenzen lassen. Als ich klein war, bekamen die Gäste dort als Abschiedsgeschenk noch ein kleines Säckchen mit frisch gewonnenem, grobkörnigem Salz als Souvenir mit auf den Weg. Wir haben es zu Hause nie geöffnet oder verwendet; als kleiner feuchter Klumpen thronte es monatelang auf einer Anrichte und wechselte allmählich die Farbe.

An den Salinas lernte ich die tief sitzende Angst vorm ebenso tiefen Wasser verlieren und endlich schwimmen. Ein einschneidendes Erlebnis. Mit kleinen, effektvollen Tricks lockte man mich von Sommer zu Sommer immer weiter ins Meer hinaus, bis ich keinen Boden mehr unter den Füßen spürte. Aus den knallgelben, aufblasbaren Flügeln hatte man diesmal schon Minuten zuvor sämtliche Luft entweichen lassen, ohne dass es mir aufgefallen und ohne dass ich in Panik geraten wäre. Ferner hatte man Stammgäste unseres Strandabschnitts in die weitere Strategie zur Überwindung meiner Furcht eingeweiht und zum Mitmachen animiert – in deren Gegenwart war mein Widerstand leichter zu brechen, als wenn ein zum Einlenken und zur Tröstung nur allzu bereites Familienmitglied in der Nähe war. So kam es, dass eine elegante ältere Señora aus Cádiz im Einteiler, die sich ausschließlich eines exquisiten Hochspanisch befleißigte, mir vorzählte, indem sie sich rücklings auf dem Wasser treibend von mir entfernte: *cuarenta y uno, cuarenta y dos, cuarenta y tres ...* – das war die Anzahl der Züge, die ich schon ohne fremde Hilfe zurückgelegte hatte.

Vor ihr hatte ich gehörigen Respekt. Ich schluckte Wasser und gehorchte. Mit gekrümmten Fingern malte sie unaufhörlich Kringel in die Luft, damit ich ihr folgen sollte, und als wir beide bei *ochenta* angelangt waren, hielt sie inne, packte mich, übers ganze Gesicht strahlend, an den Schultern, drehte mich um und zeigte mir, wie weit ich bereits gekommen war. Den ockergelben Strandsaum sah ich nur noch verschwommen, aber deutlich konnte ich die Umrisse ihres Gatten erkennen, der unter einem makellosen Sonnenschirm aus weißem Leinen in voller Montur unbeweglich auf einem Gartenstuhl saß, Cigarrillos paffte und in einer in Leder gebundenen Ausgabe von Calderóns *Gesammelten Werken* blätterte. Die genauen Titel der Bücher erfuhr ich natürlich erst wieder an Land, und solche illustren Namen sagten mir damals auch noch nichts. Doch ich hatte es geschafft. Die Flügelchen wurden abgestreift, ich rannte wieder ins Meer zurück, und der einstige Angsthase verwandelte sich in eine waschechte Wasserratte. *Ochenta y cinco, noventa, noventa y cinco ...* Von nun an gab es kein Halten mehr. Ich war fünf und ließ mich so schnell nicht mehr aus den Fluten herauskommandieren.

An den Salinas sah ich, inzwischen zum Teenager gereift und mit Rod Stewarts *The First Cut Is The Deepest* im Ohr, auch die ersten Windsurfer meines Lebens. Ein berauschender Anblick. Der Inbegriff von Freiheit und Naturbeherrschung. Wie sie so dahinglitten, im Einklang mit den Elementen, und sich mit wenigen präzisen Bewegungen Wind und Wasser untertan zu machen schienen, als wäre es ein Kinderspiel, hatte etwas Zauberhaftes. Dagmar, eine so energische wie platinblonde, vollbusige Bajuwarin, auch sie nur mit einem hauchdünnen, wenige Millimeter kleinen Tangastring »bekleidet«, eröffnete in einem kleinen Holzverschlag zwischen Pinienhainen und Meeressaum ihre Windsurfschule – eine Premiere für Ibiza. Klar, dass ich zu den Ersten gehörte, die sich in ihre Kurse einschrieben, ohne Mühe ein gutes Dutzend Seemannsknoten erlernten, mit Dagmar auf den schweren Brettern in Richtung Horizont paddelten, ihre durch ein Plastikmegafon gebrüllten Befehle und barschen Kommandos entgegennahmen und nach wenigen Tagen stolz ihr Diplom davontrugen. Die Salinas waren nicht gerade der ideale Surfstrand, nur selten kam eine steife Brise auf, aber für Debütanten, zum Erlernen der komplizierten Manöver und des Hantierens mit Rigg, Gestänge und dem nassen Riesensegel, waren sie im Grunde das richtige Gefilde. Ins Wasser zu fallen bescherte einem angenehme Abkühlung, die Meerestiefe hielt sich in Grenzen, und genieren brauchte man sich auch nicht, denn zu Beginn stellten sich alle gleich dämlich an auf dem wackligen Untersatz, verloren das Gleichgewicht, wurden von Böen überrascht oder verwechselten Halse mit Wende. Hüten musste man sich lediglich, wenn ablandiger Wind ging und Anfänger in Minutenschnelle aufs offene Meer hinausgetrieben wurden. Wo Sturm die Wellen peitschte und einen, ob man wollte oder nicht, zu den gefährlichen Riffen in der Wasserstraße zwischen Ibiza und Formentera lenkte.

An einem solchen Tag, als ich selbst schon Mühe hatte, mich auf den Rückweg ans sichere Ufer zu machen, und dabei die vertraute Surfbude mit ihrer fröhlichen weiß-blauen Fahne ins Visier nahm, erspähte ich einen Freund weit draußen in der Nähe der Klippen, der verzweifelt mit seinem Segel rang, in Panik geraten war, Wasser schluckte und so ziemlich alles verkehrt machte, was man nur verkehrt machen konnte. Ich dachte nicht lange nach, sondern fuhr rasch zu ihm hinaus, denn fremde Hilfe zu holen hätte bedeutet, ihn mindestens eine weitere fatale halbe Stunde sich selbst zu überlassen. Strandwächter und Lebensretter gab es an den Salinas ohnehin nicht. Der Mittvierziger, Vater von Spielkameraden und noch denkbar ungeübt, fand einfach nicht mehr die richtige Balance und haute um sich wie ein Ertrinkender. Fürs langwierige Zusammenlegen und Verknoten des windgebeutelten Segels, das ihm um die Ohren schlug, war keine Zeit mehr; der Mann hatte schon viel zu viel Kraft verloren. »Das Brett ist dein Freund«, hatte Dagmar uns eingeschärft. Doch nur mit ein paar Ohrfeigen konnte ich den Schiffbrüchigen, der wie von Sinnen schien und gutem Zureden nicht mehr zugänglich war, dazu bringen, sich der Vernunft zu beugen und das Segel sausen zu lassen.

Wir verknoteten, so gut es ging, die beiden Bretter mit einem kurzen Stück Tau an den Schwertern, er legte sich der Länge nach auf sein Board, und irgendwie gelang es mir, mehr strampelnd als schwimmend, uns beide aus der Gefahrenzone herauszubringen. Total erschöpft erreichten wir das Reich der unbekümmert Badenden und Planschenden, die nichts von dem Drama ahnten, das sich gerade zwei Kilometer weiter südlich abgespielt hatte. Wie mein Surfkompagnon erleichtert, mit dem Schrecken davongekommen zu sein, erwähnte ich den Vorfall mit keinem Wort und wurde von meinem unvernünftigen Schicksalsgefährten gleich zu einer Runde *cervezas* eingeladen. Kopfschüttelnd registrierten unsere Familien, wie er und ich uns in der größten Mittagshitze einen kleinen Rausch antranken. Doch wir hatten ihn uns verdient.

*

Auf der Rückfahrt in die Stadt, mit offenem Verdeck in unserem klapprigen, sandverkrusteten Seat – seinerzeit noch ein wahres Vergnügen, inzwischen ein Stau-Albtraum der besonderen Art, wenn an Sommerabenden der Verkehr zwischen Salinas, Aeropuerto und südlichen Vorstädten zum Erliegen kommt und sich zermürbender Stillstand zur *unhappy hour* auswächst –, kehrten wir allwöchentlich im Can Tixedo ein, einem unscheinbaren Speiselokal an der lauten Hauptstraße des noch unscheinbareren Streifendorfes San Jorge (Sant Jordi). Im rückwärtigen Restaurantbereich, wo unter einer weinumrankten Pergola der Dorfpfarrer, die im Pacha's soeben frisch gekürte Miss Tanga nebst Galan, ganze Hochzeitsgesellschaften vom Festland und mittendrin wir, braun gebrannt und mit vom Salzwasser verklebten Haaren, Seite an Seite tafelten, wurde hervorragende Landküche zu lachhaften Preisen geboten.

Nirgends waren die *albóndigas* (Fleischklößchen) saftiger, das *lomo* (Lendenscheibchen) zarter, die *sèpias torradas* (Tintenfische) krosser, die *riñones* (Nierchen) delikater und sherrylastiger; nirgendwo sonst war bei der zentimeterdicken *tortilla española* die schlichte, aber hoch komplizierte Schichtung von Eiern, Zwiebeln, Olivenöl und *papas* (Kartoffeln) derart geglückt, war die *parrillada* (der Grillteller) reichhaltiger bestückt. Ein üppiges Mahl für *toda la familia* kostete hier über Jahrzehnte nur wenige Peseten, und sämtliche Beilagen wie Ingredienzien waren sozusagen vom Aroma der Authentizität durchdrungen. Der abschließende *coñac »ciento y tres«* war eigentlich immer *de la casa,* wurde also spendiert, und als wir noch klein waren, starrten wir in den Pausen zwischen den Gängen mit Vorliebe den steinalten Großvater des Wirtes an. Er saß in einer schattigen Ecke des Gartens, war ein sehr großer, für Ibiza-Verhältnisse sogar riesenhafter Mann, rührte sich kaum und lächelte vor sich hin. Fürwahr eine Sehenswürdigkeit.

Neben ihm hockte ein ebenso alter, räudiger Papagei im Käfig, der ganze Monologe abspulte und immer dann den *whistle song* von der *Brücke am River Kwai* in voller Länge pfiff, sobald man ihm eine *pipa,* einen gesalzenen Sonnenblumenkern, zum Aufknacken zuwarf. Den Gefallen taten wir ihm natürlich gern. Der mumienhafte, regungslose *abuelo* wirkte dabei, als schliefe er halb. Aber wir wurden den Verdacht nicht los, dass er uns aus fast geschlossenen Augenlidern böse anstarrte und sich jeden Moment auf uns stürzen würde.

Als wir Mitte der Achtziger mal wieder zum *lomo*-Schmaus und auf einen Teller Fischeintopf, die inseltypische Bouillabaisse *guisat de peix,* im Can Tixedo vorbeischauten, waren Gartenstuhl und Papageienkäfig unbesetzt.

*

Nicht gerade zum guten Ton gehört es auf Ibiza, zur Einschüchterung von Grünschnäbeln ordentlich aufzuschneiden und anzugeben. Getan wird es trotzdem. Besonders geprahlt wird, von den Veteranen unter den Wahlexilanten, mit der Anzahl von Reisen auf die Insel oder hier bereits verbrachten Lebensjahren. Als würde man eine Trophäe präsentieren, wird das Datum verkündet, an dem man zum ersten Mal den Fuß auf heilige Balearenerde setzte. Werden Rekorde hinausposaunt, die Neuankömmlinge nie werden brechen können. Und auch beim leidlichen, mit schulmeisterlichen Ratschlägen durchsetzten Dauervergleich, welcher Strand und welche Bucht denn nun am göttlichsten, am wenigsten überlaufen oder unbedingt zu meiden seien, lässt sich in den ersten Jahren insularen Daseins nicht mitreden. Manche schwören auf Enklaven und schwer zugängliche Küstenabschnitte im Norden, westlich und östlich der Calas Eubarca, Benirrás, Na Xamena, Es Portitxol, Xarraca und Portinatx. Zungenbrecherorte! Wildromantisch und jeder für sich am Ende der Welt. Manche stürzen sich gern, gegenüber des Eilandes Tagomago, bei Aguas Blancas, dem »Vater« der hiesigen Nacktbadestrände, in die Fluten. Manche haben gegen die verdreckten Stadtstrände von Talamanca, Figueretas, Santa Eulalia und San Antonio wenig einzuwenden, manchen macht es beim Eintauchen in trübes Wasser mit Badewannentemperatur nichts aus, sich zwischen Hunderten von vor Anker liegenden Motorbooten hindurchzuwinden. Manchen behagt der Pulk. Andere müssen erst stundenlang kraxeln und sich wie Robinson fühlen, um ihr Badelaken in Ruhe auszubreiten oder sich hinter einer skurrilen Felsformation in Sa Pedrera vor störenden Blicken abzuschirmen.

Stillschweigende Einigkeit unter Puristen herrscht freilich über die protzige Playa d'en Bossa – direkt in der Einflugschneise zum Flughafen, Brutstätte flüchtiger Urlaubsbekanntschaften, berüchtigter Ort »zum Abhängen« für Katergeschädigte und, ihres goldgelben, feinen Sandes zum Trotz, absolut verpönt. Man kann sich diesem Wettbewerb der einseitigen Geheimtipps, angeblichen Vorzüge und abschreckenden Einzelheiten eigentlich nur entziehen und seine eigenen Fehler und Erfahrungen machen, um später eine persönliche Hitliste aufzustellen, bevor man sich als »intimer Kenner« mit wieder neuen Empfehlungen und reichlich voreingenommen an den jeweils nächsten Inseldebütanten rächt. Deshalb folgt hier auch kein weiteres *playa*-Ranking, sondern nur eine kleine, subjektive Auswahl von schönen Fleckchen Erde.

Von meinen beiden Urstränden, nicht unbedingt ein Eldorado für Einsamkeitsfanatiker, war schon zur Genüge die Rede. Meine Favoriten liegen gleichfalls an der Südküste. Das Cap d'es Falcó liebe ich seiner Abgeschiedenheit und seines erstklassigen, auch ein wenig versnobten Restaurants wegen. Die weite Playa Es Codolar aufgrund ihrer herrlich großen Kieselsteine, zwischen denen man sich ein Sonnenbett bauen kann. Die Cala Jondal, mittlerweile sehr trendy, weil sie bei mir nostalgische Gefühle hervorruft. Sie und ihr schickes Zentrum, das Tropicana und das Blue Marlin, werden vermutlich auf geteiltes Echo stoßen. Ich kenne Jondal und Codolar noch als durch und durch spanische, von Ausländern übersehene Buchten; jetzt sind sie so etwas wie die neuen Salinas. In den bezaubernden Minibuchten rund um Es Cubells, das Cabo Llentrisca und das mythische Atlantis kommen Menschen, die Exklusivität sowie eine fantastische Wasserqualität schätzen, die beschwerliche Anfahrtswege nicht scheuen, sich an den phänomenalen Ausblicken von einer großartigen Steilküste ergötzen möchten, aber auch Esoteriker und Meditationswillige auf ihre Kosten. Von der Cala d'Hort und der Cala Moli an bis hinauf zum Cap Negret und zum Puerto de San Miguel sichert man sich, wenn es denn sein muss, schließlich die Teilhabe an den ubiquitären Sonnenuntergangsspektakeln. Ureinwohner und abgebrühte Inselinsassen wird man hier überall nur recht selten antreffen – die meisten Ibicencos machen sich sowieso wenig aus Sonnenbrand und Langzeitlethargie in Küstennähe, aalen sich nie in der Sonne, gehen nur der Kinder zuliebe ans Meer und bevorzugen dagegen ausgiebige Siestas im Schatten der Pinien. Dort, wo die Hitze eigentlich noch schwerer erträglich ist und es so schön piekt, wenn man in eine Sanddistel tritt.

Das Besuchen all dieser Traumorte setzt allerdings die Bereitschaft zu Halbtags- oder Ganztagsexkursionen voraus. Darum geht eben doch nichts über einen zwanzigminütigen Schwimm-Quickie an »meiner« Felsküste von Es Soto und Los Molinos. Zwar muss man hier die Badehose anbehalten, trifft aber endlich einmal wieder auf Einheimische, entgeht blasierten Blicken und stummen Schönheitswettbewerben, krault mit den *gitano*-Jungs um die Wette und kann sich von den Klippen in nachtblaue Meerestiefen stürzen. Wenn man Glück hat, wird man zum Auslutschen und Auslöffeln von zitronensaftbeträufelten Seeigeln eingeladen. Und wenn man noch mehr Glück hat, handelt es sich um einen Tag mit schwerer Brandung, sodass man die Gischt schmecken kann, durch kleine Hügel von angewehtem Seetang stapft und der ganze Körper schon nach Salz riecht, bevor man sich überhaupt dem Ufer genähert hat.

Jaime, der ohnehin den Wunsch verspürte, einmal neue Eindrücke in sich aufzunehmen, wanderte am nächsten Morgen nach der kleinen Hafenstadt, die ihm, der ganz Europa kennengelernt hatte, jetzt wie eine Großstadt vorkam. Er freute sich über die langen Häuserreihen, die mit roten Ziegeln ausgelegten Rinnsteine und die von buntgestreiften Markisen beschatteten Balkone. Die Schaufenster der kleinen Läden musterte er mit demselben Interesse wie früher die Luxuswaren auf den Boulevards von Paris oder in Regent Street. Lange Zeit fesselten ihn die Auslagen eines Goldschmiedes. Müde von seinem planlosen Schlendern durch das Hafenviertel und die engen steilen Straßen, die zu dem alten Fort hinaufführten, trat er mittags in das einzige Restaurant der Stadt.

Er musste fort. Auf der Insel war kein Raum für ihn. Warum auf der Insel bleiben? Welche Hoffnung hielt ihn noch? Die Insel selbst schien sich gegen den Fremden, der in ihr patriarchalisches Dasein und ihre ehrwürdigen Gewohnheiten einbrach, mit demselben wilden Stolz zu erheben wie in früheren Jahrhunderten gegen Normannen, Araber und Berber, die an ihren Küsten landeten. Widerstand war unmöglich. Seine Augen betrachteten zärtlich die ungeheure Meeresfläche. Hier lag der Rettungsweg, das Unbekannte, das uns in den schwierigsten Momenten des Lebens seine geheimnisvollen Arme öffnet.

Vicente Blasco Ibáñez
*Die Toten befehlen*, 1909

*Ibissim*

## Endstation Sehnsucht

Es ist ein Herbsttag wie aus dem Bilderbuch. Warm und wolkenlos. Klare Farben, prägnante Kontraste, leuchtendes Meer, schwacher Wind, unmerklicher Wellengang. Es ist mucksmäuschenstill. Ich stehe an der äußersten Südwestspitze Ibizas, auf der Aussichtsplattform des Piratenturms Torre d'es Savinar, und lasse den Blick schweifen. Ein sagenhaftes Panorama tut sich auf. Direkt vor mir im Meer erhebt sich ein gewaltiges, annähernd vierhundert Meter hohes Felsmassiv. Steil aufragend, mit fast vertikalen, unbezwingbaren Wänden. In Haubenform, mit seltsamen Höckern ausgestattet und einer mehrfach gespaltenen Kuppe und zur Rechten hin sanft abfallend. Zur Linken hat sich ihm ein kleines Inselchen zugesellt.

Jeder von uns ist mit dem Abbild dieses stattlichen Kolosses vertraut, von dem eine rätselhafte Wirkung ausgeht. Jeder meint, diesen steinernen Küstenwächter zu kennen, der Magie und Magnetismus gleichermaßen ausübt. Er ist auf unzähligen Werbeplakaten zu sehen, soll Konsumenten auf aller Welt zum Parfümkauf, zur spontanen Spanien-Liebe und zur Fahrt auf die Balearen verführen oder zum Buchen eines Meditationskurses animieren. Jeder hat diese fotogene Landschaftsikone schon einmal zu Gesicht bekommen, manch alter Eivissa-Hase hat ihren Anblick vielleicht sogar schon satt, sieht in ihr lediglich ein Abziehbild, ein Klischee. Wir schätzen sie ferner als Covermotiv von Mike Oldfields Album *Voyager*. Und dennoch ist ihr Image erneuerbar, zeigt sie als internationales Sehnsuchtsmotiv keinerlei Abnutzungserscheinungen. Wenn Ibiza so etwas wie ein Wahrzeichen besitzt, dann ist es diese spektakuläre Felsformation, deren Namen auch jeder wohl schon einmal gehört hat: Es Vedrá.

Wie ein schroffes Semikolon aus den Einzelteilen Vedrá und Vedranell ist das Doppeleiland, ein ziemlich ungleiches Paar und ausgesprochen mythisches Gespann, der Küste vorgelagert und liefert einen stummen, dramatischen Kommentar zum Geschehen auf der Hauptinsel ab. Zum Greifen nahe scheint es, und doch hätte wohl selbst ein geübter Schwimmer größte Mühe, es in weniger als ein oder zwei Stunden zu erreichen, gesetzt den Fall, er überwindet Untiefen und heimtückische Strömungen. Die Sonne malt heute glühende Reflexe auf die Wasseroberfläche. Ich blinzele und lasse die Wucht der Szenerie auf mich wirken. Es stimmt schon – Anblick und Gegenwart von Vedrá und Vedranell versetzen noch den abgebrühtesten Reisenden in einen Zustand der Sprachlosigkeit und Ergriffenheit. Das bloße Vorhandensein des winzigen, von Falken umflatterten und von leuchtend blauen Eidechsen bewohnten Archipels sowie seine wie von einem modernen Bildhauer geschaffene, unverwechselbare Gestalt haben die Besucher und Bewohner Ibizas zu allen Zeiten beschäftigt. So viel majestätische Ruhe er auch auszustrahlen scheint, seine sonderbare Kraft treibt die Menschen um, seine Aura macht sie paradoxerweise unruhig.

Und deshalb haben sie diesen kargen Felsgeschwistern eine widersprüchliche Vorgeschichte angedichtet. Sie haben ihrer Fantasie freien Lauf gelassen oder wie unter Zwang dafür gesorgt, dass die Kalkstein-Kathedrale, einer steinernen Gottheit gleich, von einer Fülle unwahrscheinlicher Legenden umrankt wird: Brieftauben sollen in ihrer unmittelbaren Umgebung die Orientierung verloren haben, eine Linienmaschine zum Verlassen ihrer Reiseflughöhe und zur Notlandung in Valencia gezwungen worden sein. Navigationssysteme von Booten und Flugzeugen sollen nicht mehr funktionieren; Odysseus, den Lockrufen betörender Sirenen blindlings folgend, soll hier gestrandet und sein Schiff an den Riffen des Vedrá zerschellt sein. Es geht die Mär vom Vedrá als Landeplatz für Ufos, als Relikt des verschwundenen, im Meeresschlund versunkenen Kontinentes Atlantis und als Urzeitstätte für die Feier eines Hexensabbats. Man erblickt in ihm eine spiritistische Pyramide, ein mysteriöses, von Störenergien geleitetes Kraftfeld; man glaubt allen Ernstes, er sei Teil eines magischen Bermudadreiecks, in dessen Zentrum Unschuldige der Welt spurlos abhandenkommen.

Des Nachts wollen Fischer gigantische Lichtfelder unter der Wasseroberfläche erblickt haben; leuchtende, pulsierende Kreise von unglaublichem Durchmesser sollen wie Signale aus der Tiefe des Meeres zu ihnen emporgesandt worden sein. Jeder, der sich dem Zauberberg schwimmend nähere oder auf ihm wandernd unterwegs sei, laufe Gefahr, sich zu verirren und unwiderruflich verloren zu gehen, heißt es, so wie es den Internatsschülerinnen aus einem viktorianischen Mädchenpensionat im australischen Mystery-Film *Picnic at Hanging Rock* ergangen war. Seit dem Altertum ist von einem todbringenden Sog die Rede, der jeden Eindringling unweigerlich erfassen müsse. Man munkelt auch von einem durchgedrehten Motorradfreak, der sich heimlich mit den Einzelteilen seiner Harley Davidson auf den Felsen begeben, sein Gefährt dort komplett zusammengebaut und sich hernach, auf der wieder rekonstruierten Höllenmaschine, von dessen Gipfel in die Tiefe gestürzt habe. Und man erzählt sich die (wahre) Geschichte vom erzkonservativen Karmeliterpriester Don Francisco Palau y Quer. Während seiner sechsjährigen Verbannung gegen Mitte des 19. Jahrhunderts, einer Zeitspanne großer Entbehrungen, die er hier in einer Höhle, geschützt vor Naturgewalten, zubrachte, wandte er sich der Mystik zu. Im Angesicht des Felsblocks hatte der einstige Mönch Visionen von Lichtgestalten im Heiligenschein, die nicht der Erde entstammten, sondern von weit her kamen. Wesen, mit denen er sogar kommunizierte. Ihn, einen Isolierten und Verstoßenen, führte Es Vedrá zur inneren Erleuchtung, und er gründete im nahen Es Cubells eine Einsiedelei.

Der Dichter Rafael Alberti, Mitglied der berühmten Autorengruppierung »Generación del 27«, besuchte die Insel achtzig Jahre später, im Sommer 1936, wohnte in den Windmühlen in Mar-Blau-Nähe und befand, dass dieser »seltsame und gigantische Felsen aus sicherer Entfernung vom Ufer geheimnisvoll und hochmütig aufsteigt«. Alberti kam zu Ohren, »dass seine Büsche Honig träufeln und wilde Ziegen hier wohnen. Das Meer wird vor Es Vedrá von durchsichtigen blauen Bändern bewegt, die den Felsen schüchtern und [zugleich] zärtlich zu umgürten scheinen.« Gemeinsam mit der punischen Fruchtbarkeitsgöttin Tanit, einer gleichsam aristokratischen, vornehmen Dame, und dem zwergenhaften ägyptischen Schutzgott Bes, einem grotesken Männlein, wacht der gebieterische Vedrá seit grauer Vorzeit über das Wohlergehen Ibizas. Ein mächtiges Triumvirat, das sowohl segenspendend als auch strafend wirken kann.

*

Doch bei niemandem hinterließ das spanische Stonehenge, in dessen Umfeld selbst die Gottesmutter Maria gesichtet worden sein soll, einen nachhaltigeren Eindruck als bei Jaime Febrer, dem Protagonisten von Vicente Blasco Ibáñez' abgründigem, finsterem Ibiza-Roman *Die Toten befehlen (Los muertos mandan)*, verfasst zu Beginn des vergangenen Jahrhunderts. In ihm spielt, als symbolischer Gegenpart zum Vedrá, auch der 1763 errichtete Piratenturm eine zentrale Rolle, zu dessen Füßen man in unseren Tagen die Aussichtsplattform Mirador d'es Savinar errichtet hat.

Im zweiten Teil von Ibáñez' Geschichte hat sich Febrer, ein stolzer Mallorquiner und letzter Spross einer alteingesessenen und angesehenen, inzwischen jedoch völlig ruinierten Familie aus Palma, nach Ibiza geflüchtet, um sich vor seinen Schuldnern in Sicherheit zu bringen und einer undenkbaren Eheschließung mit einer vermögenden *chueta*, einer jüdischen Zwangskonvertitin, im letzten Moment zu entgehen. Er entscheidet sich für ein spartanisches, freudloses Leben in der Weltabgeschiedenheit des ibizenkischen Südens; von einem treuen Pächter wird er fürsorglich beherbergt und beschützt. Vom armseligen Dasein der Bevölkerung Ibizas zeichnet er ein düsteres Bild – und ebenso von deren erschreckender, wenn auch historisch begründeter Gewaltbereitschaft: »Jahrhundertelang mussten die Bewohner dieser Insel Angriffe von Piraten und Korsaren abwehren. Noch heute machten die Dorfkirchen den Eindruck von Befestigungen. Die ständigen Gefahren und unaufhörlichen Kämpfe hatte eine Bevölkerung geschaffen, die, an Blutvergießen gewöhnt, ihr Recht mit der Waffe in der Hand verteidigte.«

Febrer muss auf jeglichen Komfort verzichten und findet Unterschlupf im Torre del Pirata, den seine ibizenkischen

Freunde notdürftig hergerichtet haben. Auch der Torre ist ein Überbleibsel aus Zeiten, in denen sich die Ureinwohner mit aller Macht gegen die Attacken der feindlichen Seeräuber zur Wehr setzen mussten. Praktisch die gesamte Insel war nahe der Küste und in angrenzenden Regionen mit solchen Wachtürmen übersät. Die Sicht reichte weit aufs Meer und auf vorgelagerte Inselchen hinaus, anrückende Flotten konnten rechtzeitig ausgemacht werden. Die Anordnung der Türme folgte einem ausgeklügelten System, das rasche Verständigung, das Entzünden von Feuern, das Herbeirufen von Verstärkung und Rückzugsmöglichkeiten ins Landesinnere ermöglichte.

Jaime inspiziert seine neue Behausung, in der er direkt über dem Meer thront. Rauchzeichen braucht er gottlob keine mehr auszusenden. »Der Turm besaß nur einen einzigen Raum, ein kreisrundes Gemach mit dem großen Fenster nach der offenen See. Die Mauer war so stark, dass Tür- und Fensteröffnungen wie kleine Tunnels erschienen.« Man hatte die Wände »sorgfältig mit dem blendend weißen Kalk von Ibiza verputzt, der sogar den elenden Hütten der ärmlichsten Weiler ein freundliches« Aussehen gibt. Jaime verwandelt sich allmählich in den einsamen Herrscher von Es Savinar. »Um jegliche Überraschung durch die Piraten zu vermeiden, hatten die Wächter in alten Zeiten den Turm mit einer Leiter bestiegen, die bei Einbruch der Nacht hereingezogen wurde.« Die Decke ist rauchgeschwärzt, weitere Fenster sind durch »zusammengenagelte und durch eine Querleiste versteifte Bretter« verschlossen. Der ehemalige Mann von Welt entsagt allen Vergnügungen, gewöhnt sich aber rasch an seine klösterliche Existenz, beginnt gar, seinen Zufluchtsort ins Herz zu schließen. Stundenlang, tagelang, wochenlang liegt er meditierend auf seiner Schlafstatt und übt sich in Kontemplation.

Ständig hat er den Vedrá vor Augen, für ihn das Sinnbild seines früheren, verpfuschten Bohème-Lebens. Eine Blockade, die nur durch eine veränderte innere Einstellung überwunden werden kann. Möglichst nichts sehen, möglichst nichts denken müssen. »In Jaimes Rücken [hingegen] erstreckte sich die wildzerrissene Küste von Ibiza, deren rotes Gestein wie in Feuer getaucht schien.«

Um sich die Zeit zu vertreiben, etwas Essbares zu organisieren und seine aufkeimenden Gefühle für die attraktive Pächterstochter Margalida wenigstens tagsüber in Schach zu halten, fährt Febrer mit dem alten Kauz Ventolera in einer kleinen Barke zum Fischen aufs Meer hinaus. Fündig werden die beiden Männer im Schatten des überwältigenden, sich vor ihnen emporreckenden Vedrá-Massivs. Binnen Kurzem gerät nun auch der Mallorquiner in dessen Bann. Ibáñez' Romanheld vergisst alles um sich herum und ist wie »versunken in den Anblick des riesigen Felsens. Durch Klippen, die ihn wie eine Mauer umgaben, drängte sich das Meer in große unterirdische Grotten. Früher ein Zufluchtsort für die Piraten, dienten sie heute den Schmugglern noch manchmal als Versteck. Von Fels zu Fels springend, konnte man bis zu den Sevenbäumen gelangen, die am Fuße des Berges wuchsen, aber vergebens suchte man nach einer Möglichkeit, an den glatten, steilen Wänden emporzuklimmen. Näher zum Gipfel lagen sanfte, grün bewachsene Abhänge, auf denen« er »rotbraune und weiße Tiere sich bewegen sah. Es waren die wilden Ziegen des Vedrá.« Je länger er in der Nähe des steinernen Ungetüms angelt, desto mehr befällt ihn Verunsicherung. Er fühlt sich von der grausamen, weil unsichtbaren Macht des Vedrá in den Abgrund gerissen. Und er fürchtet, den Verstand zu verlieren.

Für Jaime, das ist die irritierende Bilanz seiner ersten, asketischen Monate auf der Insel, liegt somit zweifelsfrei ein Fluch über Ibiza. Es gelingt ihm nicht, sich zu integrieren. Sitten und Gebräuche bleiben ihm verschlossen, er handelt sich Misstrauen und Feindseligkeit ein. Mehr und mehr hadert er mit seinem Schicksal, wird sich seines Außenseitertums bewusst; er stößt sich am schroffen Gebaren der Menschen und an ihrer Verschlagenheit, ihn befremdet ihr widersprüchliches, unverständliches Auftreten: »Wie jedermann auf Mallorca hatte auch Febrer an die Wildheit der Bewohner von Ibiza geglaubt. Umso mehr überraschte ihn ihr höfliches Benehmen, wenn er ihnen begegnete. Häufig kam es vor, dass sie einander töteten, aber der Fremde wurde von ihnen mit derselben traditionellen Gewissenhaftigkeit respektiert, die der Araber dem Mann entgegenbringt, der um Gastwirtschaft unter seinem Zelt bittet.«

Als Zaungast beobachtet Jaime die jungen Männer und Frauen beim Dorffest von San José beim Tanz, lauscht den Flöten, den Tambourinen und den Kastagnetten. Fasziniert und zugleich abgestoßen ist er von der Anarchie und Aggressivität der umeinander werbenden Jugendlichen sowie von der erotischen Energie, die sich in ihren Verrenkungen und Sprüngen entlädt: »Es war eine endlose Folge von frenetischen Bewegungen, wie in den Kriegstänzen der afrikanischen Stämme, nur von dem Rhythmus der Musik geleitet.« Mit wachsendem Entsetzen nimmt er wahr, wie Gewalt, als unverzichtbarer Bestandteil archaischen Insellebens, auch in diesen sonntäglichen Vergnügungen ihren festen Platz hat. Es knallt überall auf dem Dorfplatz, weiße Rauchwolken breiten sich aus. Als »höchste Huldigung eines tapferen Mannes« sind Schüsse abgefeuert worden, direkt vor die Füße der begehrtesten Tänzerinnen. Wie gelähmt vor Furcht und auch von einer namenlosen Wut erfüllt, konstatiert der Städter: »Man liebte es überhaupt auf Ibiza, seinen Gefühlen durch die Pistole Ausdruck zu verleihen.«

Febrer gewinnt immer stärker den Eindruck, es in Wahrheit mit einem Volk von Banditen zu tun zu haben. Mit gesetzlosen Gesellen, die auch vor Mord und Totschlag nicht zurückschrecken. Mit maulfaulen Revolverhelden, die ihm systematisch aus dem Weg gehen oder ihn hasserfüllt anstarren. Jaime hat unterdessen den Kontakt mit der Zivilisation verloren. Auf dem unwirtlichen Lande von der Außenwelt abgeschnitten, erreicht ihn nur noch selten ein Brief, fast nie mehr liest er Zeitung. »Das kleine Städtchen auf Ibiza mit seinen stillen, verschlafenen Straßen erschien ihm« beinahe »wie eine ferne Großstadt«. Lediglich die vage Aussicht auf erwiderte Liebe vermag ihn aus seinen trüben Gedanken aufzuscheuchen. Wie um sich noch weiter zu demütigen, beteiligt er sich am inseltypischen Ritual des *festeig*, der Brautwerbung, in der Hoffnung, die Gunst der jungen Margalida zu erringen. Schier aussichtslos ist dieses Unterfangen: Seine Rivalen sind durch die Bank halbwüchsige Knaben, heiratswillige Jünglinge, darunter ein Sänger und ein Schmied. Vom gleichen sozialen Rang wie die Angebetete und damit ernsthafte Bewerber. Mit seiner Kandidatur macht sich Febrer, ein Mann in den besten Jahren, ein Zugereister ohne richtigen Beruf und Angehöriger einer privilegierten Schicht, vollends lächerlich in den Augen der Dorfbevölkerung und düpiert darüber hinaus seinen Gastgeber, den Vater des schönen Mädchens.

Beim ibizenkischen *festeig,* einer jahrhundertealten Tradition, empfing die zukünftige Braut die Heiratskandidaten im Elternhaus, Mutter und auch Vater waren in der Regel anwesend. Es war Sitte, dass die Umworbene ihren Sonntagsstaat anlegte und sich in die Mitte des Raumes setzte, neben sich einen freien Stuhl. Wer zuerst kam, mahlte zuerst und durfte neben ihr darauf Platz nehmen, sie schüchtern von der Ernsthaftigkeit seines Antrags überzeugen und ihr einige Koseworte ins Ohr flüstern. Die Verweildauer war jedoch befristet. Einem potenziellen Freier nach dem anderen wurde nun vor versammelter Mannschaft einige Minuten der Unterredung gewährt, während die Konkurrenten ungeduldig darauf warteten, an die Reihe zu kommen. Alle konnten zuhören – eine peinliche Situation. Jeder Junge versuchte sich im besten Licht zu präsentieren, seinen Vortrag mit Schmeicheleien zu spicken, die Mitbewerber auszustechen und somit das Interesse der tugendhaften Tochter zu wecken. Dauerten die vertraulichen Gespräche zu lange, wurden sie durch Geräusche seitens des Publikums übertönt, durch Steinwürfe unterbrochen oder mit einem Machtwort des Vaters abrupt beendet. Überschreitungen der Regeln wurden nicht geduldet. Wenn ein Streit unter mehreren Widersachern entbrannte, wurde er nicht vor Ort, sondern gleich auf dem Nachhauseweg, im Schutze der Dunkelheit, geregelt. Notfalls mit Waffengewalt. Duelle, bei denen man sich gegenseitig schwere Verletzungen zufügte, und sogar Tötungen unter Nebenbuhlern waren dabei keine Seltenheit.

Das makabre Spiel aus öffentlichem Flirt, Messerstechereien und nächtlichen Schüssen wiederholte sich am nächsten und am übernächsten Sonntag. Wie ein Reigen. So lange, bis das Mädchen seine Wahl getroffen und sich für einen der jungen Männer entschieden hatte, den sie sich beim darauffolgenden Kirchgang dann demonstrativ an ihre Seite holte. Damit waren weitere Belästigungen und Bewerbungen ausgeschlossen: Sie galt als Versprochene und Verlobte. »In diesem kurzen Frühling ihres Lebens war die Frau auf Ibiza wirklich eine Königin«, schreibt Blasco Ibáñez über den uralten Brauch des *festeig*. »Mit der Heirat verzichtete sie für immer auf irgendwelche Herrschaft und Rechte, bebaute wie ihr Mann das Feld und wurde nicht höher eingeschätzt als ein nützliches Haustier.«

Seine alberne, trotzige Einmischung in den Wettbewerb um Margalida kostet Jaime Febrer beinahe das Leben. Er ist zu weit gegangen. Angetrieben von Eifersucht, Rachegedanken und blinder Wut, stellen die Freier ihm, einem Tagedieb und in die Jahre gekommenen Fremden, gezielt und skrupellos nach. Um ihn zu beseitigen, verstecken sie sich in einem Hinterhalt an der Küste, bedrohen ihn und verüben zuletzt feige, anonyme Mordanschläge auf den mallorquinischen Eindringling. Des Nachts lauern sie ihm auf – in seinem Piratenturm ist er umzingelt. Setzt er sich zur Wehr und zeigt sich außerhalb seines Verstecks, riskiert er, erschossen zu werden; verhält er sich passiv, ist er gefangen wie die Maus in der Falle. Febrer, der die Brutalität der jungen Burschen unterschätzt und gut gemeinte Warnungen seiner Freunde zu lange in den Wind geschlagen hat, wagt schließlich die Konfrontation. Er stellt sich dem unausweichlichen Kampf und nimmt, um der Liebe willen und um seinem sinnlosen Dasein kurz vor Schluss minimale Bedeutung zu verleihen, den Tod in Kauf. Es kommt zu dramatischen Schusswechseln und zum finalen Showdown, bei denen der Held schwer verletzt wird, seine Widersacher aber unschädlich machen kann.

Blasco Ibáñez gönnt seinen Gestalten und den Lesern seines Schauerromans in buchstäblich letzter Minute doch noch ein Happy End – der Albtraum ist vorüber, viel Glück war im Spiel. Jaime darf erfolgreich um die Hand seiner Inselschönheit anhalten; seine erbitterte Selbstverteidigung, die zur grässlichen Verstümmelung und zum qualvollen Tod seiner Angreifer führte, wird als Notwehr interpretiert; einer Anklage kann er somit entgehen. »Für Febrer begann ein neues Leben«, so lautet die Quintessenz des Buches, das über weite Strecken wie eine Paraphrase des Sprichwortes »Hochmut kommt vor dem Fall« interpretiert werden kann. »Die Not seiner Seele war vorüber.« Der wankelmütige, mit dem Feuer spielende Protagonist ist zu guter Letzt dem Totenreich entronnen, dessen Sieg er schon als unabänderlich betrachtet hatte, und stattdessen glücklich den Befehlen der Lebenden »und im Leben der Liebe« gefolgt. Er hat dem unheimlichen Bannstrahl des Vedrá ausweichen, sich den zerstörerischen Kräften Ibizas widersetzen können. Wenn man so will, eine Wiederauferstehung.

*

Licht- und Schattenseiten, Lebenszugewandtheit und tödliche Bedrohung, eine fast irreale, paradiesische Ausgewogenheit und extreme, jähe Gewaltausbrüche liegen offenbar auf dieser Insel der Götter dichter beieinander, als es sich so manch naiver Ibiza-Anfänger hat träumen lassen. Den sanften Hügeln, den schönen Küsten, der eigensinnigen Landarchitektur wohnt auch etwas Trügerisches inne. Die natürliche Balance ist jederzeit gefährdet. Wie eine schlummernde Edelkatze kann sich die freundliche, weltoffene Attitüde des Eilands jeden Moment in ein lauerndes, vernichtendes Raubtier verwandeln, zuschlagen und grausame Spuren hinterlassen. Glücksgarantien werden nicht gegeben, Erwartungen dafür bitter enttäuscht.

Wer etwa als Ruhesucher vorhat, wie Albert Camus in den

Dreißigerjahren des 20. Jahrhunderts, hier gedankenversunken einer befriedigenden »Idee der Langsamkeit« nachzuspüren, der Stille auf den Grund zu gehen und einen Zustand der Weltentrücktheit herbeizuführen, hat sich an unzähligen Schauplätzen auf deren genaues Gegenteil einzustellen: Chaos und Remmidemmi allerorten, Ballermann-Aktivitäten und selbstzerstörerische Drogenexzesse. Mafiastrukturen, Einbrüche, Bandenkriege, ungeklärte Todesfälle. Babylon Ibiza.

Wer sich, wie Walter Benjamin als politischer Exilant des Jahres 1932 bei der ersten Kontaktaufnahme mit der terra incognita der Balearen, darauf verlässt, dass die »Gelassenheit und Schönheit der Menschen – nicht nur der Kinder – und dazu das fast gänzliche Freisein von Fremden, das man durch sparsamste Informationen über die Insel zu wahren hat«, sich als ideale Empfindung perpetuieren lässt, muss Desillusionierung in Kauf nehmen: Schon bald kann ihm, dem anfangs von Freundlichkeit und Charme Geblendeten, »die recht unerfreuliche Natur der Dorfbewohner zusetzen« und schlimmstenfalls ein Todfeind über den Weg laufen – Benjamin wäre 1933 um ein Haar in der Nähe des Leuchtturms Coves Blanques bei San Antonio dem faschistischen Diktator General Franco und seinen Begleitern begegnet. Oder ihn wird die Option einer unbegrenzten Verlängerung seines Aufenthaltes mit Entsetzen erfüllen: »Einem Winter auf Ibiza jedenfalls hätte ich nur mit Grauen entgegensehen können«, schrieb über die ungeliebte Erde derselbe Philosoph, der wenige Monate zuvor noch »die unberührteste« Landschaft pries, »die ich je gefunden habe«. Derselbe einsame Schriftsteller, der gemeinsam mit einem Enkel Paul Gauguins in verträumten Buchten dem Langustenfang nachging und sich von einem Arkadien entzückt zeigte, »wirklich seitab des Weltverkehrs und auch der Zivilisation«.

Benjamin war durchaus für die idyllischen Aspekte seiner Gastinsel empfänglich, mehr noch nahmen ihn aber deren abweisende, strenge Züge gefangen, und er fühlte sich unangenehm daran erinnert, dass die Balearen nur wenige Generationen zuvor als Ort der Verbannung schlechthin galten. Befand auch er sich in einer solchen? »Es regnet und das Licht, das alle Dinge hier vom Himmel her so schonungslos beansprucht, verzieht sich, um sie der Erde zurückgeben. Die weißen Häuser in ihren Kaktushecken von einem Getümmel stürmender grüner Geister bedrängt.« Beschreibungen von Alltagsszenen und Topografie, wie sie in seine Korrespondenz einfließen, trugen surreale Züge, ähnelten Standfotos aus Filmen von Buñuel oder antizipierten den Neorealismus eines Pasolini. Archaisch und Furcht einflößend wirkten Menschen und Natur auf den unglücklichen und zunehmend orientierungslosen Sommerfrischler. »Der Strand ist unbebaut; eine steinerne Hütte steht abseits im Hintergrunde«, heißt es in einem seiner ausführlichen Ibiza-Briefe vom Juni 1933. »Vier oder fünf Fischerboote waren hoch ans Ufer hinaufgezogen. Neben diesen Booten aber standen, über und über schwarz verhangen, nur die ernsten, starren Gesichter unverkleidet, ein paar Frauen. Es war, als ob das Wunderbare ihrer Anwesenheit und das Ungewöhnliche ihres Aufzugs einander die Waage gehalten hätten, so dass gleichsam der Zeiger einstand und mir gar nichts auffiel.« Bilder der Trauer und des Todes, Vorboten einer unheilvollen Zukunft.

Im selben Sommer unternahm Benjamin eine einsame Mondscheinwanderung auf den höchsten Gipfel Ibizas, »die Atalaya von San José«. In Sichtweite des Vedrá. Knapp vierzig Jahre später ereignete sich genau hier, in den von Nebel umhüllten Gebirgsflanken von Ses Roques Altes nahe dem 475 Meter hohen Sa Talaia de Sant Josep, ein schweres Flugzeugunglück. Der 7. Januar 1972, als über hundert vornehmlich einheimische Reisende von ihrem Weihnachts- und Neujahrsurlaub aus Madrid und Valencia zurückkehrten und ihr Iberia-Jet, wohl aufgrund eines defekten Höhenmessers, beim Landeanflug in den Bergen zerschellte, war ein rabenschwarzer Tag für die Insel.

Rabenschwarz waren auch die Aussichten für den deutschen Gelehrten, den der nächtliche Ausflug zum ibizenkischen Hausberg nicht von seinen pessimistischen Vorahnungen abzulenken vermochte. Sein Inselaufenthalt diente ihm, in seinem ersten Ibiza-Sommer 1932, lediglich als Übergang zum Pariser Exil. Eine sichere Existenz als Wissenschaftler und einflussreicher Schriftsteller schien ihm verbaut; ihm wurde bewusst, dass ein mörderisches Regime ihm binnen Kurzem nach dem Leben trachten würde. Er trug sich, während er aphoristische Absätze mit dem Titel *Ibizenkische Folge* notierte, schon damals mit Selbstmordabsichten, und er reiste noch im selben Sommer nach Nizza weiter. 1933 war er wieder zurück, vornehmlich, weil er hier in San Antonio seinen Lebensunterhalt mit geringen Mitteln bestreiten konnte. Mit Sorge und Abscheu beobachtete er die sich schon damals abzeichnenden, dem fragilen Gleichgewicht der Natur abträglichen touristischen Entwicklungen; zugleich verliebte er sich in eine niederländische Malerin. Doch obwohl er hier mehrere Reiseerzählungen und bedeutende Essays schuf und seine Reflexionen zur Kunst des Erzählens ausbauen konnte, häuften sich die Enttäuschungen, bot ihm die Insel keine Perspektiven mehr. Ibiza, der Ort, an dem er auch mit Drogen experimentiert hatte, an dem er mit Hasch und Opium in Berührung kam, war für Benjamin zu einer Sackgasse des Daseins geworden. Zu einem trostlosen Warteraum, aus dem ihn niemand herausholte oder herausrief.

*

Eine außergewöhnliche, um nicht zu sagen existenzielle Zerreißprobe stand auch der Neuseeländerin Janet Frame auf Ibiza bevor. Wir kennen die faszinierende Künstlerpersönlichkeit und verwundbare Gestalt aus Jane Campions epochalem Biopic *An Angel at My Table*. Ein knappes Vierteljahrhundert nach Benjamin gelangte die angehende Autorin, psychisch bereits versehrt durch eine ungemein tragische Familiengeschichte und durch eine fatale Fehldiagnose, aufgrund derer sie sich in psychiatrischen Anstalten wiederfand und mit Hunderten von Elektroschocks zwangs-»therapiert« wurde, im November 1956 auf die Insel. Selbst am anderen Ende des Erdballs war die Kunde von der fantastischen Insel von der zerbrechlichen, schüchternen und asexuellen jungen Frau vernommen worden; auch sie, inzwischen zweiunddreißigjährig, erlag den Sirenenrufen aus der europäischen Ferne und erhoffte sich viel – zu viel – von der exotischen *isla blanca*: ideale Schaffensbedingungen, Freiheit, ein Leben zu erschwinglichen Preisen und womöglich die große, romantische Liebe.

Frame war zum damaligen Zeitpunkt übersensibel, reiseunerfahren und gründlich verwirrt – nicht unbedingt die optimale Ausgangsbasis für ein hartes Pflaster wie die Altstadt von Ibiza, wo sie als alleinstehende Ausländerin und »ehemalige Schizophrene« ziemlich schnell an ihre Grenzen stieß. Doch ließ sie sich nicht ins Bockshorn jagen, mietete sich in einem billigen Zimmer ein, mied die arrogante, oberflächliche anglophone *island community* und suchte stattdessen den Kontakt zu den einfachen Leuten. Mit den Dienstmädchen ihres Vermieters freundete sie sich an, gab sich große Mühe beim Erlernen der Landessprache und entdeckte, getragen von Euphorie, täglich neue Wunder in ihrer *mirror city*. Im Vergleich zum heimischen Neuseeland erschien ihr Ibiza als die bei Weitem bessere, weil heile Insel. Schreckliche Begebenheiten aus Bürgerkriegszeiten, von denen man ihr berichtete, wurden ausgeblendet; dass während des entbehrungsreichen Winters zahllose arme Kinder sterben mussten, erwähnte sie in ihrer Autobiografie nur beiläufig. Bald war sie stolz darauf, nicht mehr als »Touristin« oder »böse Amerikanerin« durchzugehen, sondern von den einheimischen Frauen als tugendhafte Einzelgängerin respektiert zu werden. Bald verkehrte sie ausschließlich in spanischen Kreisen, ohne freilich wirklich dazuzugehören, imitierte das schlichte, von ihr verklärte Dasein der Angestellten, brach aber immer erneut mit dem Fahrrad zu Erkundungstouren in entlegene Regionen auf. Sie erkundete die Salinen, wagte sich in die Wälder. Dorthin, wo, so hatten ihre übervorsichtigen Freundinnen Catalina und Francesca sie gewarnt, »Banditen und wilde Männer herumstreunten«.

Der beginnende Frühling, den sie unter blühenden Mandelbäumen liegend erlebte, versetzte sie in Ekstase. Die Reinheit und Harmonie der Landschaft, die tröstliche Unverdorbenheit der Schöpfung führten dazu, dass ihr das Herz aufging und sie sogar heimatliche Gefühle hegte – ihr war, als sei sie schon immer auf Ibiza zu Hause gewesen. Um es mit den Worten des Dadaisten und Ibiza-Pilgers Raoul Hausmann, in Bezug auf Naturbewunderung und -schilderungen durchaus ein Vorgänger von Frame, zu sagen: »Nichts, kein Mensch, nur Raum erfüllt von Licht, wohltuender Duft. Geruch von Romani. Doch Einsamkeit ist's nicht, überall sind weiße Häuser in der Landschaft verstreut.«

Frame fühlte sich verwegen und wie neugeboren, endlich zum Schreiben befähigt, und sie erlag dem Irrglauben, sich bereits in eine perfekte Ibicenca verwandelt zu haben – sie träumte sich in die voraussetzungslose Identität einer bescheidenen Frau hinein, die sich nichts aus Mannsbildern machte, auf dem Markt nur die preiswertesten Fische kaufte und ihre Wohnungstür im Vertrauen auf die Anständigkeit ihrer Mitmenschen unverschlossen ließ. Dass dies Äußerlichkeiten blieben, dass sie vom Seelenleben der simplen, ungebildeten Stadtbewohner auch nicht die geringste Ahnung haben konnte, selbst wenn sie sich öfter in deren privaten Lebensräumen aufhalten mochte als andere *residentes,* entging ihr. Frame bewahrte sich aber ihre Fiktion: Ibiza entsprach ihren Vorstellungen und Träumen, und wo das einmal nicht zutraf, bog sie sich die Realität ein klein wenig zurecht. Ibiza bot ihr die Utopie einer intakten Familie. Ibiza verkörperte friedliche Authentizität, Ibiza wirkte kerngesund auf ein verunsichertes Menschenkind wie sie, die jahre-, ja jahrzehntelang über ihren Kopf hinweg zur Kranken abgestempelt worden war. Ibiza hatte sie widerstandsfähig gemacht und ihr die Gewissheit verschafft, zum Überleben tauglich zu sein. Endlich hatte sie Wurzeln geschlagen.

Die unverhoffte Begegnung mit zwei alleinstehenden Amerikanern, mit dem Maler Edwin und mit Bernard, einem vagabundierenden Pseudoliteraten, brachte die verhängnisvolle Wende. Janet Frame musste sich eingestehen, dass ihr Erfahrungshorizont bislang dort endete, wo ihre Körperlichkeit begann, dass sie die ganze Palette der Sinnlichkeit auf die Bereiche Seele und Ratio beschränkt und ihre Sexualität viel zu lange unter Verschluss gehalten hatte. Sie sah den Moment gekommen, sich auch in dieser Hinsicht zu vervollkommnen, und wollte nicht länger aus der Menge der Liebesfähigen und Begehrenswerten ausgeschlossen sein. Nunmehr war sie wild entschlossen, ihre Jungfräulichkeit zu verlieren. Sie erkor Bernard dazu aus, diese Tür für sie aufzusperren und sie in das geheimnisvolle Reich der Lust einzuführen. Und erstmals empfand sie auch starkes Verlangen nach einem Mann und nach Bernards »verrückten Augen«, eine Gier, die sie schließlich in dessen »weißem Haus am Strand« stillte. Vollständiges Glück breitete sich aus; sie war zum ersten Mal seit Jahrzehnten wieder mit sich selbst im Einklang. Die Nächte verbrachte sie fortan mit dem talentierten Entdecker ihrer verborgenen Empfindungen, tagsüber versuchte sie, den Schein der keuschen Solitärin aufrechtzuerhalten. Womit sie nicht gerechnet hatte: Sie hatte ein Tabu gebrochen. Die Affäre mit Bernard, in den Augen der Insulanerinnen eine wilde Ehe und keinesfalls akzeptabel, entlarvte sie als Schamlose und als »Teufelin«. Ihre Romanze entfremdete sie ihren spanischen Freunden auf der Stelle. Die *mirror city* zeigte ihr jetzt ein fratzenhaftes Spiegelbild.

Sie fühlte sich hin- und hergerissen zwischen ihrem einheimischen Umfeld und den neuen Bekanntschaften, aber das Pendel schlug immer öfter zugunsten der *expats* aus. Frame lernte durch Bernard die maßgeblichen Ausländerzirkel kennen, eine selbsternannte Insel-Elite, setzte sich mit dem Konsum und den Auswirkungen von Drogen auseinander, traf weitere Maler und Filmemacher und wurde regelmäßiger Gast ausgefallener und auch bereichernder kultureller Veranstaltungen. Wie sehr sie die ihr freundlich gesinnten Ibicencas mit diesem moralisch verwerflichen Doppelleben vor den Kopf stieß, wie sehr sie sich in deren Augen auch als doppelzüngige, nicht vertrauenswürdige Person entpuppte, entging ihr vorerst. Gleichzeitig erfuhr sie, dass ihrem Liebhaber die so stimulierenden körperlichen Vereinigungen nicht annähernd so viel bedeuteten wie ihr – als sie en passant eine mögliche Schwangerschaft erwähnte, eine gemeinsame Zukunft in Betracht zog und ihm das ganze Ausmaß ihrer Erwartungen an singuläre, erfüllende Liebe vor Augen führte, reagierte Bernard mit harscher Zurückweisung und verletzendem Desinteresse.

Damit war für die desillusionierte, gerade erst entjungferte Literatin das Verhältnis so schnell vorüber, wie es begonnen hatte. Sie machte mit Bernard Schluss. Nicht einmal einen Monat lang waren sie ein Paar gewesen. Sie weigerte sich standhaft, ihn in ihre Wohnung hineinzulassen, und durfte sich auf der Stelle neuer Gunstbezeugungen ihrer *amigas* sicher sein. Die jungen Frauen triumphierten. Die plötzliche Abreise ihres so schnöde abservierten *amante* setzte ihr dennoch heftig zu. Gefühlsleere breitete sich aus, »ihre« Insel zeigte ihr die kalte Schulter. Ihr war zumute, als habe jemand die Vorhänge zugezogen und sie im Dunkeln sitzen lassen. Sie litt unter der von ihr selbst herbeigeführten Sprach- und Lieblosigkeit. Als sie gegen Ende des ibizenkischen Frühlings im März 1957 verbittert und unzufrieden die Anker lichtete und das Weite suchte, fühlte sie sich von Ibiza enttäuscht. Tatsächlich, so stellte sich auf dem nicht weniger abweisenden Festland bald heraus, erwartete sie ein Kind. Ihr Inseldasein wurde zur Schimäre und, mit fortschreitender zeitlicher und räumlicher Entfernung, zu einer literarischen und auch literarisierten Erfahrung. Dass indessen auch sie ihren Partner als willigen Liebesdiener benutzt und die glücksspendende »augusta insula« funktionalisiert haben könnte, damit ihre wünschenswerte Menschwerdung in vollem Umfang erfolgen konnte, kam Frame nicht in den Sinn.

*

Unzählige prominente und anonyme Ibiza-Besucher haben das gastliche und so überaus freigiebige Eiland als janusköpfig erlebt und die zwiespältigen Erfahrungen, die sie auf ihm machen durften oder ausdrücklich zu machen bereit waren, seiner Wesenhaftigkeit angelastet. Je nachdem, wie es sich in die eigene Lebensgeschichte fügte, wurde ihm die Schuld an frustrierenden Vorfällen in die Schuhe geschoben oder die als positiv und beflügelnd erlebte Steigerung der Empfindungen als Verdienst gutgeschrieben. In Ibiza verliebte Menschen, die sich hier für Jahrzehnte niederließen, sahen das weitaus differenzierter. Sie wussten um ihre Eigenverantwortlichkeit. Deshalb neigten sie nicht so sehr dazu, ihr persönliches Scheitern oder ihr individuelles Inselglück den vermeintlichen Charakterzügen dieser herben Schönheit zur Last zu legen. Alle zusammengenommen veränderten sie deren Antlitz, modellierten und bearbeiteten es, sorgten dafür, dass es Falten bekam und auch Lachfältchen, verschoben die Jekyll- und Hyde-Anteile. Viele beteiligten sich an der Gestaltung des Januskopfes.

*

Für das Gros seiner Gäste blieb Ibiza eine Durchgangsstation. Für den jungen Cees Nooteboom allemal. Der Romancier und Reiseschriftsteller versuchte sich hier 1963 an einem »Buch über Neurosen und Angst. Ein komisches Buch. Ein hysterisches Buch.« An einem Text, der selbst bereits wieder janusköpfige Züge trug und an dessen Ende die Erkenntnis stand, dass er damit »auf dem Holzweg war. Man muss sich selber gar nicht vernichten, um zu schreiben.« Nooteboom definierte Ibiza darüber hinaus als »guten Ort zum Malen und schlechten Ort zum Schreiben«. Er befreite sich, am Ende seiner nekrophilen Bemühungen, aus der Umklammerung und »tödlichen Umarmung« eines verstorbenen Freundes, der ihm diesen Aufenthalt »posthum« aufgehalst hatte. Eine Zumutung, deren Überwindung ihm schließlich gelang. Seine Empfehlung an den Geist des Toten: »Spuke [...] auf dieser Insel herum, auf die du, mehr als irgendein anderer, gehörtest.« Sein resigniertes Fazit: »Es ist nicht geschehen. Ich bin derjenige, der flieht.«

Durchgangsstation war Ibiza im Jahre 1936 auch für den jungen französischen Poeten Jacques Prévert, seinerzeit noch nicht als Drehbuchautor gefeiert oder als Lyriker und Chansontexter berühmt. Der Dreißigjährige verarbeitete seine Beziehung mit der siebzehnjährigen Jacqueline Laurent, eine Liebesgeschichte, deren ibizenkisches Kapitel sich im kleinen Oberstadthotel Ca Vostro zutrug, in einem groß angelegten Gedichtzyklus. Ihn schrieb er im Frühjahr auf Talamanca nieder, mit Blick auf Zitadelle und Kathedrale, und vertraute das Konvolut Guy Lévis Mano an, einem bedeutenden Verleger französischer Lyrik. Zwanzig Jahre blieb der zur Veröffentlichung bestimmte Fünfteiler unbeachtet liegen, galt zwischenzeitlich als verloren oder verschollen, und erst 1955 erblickte er in Buch- oder besser Heftform in Paris das Licht der Welt. Die Insel wird in Préverts assoziativen, epischen und atemlosen Liebesgedichten eigentlich nie thematisiert. Von einem mit äußerster Härte kämpfenden Paar ist stattdessen in *Lumières d'homme* die Rede, von Hunden und Zwergen, von

Schlafwandlern und Vögeln. Und von einem einsamen Mann, der von seinen Empfindungen »aufgefressen« wird: »Er sieht, wie die Sonne scheint / Überlebender des nächtlichen Schiffbruchs / er hört alle Geräusche des Lebens / er glotzt, völlig perplex / er staunt, voller Bewunderung / sein Gesicht ist blutverschmiert / er lächelt.«

Keine Durchgangsstation war Ibiza für den Avantgardisten Raoul Hausmann. Die Insel versetzte ihn Mitte der Dreißigerjahre in die Lage, simultan die verschiedensten Rollen auszufüllen: Er agierte als Alltagsforscher, als Ideenlieferant für internationale Ausstellungen, als Zentrum eines Liebestrios und als von gegensätzlichen Frauen umgebener Wiedergänger eines Shakespeare-Helden. Er betätigte sich als Ethnologe und als Archäologe, als Architekturtheoretiker und als Initiator anspruchsvoller Projekte, als Fotograf und als collagierender Schriftsteller, der in seinem schwer rubrizierbaren, von Lichtbildern, Zeichnungen und Lithos durchdrungenen Mammuttext *Hyle* alle bekannten Textsorten durcheinanderwirbelte: mit großer Lust am Sprachspiel und an der Zertrümmerung rationalen Zugangs zu einem »literarischen« Kunstwerk. *Hyle* – eine die Buchseiten sprengende Utopie und gewaltige Metaphernorgie. *Hyle* – ein brisantes Zeitdokument und Chiffre für ein hypermodernes Heldenepos. *Hyle* – Dokument einer fortwährenden Selbstbefragung und Suchbewegung. Ein künstlerisches und hochexperimentelles Ibiza-Denkmal, das alle Sinne herausfordert, das ambitioniert daherkommt und mit Fragmenten jongliert. In *Hyle* wird dem Eros, dem Lebenstrieb und der Lautmalerei gehuldigt, wird Autobiografisches mit Politischem und einer recht trivialen Dreiecksgeschichte unter Urlaubern vermengt.

Hausmann, als dadaistischer »Hansdampf in allen Gassen«

von 1933 an zu gleichen Teilen Tourist, Exilant und Emigrant sowie von der hartnäckigen Neugier eines Universalgelehrten getriebener Bewohner einer Liebesinsel, stilisierte schon die stürmische Überfahrt nach Ibiza als Auftakt eines mehraktigen Dramas. Und deutete an, dass die Ankunft im spanischen Paradies, des »Deutschlandstaubs« verlustig gegangen, auch als Strafe empfunden werden konnte. Er problematisierte die unsichere Existenz vieler hier residierender Nordeuropäer – vom Nationalsozialismus verfolgte »Badegäste« und »Ferienreisende«, die zum Müßiggang verurteilt waren und eigentlich »schon getötet sind«. Seitenweise verknüpfte er die prekäre Befindlichkeit dieser potenziellen Todeskandidaten, die stets darauf gefasst sein mussten, von ihren Häschern aufgespürt zu werden, sprachmächtig mit der drastischen Beschreibung von Verdauungsstörungen, Seekrankheit und dem Ausscheiden von Körperflüssigkeiten: Das »Jetzt« dieser bedauernswerten Menschen steigerte sich bei Hausmann, dem Zeitdiagnostiker, zum »Miesgefühl«, und ihr Aufenthalt, ihre Spaziergänge, ihr Schwimmtraining und ihre Zeitungslektüre vermochten nichts mehr an ihrer von Grund auf bedrohlichen, schier aussichtslosen Lage zu ändern. »In dieser Todessonne steht alles still: nicht mal die Luft tönt. Starre, kein Laut. Kein Bild eines lebendigen Lebens.«

Der Untertitel von Hausmanns so monströser wie faszinierender »Textablagerung«, in der sein Alter Ego Gal schaltet und waltet, in der phallokratische Fantasmen ausgelebt werden, in deren von semantischen Fesseln befreiten, tiefer liegenden Schichten »dunkle Weiberwärme« und jähe Todesahnungen präsent sind, weist bereits auf den Zeitgeist kommender Jahrzehnte auf Ibiza voraus. *Ein Traumsein in Spanien* bezieht sich, über diese Buchseiten hinaus gedacht, nicht allein auf die schwierige Verortung eines einzelnen Künstlers im fremden Ausland oder auf die gefährdete Situation der Emigranten, gefangen zwischen Naziterror und Bürgerkriegschaos, sondern bezeichnet eine allgemeingültige Erfahrung, bewahrheitet sich stets aufs Neue. Die Insel als Erlebnisraum für politische Dissidenten ab den Fünfzigerjahren, für Vergessenssucher in den Sechzigern, für Anhänger des Partyclubbing seit den Neunzigern, für die Ecstasy-Konsumenten, Bio-Bauern, Esoterik-Freaks, Freizeitphilosophen und zurückgezogen im *campo* hausenden Künstler von heute klingt in Hausmanns universeller Bilanz bereits an. Sie lautet »Ibiza ist: Nichts. Nichts mehr. Nur Traum.«

Weniger die Abwesenheit von Identität wird der Insel hier zugeschrieben als die Fähigkeit, wie ein Schwamm eine Vielzahl von Identitäten aufzusaugen und für sie einen Schauplatz bereitzustellen, an dem konkrete Wirklichkeit, Fiktion, Vision, Traum und Mythos ununterscheidbar werden. Einen Standort für die Sehnsucht.

*

Hatten der Vedrá und seine magische Aura bei solchen mal literarischen, mal ganz realen Vexierspielen ihre Hände im Spiel? Entschieden sie, als Stellvertreter der Götter, wo die feine Trennlinie zwischen träumerischer und konkreter Inselexistenz verlief? Legten sie fest, wer von Ibiza aus auf große Reise geschickt wurde, wer zum Bleiben berechtigt und für wen hier unwiderruflich Endstation war?

Als ich den Brocken bei einem meiner letzten Besuche in stummem Zwiegespräch dazu wie ein Orakel befragen wollte – auch um in Erfahrung zu bringen, wie es eigentlich mit mir und meiner Sehnsuchtsinsel weitergehen sollte –, verschwand er gerade hinter einer dicken tiefgrauen Wolkenschicht. Wie um mich zu foppen. Eine strapaziöse Wanderung hatte mich, von Port Roig kommend, zum Piratenturm geführt. Schon am Morgen dieses Tages war ich müde und mit zerschlagenen Gliedern erwacht: offenkundig kein Tag zum Wohlfühlen, nicht der richtige Zeitpunkt für trügerische Selbstvergewisserung. Erschöpft hatte ich mich dennoch auf den Weg gemacht und stand nun, nach Atem ringend, vor Jaime Febrers Torre d'es Savinar. Ich nahm den Zauberfelsen ins Visier. Doch Nebel verstellte die Sicht auf den Koloss. Nicht einmal seine Umrisse waren auszumachen.

Es Vedrá hatte sich in Trauer gehüllt. Er verweigerte die Auskunft. Ich musste die Antwort selber finden.

Endlich lebe ich ein Schriftstellerleben, sagte ich mir. Ich war im Frieden mit mir und mit meiner Seele, so als befände ich mich an einem überirdischen Ufer. So als wohnte ich der Entstehung von Szenen auf den großen Gemälden der Welt bei, wobei die Menschen von Ibiza sich bewegten, als würden sie Regieanweisungen der Maler befolgen, mit Häusern und Pflanzen, mit dem Tag und der Nacht, die jene Maler ausgewählt hätten. Während meiner Nachmittagsspaziergänge oder auf Radtouren bewunderte ich mit Staunen, wie sich die klaren Umrisse der Insel vor meinen Augen offenbarten.

Ich schrieb verzückte Briefe. … Ibiza, so sagte ich, war genau das, was alle behaupteten, all das, was ich mir erträumte. Ich spürte, dass es in mir enthalten war.

Janet Frame
*The Pine Trees,* 1984

*Isla de Bes*

## Tanit muss Trauer tragen

Anfang der Achtziger stieß ich auf dem Paseo Vara de Rey in einer intimen Buchhandlung, die es leider schon lange nicht mehr gibt, auf eine schöne literarische Anthologie. Besser gesagt: auf ein facettenreiches Kaleidoskop aus Porträts, Sitten- und Lebensbildern. Mit einem beeindruckenden Cover. Es zeigt, vor dunkelblauem Hintergrund, das schon ausgeblichene Konterfei der betrübt dreinschauenden Inselgöttin Tanit. In ihrer üppigen Lockenpracht hat es sich, anstelle einer Krone, ein kleiner Elefant bequem gemacht. Er thront auf ihrem Haupt und dominiert sie. Seine Stoßzähne ragen Tanit in die Stirn. Mit stoischer Gelassenheit lässt sie die Inbesitznahme ihrer Büste geschehen. Und in der unteren Bildhälfte blickt ein schmales *podenco*-Hündchen starr und etwas ratlos zur Seite. Wie der rosarote Schriftzug in poppiger Typografie verrät, stammt der Band, eine Sammlung von Interviews mit Persönlichkeiten, kauzigen Gestalten, Lokalpolitikern, Künstlern und mit einfachen Leuten vom Lande, von Mariano Planells, einem der interessantesten, vielseitigsten und auch heute noch aktiven Autoren der Insel. Sein Titel: *Ibiza, la senda de los elefantes – Ibiza, der Elefantenpfad.*

Planells, selbst Ibicenco und seit Jahrzehnten unermüdlich in vielen Schriften den Geheimnissen seiner Heimat auf der Spur, erzählt darin die Geschichte Ibizas als Kette von ausführlichen, sehr persönlichen Gesprächen. Er unternimmt den Versuch einer Bestandsaufnahme. Der Leser erfährt von knapp dreißig Zeitzeugen auf präzise und anschauliche Weise, wie es in den späten Siebzigern um die geistige und gesellschaftliche Befindlichkeit der Insel bestellt war. Eindeutig spielt Planells dabei auf den Mythos vom Elefantenfriedhof an, demzufolge sich die Greise unter den sensiblen Dickhäutern, einem instinktiven Impuls folgend, jeder für sich zum Sterben an einen bestimmten abgeschiedenen Ort zurückziehen und dort verenden – umgeben von den »Gräbern« ihrer Artgenossen. (Heute weiß man, dass sich die steinalten Elefanten, deren Zähne nach mehrfacher Erneuerung endgültig abgenutzt sind und zuletzt nicht mehr ersetzt werden können, in sumpfige, schwer zugängliche Waldgebiete begeben, wo die zunehmend schwierige Nahrungssuche etwas erleichtert wird. Dort hauchen sie oftmals, einer nach dem anderen, dann ihr Leben aus.) Planells' Gleichsetzung dieser »tierischen Ruhestätte« mit Ibiza legt den Schluss nahe, dass es sich bei der großen Pityuse um einen solchen Totenacker für Lebensmüde handeln könnte.

Aber ist die Insel wirklich ein bevorzugter Sterbeort für Veteranen und gealterte Nomaden und Globetrotter? Stellt sie ein attraktives Refugium für Todgeweihte dar, lockt sie Menschen an, die sich bereits der Todessehnsucht ausgeliefert haben? Oder ist man, wenn man Ibiza erst einmal mit Haut und Haaren verfallen ist, unweigerlich in eine Falle geraten – eine makabre Falle, aus der sich selbst die pfeilschnellen, schlanken *podencos* mit einem beherzten Sprung ins Diesseits nicht mehr befreien könnten?

Der sibyllinischen Tanit, die auf Ibiza selbst noch im christlichen Zeitalter kultisch verehrt wurde, deren Abbild man als Talisman oder Amulett schätzte und der man sogar Kindsopfer darbrachte, eine Antwort auf solche besorgniserregenden Fragen zu entlocken, dürfte schwerfallen. Ist sie doch seit eh und je damit beschäftigt, den Fruchtbarkeitsgott Baal wieder zu neuem Leben zu erwecken. Alljährlich ist die grausame Göttin dazu verurteilt, mit dieser archaischen Prozedur aufs Neue zu beginnen. Ihre Insignien – Halbmond und Sonne; Dreieck, Balken und Scheibe – sind in der Inselfolklore, als Textilien-Logo und als Wiedererkennungszeichen allgegenwärtig, so wie auch ihre Symbole und Attribute bestens zu Ibiza passen: Feigen und Palmen, Ähren und Fische, Tauben und Granatäpfel. Die Hippies wiederum rezipierten sie als Sexgöttin, feierten sie wie närrisch mit orgiastischen Festen. Weiße Göttin auf der weißen Insel. Gezielte Libidozufuhr. Jeder Koitus ein kleiner Triumph.

Doch zuallererst ist Tanit zweifelsohne eine Verbündete des Todes: Die Phönizier warfen ihr zuliebe ihre erstgeborenen Söhne in die Flammen. Büsten mit ihrem Antlitz waren als Grabbeigaben sehr beliebt; ein uralter, bedeutender Tempel zu ihren Ehren, in der Höhle von Es Culleram nahe dem Dorf Sant Vicent de Sa Cala, wurde erst vor hundert Jahren im Nordosten der Insel entdeckt. Bevölkert war die Höhle von unzähligen gleich großen Tonfiguren. Bei der Ausgrabung fand man damals, zur allgemeinen Überraschung, Tanits in rauen Mengen. *Serial Tanit.* Rätselhaft lächelnd, mit sphinxhaftem Gesichtsausdruck, geschmückt, stilisiert, mit Kronen, Kopfputz oder Hüten ausgestattet. Nur auf Planells' Buchumschlag wirkt sie nüchtern und desillusioniert. Man hat sie all ihrer Zierde beraubt. Hier macht sie ihrem Beinamen »Klagende im Angesicht des Baal« alle Ehre. Dass man ihr andernorts als Weise, als Gottheit der Erotik und als Lebensspenderin huldigt, scheint beim Betrachten des Buchdeckels ausgeschlossen. Tanit präsentiert sich uns unmissverständlich als Trauernde. Als Zeugin eines verhängnisvollen Totenkults, gegen den sie nichts ausrichten kann. Als wohlmeinende, gleichwohl hilflose Inselmatriarchin. Und als Leitkuh einer zum Sterben bereiten Elefantenherde. Jeden von uns, der nicht mehr unter den Lebenden weilt, wird sie künftig beweinen. Und das Entschwinden der Seelen zutiefst bedauern.

*

Auf Ibiza, dem Sterbeort von so unterschiedlichen Mimen wie Vivi Bach und Denholm Elliott, sah ich den ersten Toten meines Lebens. Es war um die Mittagsstunde an einem heißen Julitag, an einem Wochenende irgendwann in den späten Sechzigern, am nur spärlich besetzten Strand von Es Codolar. Wir Kinder schichteten Steine unterschiedlicher Größe zu Fantasieburgen, die Sonne sengte auf ein Dutzend ungeschützter Körper herab, es war windstill und ruhig. Ein Spanier, vielleicht Anfang vierzig, erhob sich von seinem Badetuch, um ins Wasser zu gehen. Kaum dass er ein paar Schritte auf das badewasserwarme Meer zu gemacht hatte, ließ er sich vornüber in die Wellen fallen. Kein besonderer Vorgang – um sich wenigstens ein bisschen zu erfrischen, stürzten sich doch alle der Länge nach in die Fluten, anstatt sich behutsam zu benetzen. Dieser Badegast aber blieb liegen und trieb eine ganze Weile, den Kopf nach unten, Arme und Beine weit ausgebreitet, auf der Oberfläche. Ein Hitzschlag hatte ihn niedergestreckt. Es dauerte eine Weile, bis sein Begleiter – ein Geschäftsfreund, wie sich herausstellte – auf den bewegungslosen Körper aufmerksam wurde. Er hatte an einen Gag geglaubt, an ein albernes Totstellen oder an das klassische Strandexperiment: möglichst lange, ohne Luft zu holen oder zu planschen, mit dem

Kopf unter Wasser zu bleiben. Es gab ein Mordsgeschrei. Der nasse Leib wurde an Land getragen und auf die Kiesel gebettet. Ein Mann wie ein Baum. Allem Anschein nach kräftig und kerngesund, doch alles Leben war aus ihm gewichen. Mit einer Allerweltshandlung war er von der Glut in den Tod geschritten. Bis Helfer verständigt werden konnten, bis eine Ambulanz erschien, bis zwei Sanitäter die weite Strecke zwischen dem improvisierten Parkplatz und dem Häufchen verstörter Menschen am Ufer zurückgelegt hatten, verging eine Ewigkeit. Ich sehe uns noch Spalier stehen. Ratlos, schweigend. Der Geschäftsmann kniete an der Seite seines Freundes, hatte sein Gesicht in den Händen vergraben und schluchzte. Jegliche Hilfe kam zu spät, man konnte nichts mehr für ihn tun. Und niemand von uns konnte begreifen, weshalb eine Harmlosigkeit binnen Sekunden solch fatale Folgen zeitigen musste. In den Augen der Erwachsenen lasen wir stumme Betroffenheit. Zurück blieb die glasklare Erinnerung an »'nen schönen blauen Sonntag« à la *Dreigroschenoper* und an eine Leiche in Badehose.

Auf Ibiza erlebte ich, ebenfalls im Kindesalter, auch die erste Bluttat meines Lebens mit. Einen Mord auf offener Straße. In fröhlicher Runde saßen wir am frühen Abend mit ibizenkischen Freunden auf einer Caféterrasse am Hafen, nicht weit vom beliebten Spezialitätenrestaurant Delfin Verde. Alle Lokale waren brechend voll. Ein paar Tische entfernt unterhielt sich ein langmähniger Engländer, den Rücken zum Gehsteig, mit einer ziemlich ausgeflippten, bunt bemalten jungen Frau. Joints zirkulierten zwischen den Tischen, wir nahmen das Paar nur aus den Augenwinkeln wahr. Urplötzlich riss ein Passant in Lederkluft den Hocker des Sitzenden an der Lehne herum, schleuderte den Mann zu Boden und traktierte ihn mit gezielten Stiefeltritten. In die Rippen, in den Magen, ins Gesicht. Ein brutales Stakkato. Zähne flogen, Knochen knackten. Weit holte der Streitsüchtige aus, trat abermals zu, wütete wie ein Berserker und nahm dabei nicht einmal seine Fäuste zu Hilfe.

Es ging alles blitzschnell. Der Angreifer führte seine Attacke – mit Sicherheit ein Racheakt, Konsequenz eines Hahnenkampfes unter Bandenführern oder einer nicht gelösten Machtfrage – mit erschreckender Gründlichkeit aus. Er wollte seinen Widersacher unschädlich machen, ja eliminieren. Dem in einer Blutlache liegenden Opfer gelang es weder, sich aufzurichten, noch, sich irgendwie zur Wehr zu setzen. Der Rohling, alles andere als ein Schlägertyp und trotz seines martialischen Outfits eher wie ein Playboy wirkend, setzte seine Folter mit erstaunlicher Vehemenz fort. Ein Mann sah rot. Alle waren von ihren Stühlen aufgesprungen, doch jegliche Geistesgegenwart versagte. Wie gelähmt vor Entsetzen sahen selbst die Männer tatenlos zu bei diesem ungleichen Duell. Das Ganze dauerte nicht länger als zwei oder drei Minuten, aber die Schockwirkung war beträchtlich. Bis endlich eine Gruppe von Kellnern einschritt, der Passivität ein Ende setzte und dafür sorgte, dass der wie von Sinnen agierende Mann von seinem Hassobjekt abließ.

Unsere Mütter hatten vergeblich versucht, sich schleunigst mit uns vom Schauplatz des Verbrechens zu entfernen; es war einfach kein Durchkommen gewesen – Neugierige und Voyeure, die einen Halbkreis gebildet hatten, versperrten den Weg. Man zwang uns, den Blick abzuwenden, man redete beschwichtigend auf uns ein, aber noch heute steht mir die Szene plastisch vor Augen. Wie in Zeitlupe spielte sich der Angriff ab. Wir wohnten einer Abschlachtung bei. Endlich gelang uns die Flucht, wir drängten uns in einen Hauseingang und wurden mit dem Gesehenen doch nicht fertig. Noch am selben Abend erfuhren wir, dass der öffentlich Gefolterte seinen schweren Verletzungen erlegen war. Grund für die Gewaltexplosion waren nicht beglichene Schulden gewesen. Ein Kleinkrieg unter Dealern, ausgetragen im öffentlichen Raum der Vergnügungsmeile von La Marina, wo Regeln oder Gesetze scheinbar nicht die geringste Wirksamkeit besaßen. Der *Diario* berichtete lapidar von einer »tödlichen Schlägerei im Hafenviertel«. Wir aber hatten Selbstjustiz in ihrer grauenhaftesten Ausprägung erlebt. 1972 war das. Ich habe den schlimmen Vorfall nie vergessen können. Weder die Rage noch die Ohnmacht.

*

Und dann gab es da noch die traurige Geschichte mit Ingeborg El Punto. Ingeborg war die Witwe des deutschen Malers Frank Ludwig Schäfer. Den ehemaligen Mainzer mit den Zwischenstationen Bremen und Paris, einen der kommerziell erfolgreicheren Künstler unter den ibizenkischen Wahlexilanten, hatte es gewurmt, nicht für die Mitgliedschaft in der »grupo ibiza 59« infrage gekommen zu sein. Mit der Entscheidung für den Künstlernamen »El Punto«, mit dem man augenblicklich El Greco assoziiert, ging es mit seiner Karriere indessen bergauf. Seine Bilder, mal großflächig abstrakt und in warmen Tönen, mal figurativ, wobei auch Fischerporträts und Hafenszenen einen Schwerpunkt bildeten, fanden vor allem bei spanischen Interessenten Anklang und verkauften sich gut. El Punto triumphierte, als ausgerechnet er 1964 als der repräsentativste Inselkünstler den Großen Preis der Ibiza-Biennale »Illa d'Eivissa« einheimsen konnte.

Seit 1955 lebten er und seine Frau in einer steilen Altstadtgasse, die entlang des Mauerwerkes vom Baluarte de Santa Tecla verläuft und sich diagonal, von der Plaza de España kommend, unterhalb des Miradors vom König Jaime bis zur Portella entlangschlängelt: in der Calle de Santa Maria, im Haus mit der Nummer 8. Noch zu Franks Lebzeiten hatte Ingeborg mit Geschick und Begabung mit der Anfertigung von Handpuppen begonnen, und nach dem frühen Tod ihres Mannes eröffnete sie in den frühen Siebzigern in ihren eigenen Räumen ihr Puppentheater, »El teatro de las marionetas«. Fünf Jahre lang zeigte sie während der Sommersaison nachmittags an jedem Samstag und Sonntag ihre Stücke – in der Sprache des Gastlandes. Unsere jüngeren Geschwister liebten die von ihr adaptierten, inszenierten und liebevoll ausgestatteten Märchen und Legenden, in denen Goldfische, verhexte Burgen, weiße Schlangen, Wüstenkarawanen, Bösewichte, Prinzessinnen und Bajazzi im Mittelpunkt standen. Doch auch als Zwölf- und Dreizehnjährige fanden wir noch großen Gefallen an der Kunstfertigkeit der *muñecas*, an den drollig verstellten Stimmen, an der Illusion, an der Einfühlung und am Zauber. Ingeborg, eine würdevolle ältere Dame ohne Dünkel, war auf den Partys der Kunstfreunde und den Sommerfesten der Ibicencos ein gern gesehener Gast. Man bewunderte, wie sie mit dem Alleinsein zurechtkam, man machte sich Sorgen um sie und fragte sie so manches Mal, wie sie es nur in dem dunklen alten Haus aushalte und ob sie sich nicht auf dem Heimweg in der schlecht beleuchteten, übel beleumundeten Gasse zuweilen fürchte. Die Puppenkünstlerin tat derlei Gerede mit einem Lachen ab und war dafür bekannt, sich standhaft zu weigern, wenn man ihr den Vorschlag machte, sie bis vor ihre Haustür zu begleiten.

In einer Julinacht des Jahres 1977 schlug das Schicksal zu. Die allseits beliebte Regisseurin El Punto, die noch am Vorabend an einer Vernissage und an einem Abendessen außerhalb der Festungsmauern teilgenommen hatte, von dem sie erst mitten in der Nacht zurückgekehrt war, wurde am Morgen, an ihrem Schreibtisch sitzend, mit zerschmettertem Schädel aufgefunden. Mit ihrer Schreibmaschine, auf der sie ihre Theaterstücke entwarf und eigenhändig Programme und Werbezettel tippte, hatte man sie erschlagen. Offenbar während der nächtlichen Arbeit an einem neuen Puppendrama. Die Untersuchungen der Kriminalpolizei verliefen im Sande – dass Ingeborg Feinde gehabt haben sollte, erschien unvorstellbar, und das Textfragment auf dem blutbespritzten Bogen Papier, den sie zuvor in die Maschine geschoben hatte, war nahezu unleserlich. Die Buchstabenfolge ließ sich zwar entziffern, ergab aber keinen Sinn. Gerüchte machten daraufhin die Runde, Mordtheorien wurden in Umlauf gebracht – von ihr übel wollenden alten Nazis, die sich angeblich seit Jahrzehnten auf der Insel versteckt hielten, von einem geistig umnachteten Brüderpaar, das in der unmittelbaren Nachbarschaft lebte und für seine Gewaltbereitschaft bekannt war, sogar von einer eifersüchtigen Rivalin.

Was den Leuten in der Dalt Vila aber wirklich Angst einjagte, war der Umstand, dass die Tötung sich unweit eines ehemaligen Waisenhauses ereignet hatte, in dem einige der beaufsichtigten Kinder unter mysteriösen Umständen ums Leben gekommen waren und vor dessen Tor des Nachts verzweifelte Mütter ihre Neugeborenen absetzten, um sie einer »besseren« Zukunft zuzuführen. Die Gasse hieß im Volksmund nicht umsonst *la calle de los niños perdidos*: Wann immer das Glockengeläut in Santo Domingo ertönte, wussten die Bewohner des Viertels, dass wieder ein Kind »verloren« gegangen, wieder ein Kindstod zu beklagen war. Nun würde auch in Ingeborgs Puppentheater kein lebendiges, unbeschwertes Kinderlachen mehr erklingen. Und es fanden sich auch keine Hände mehr bereit, in die *muñecas* zu schlüpfen und die alten Geschichten wieder mit neuem Leben zu erfüllen. Die kleine Bühne in der Calle de Santa Maria blieb leer.

*

Auf Ibiza von der Lebensbühne abzutreten, hatte auch für Prominente etwas Theatralisches. Nicht allen war ein so undramatischer, vergleichsweise stiller Abgang vergönnt wie dem walisischen Bildhauer Barry Flanagan. Er verschied mit nur achtundsechzig Jahren im August 2009 in Santa Eulalia del Rio, nachdem er zwölf Jahre zwischen der Insel und einem *pied à terre* im New Yorker Chelsea Hotel gependelt war, 1992 gemeinsam mit Marcel Floris eine bemerkenswerte Retrospektive im hiesigen Museum für Zeitgenössische Kunst veranstaltet und den halben Globus mit seinen tanzenden und tänzelnden, schwebenden und balancierenden, humorvollen oder kämpferisch die Fäuste ballenden überdimensionierten Hasenskulpturen beglückt hatte.

Das deutsche »Chelsea Girl«, die legendäre Velvet-Underground-Muse Nico, fiel als knapp Fünfzigjährige an einem glutheißen Julitag im Jahre 1988 beim Einkaufen auf der Insel vom Fahrrad, kollabierte und verstarb wenig später, nach einer kurzen, qualvollen Agonie, an einer Hirnblutung im Krankenhaus. Buchstäblich am Straßenrand ließ sie ihr kurzes, intensives Leben. Fremde Leute hatten sich ihrer angenommen, ihren ausgemergelten Körper in den Schatten getragen, hatten vergeblich versucht, sie zu retten. Und Nicos

Sohn Ari nahm dann in einem anonymen Spitalzimmer auf erschütternde und zugleich lapidare Weise Abschied von ihr: »Ich küsste ihre Stirn, dann ging ich hinaus und kotzte hinter ein Auto.« Dem begehrten Model, zugleich Warhol-Begleiterin und Fellini-Schauspielerin, dessen Aura in den Sixties viele Stars der Rock- und Songwriter-Szene verfallen waren und das seinem guten Aussehen die düstere, fatalistische und in Richtung Punk weisende Atmosphäre seiner enigmatischen Solo-Alben entgegensetzte, waren jahrelange Heroinsucht und Exzesse verschiedenster Natur auf lange Sicht zum Verhängnis geworden.

An Tristesse überboten wurde dieser sinnlose und auch absurde Radunfall nur noch von dem spektakulären Drogen-Filmtod des Protagonisten Stefan im faszinierenden Flower-Power-Streifen *More*. Der noch recht junge Regisseur Barbet Schroeder schickte seine noch jüngeren Helden, einen naiven Deutschen und eine verführerische Amerikanerin namens Estelle, nach einem Pariser Präludium zu wahrlich süchtig machenden Pink-Floyd-Klängen durch ein rauschhaftes, erst sonnendurchglühtes, dann bitterkaltes Traum-Ibiza. Diebstahl, Einbrüche, Rauschgiftexperimente aus purem Übermut und nachfolgende Heroinabhängigkeit, Sex in freier Natur in paradiesischen Mondlandschaften und ernüchternde Szenen in billigen Kaschemmen, in denen besagter Stefan zwischen dem Willen zum Entzug schwankt und sich achselzuckend in sein Ende schickt, sind Schroeders disparate Ingredienzien, die er zu einem bittersüßen Cocktail mixt.

In einer besonders eindringlichen, sinnlichen Passage, in gleißendes Orange getaucht, rennen Estelle und Stefan irgendwo auf dem Land auf eine alte Mühle zu, machen alberne Luftsprünge und fechten, mitten im *summer of love* auf dem

Höhepunkt ihres Rausches, einen aussichtslosen Kampf mit den Windmühlenflügeln aus. Als moderne Wiedergänger von Don Quijote und Sancho Panza, angespornt von der Lust am schieren Dasein. Ein Sinnbild für Vergeblichkeit, Jugend und flüchtiges Glück.

*More* ist – trotz überwiegend dilettantischer Schauspielerleistungen – ein bewegendes, betroffen machendes und nachhaltig wirkendes Zeitporträt, dessen befremdenden und auch morbiden Zügen man sich nur schwerlich entziehen kann. Die Drogentode eines Hendrix und einer Joplin, das viel zu früh eingetretene Lebensende von Jim Morrison und Kurt Cobain werden hier schon, mit geradezu ungesunder Einsicht, antizipiert. In der Schlussszene, die an einem ungemütlichen, windigen Tag in der Oberstadt spielt, setzt sich der eigentlich kreuzbrave, aber inzwischen an seinem Weiterleben kaum mehr interessierte Stefan vor einem Tunneleingang den erlösenden »goldenen Schuss«. Er verschwindet im Tunnelinneren, torkelt nach einer Weile wieder heraus, bricht zusammen und stirbt einen schnellen, einsamen Tod. Einen *Conny-Kramer*-Tod.

Mehr, immer mehr und noch viel mehr begehrt das Paar in Schroeders Film, einem visionären, musikalisch höchst stimmungsvollen Kunstwerk über die Phänomene Liebeshunger, Lebensdurst und Gier. *More.* Einer liebt, will, benötigt stets mehr als der andere. Und niemand weiß genau, wann aus »mehr« »zu viel« wird. »Mehr«, das lässt sich nicht bemessen. »Mehr«, das kann schon Überfluss sein – oder noch immer nicht genug ... Mit der Wendung *más o menos,* mehr oder weniger, schätzungsweise, und einer vagen Handbewegung entledigen sich die Spanier dem Zwang, eine präzise Auskunft geben zu müssen, deuten Beliebigkeit an.

Beliebig ist auch dieser filmische Ibiza-Tod. Ein Hund kommt herbeigelaufen und schnuppert am Leichnam des jungen Mannes.

*

Durch den *More*-Tunnel, der den Vorplatz der Kathedrale, die kahlen Hügel von Es Soto und das stille Viertel rund um die prächtige Iglesia de Santo Domingo, mit ihren zahlreichen Kapellen und charakteristischen Ziegelkuppeln, verbindet, bin ich in meinem Leben wohl mehrere Hundert Mal geschritten. Ab und zu legen Pink-Floyd-Pilger an seinem unteren Eingang auch heute noch Blumen, Briefchen und Zettel ab, kritzeln weitere Graffiti an die schon über und über beschmierten Wände, entzünden Räucherstäbchen. Eingeweihte halten inne. Die unscheinbare Stätte ähnelt dann für einige Tage wieder dem Morrison-Grab auf dem Pariser Père Lachaise.

Und wer am oberen Tunnelende vor der stolzen Fassade von Santa Maria de las Nieves einen Halt einlegt, kann sich eigentlich auch gleich ins benachbarte Museo Arqueológico an der Plaça de la Seu begeben und die beeindruckenden Zeugnisse phönizischer Kultur in Augenschein nehmen. Dort ist man den kleinen und großen Tanits, die das Leben aller Ibiza-Liebhaber in der Hand haben und über jeden Inseltod genau Bescheid wissen, ganz nahe.

Eigentlich wollten die Eroberer Ibiza gar nicht wirklich; es wurde bestraft und dann missachtet. … Es ist eine Insel für im Exil Lebende, nicht für ständigen Aufenthalt, und es wimmelt hier nur so von Flüchtlingen – geführte Touristen, internationale Betrüger, Attentäter, Filmstars, Liebhaber, alle kommen sie hierher, um sich von der Sonne bräunen zu lassen, die Orientierung zu verlieren oder sich auf billige Weise in den Wahnsinn zu trinken.

Die Besucher kommen, nur um etwas Charme bitten sie, um Sonnenlicht und die Zusicherung von Nostalgie. Die Insel stellt ihnen bereitwillig ein Polster zur Verfügung, einer von der Sonne erwärmten Luftmatratze gleich, die schnell wieder ihre ursprüngliche Form annimmt, wenn sie auf und davon sind. Sie stellt einen Unterschlupf bereit, berechnet eine bescheidene Gebühr, aber ist dabei weder erfreut noch verdorben. … Zum ersten Mal in einer historischen Reihe von Invasionen ist Ibiza dabei, wirklich besetzt zu werden, nicht durch Waffengewalt, sondern durch Geld.

Laurie Lee
*Ibiza High Fifties*, 1975

*Eivissa*

# Meine Insel als Nabelschnur

Es ist ein warmer Sommerabend, und ich bin wieder fünf Jahre alt. Oder zehn. Oder schon dreißig oder fünfzig. Ich stehe unter Anspannung. Meinen Kopf habe ich in den Nacken gelegt, und mein Blick ist nach oben gerichtet, auf eine johlende, auf mehrere Etagen verteilte Menschenmenge aus Kindern, Rucksacktouristen, Geschäftsleuten und alten Frauen in Ibicenco-Tracht direkt gegenüber, aus deren Mitte mir eine Gruppe von Freunden zuwinkt. Von einer Schiffsreling. Wir alle sind traurig und aufgekratzt zugleich. In meinen Händen halte ich einen bunten Fetzen Papier, von dem ich nur weiß, dass ich ihn nie wieder loslassen darf. Auf gar keinen Fall. Koste es, was es wolle. Ich umklammere ihn. Umgeben bin ich hier unten von weinenden, lachenden und rufenden Insulanern und Fremden, deren Hände ebenfalls nicht frei sind.

Mehrfach tutet es laut. Vor mir entfernt sich ein turmhoher Fährdampfer zentimeterweise vom Kai, hinter mir befindet sich der Obelisco a los Corsarios. Volksfeststimmung herrscht an der Anlegestelle. Ambulante Obst- und Getränkeverkäufer versperren mir zuweilen die Sicht, es riecht nach Sonnencreme, Abfall und Zuckerwatte. Nach fauligem Seetang und Benzin. Das Wasser im Hafenbecken ist aufgewühlt, Möwen kreischen, und die Sonne steht schon tief. Papierschlangen tanzen im Abendwind. Ich fühle mich wie ein zwergenhafter

David, der den Schiffsgoliath nicht aufzuhalten vermag. Nur noch auf meine Hände konzentriere ich mich. Aber die vertrauten Gesichter entgleiten mir.

Eine filmreife Szene. Dutzendfach durchgestanden, in allen Lebensaltern. Aus der entgegengesetzten Perspektive kenne ich sie ebenfalls. Als Abschiednehmer und Trauernder. Als derjenige, der die Papierrolle von Bord ans Ufer wirft und dabei genau zielt, damit sie von der richtigen Person aufgefangen wird. Damit sie nicht versehentlich in den schmalen Wassergraben zwischen Boot und Pier fällt und untergeht. Als derjenige auch, der ihr abgerissenes Ende in der einen Hand zurückbehält. Und mit der anderen winkt. Als jemand, der größte Mühe hat, sich von einem lieb gewonnenen Ort abzunabeln.

Manchmal fällt das schwerer, als einen nahestehenden Menschen ziehen zu lassen. Um Geliebte kann man kämpfen. Kann sich Auseinandersetzungen stellen. Kann streiten, bis die Fetzen fliegen. Wenn man dagegen von einer Insel scheidet, ob im Guten oder im Schlechten, kommt es zu keiner echten, zu keiner direkten Kontroverse. Man geht sich aus dem Weg, man ist verdruckst, man vermeidet eine Aussprache. Man verlässt einander einfach, entwickelt sich jeweils in unterschiedliche Richtungen weiter und hat später größte Mühe, sich wiederzuerkennen.

*

Mir erging es wie den meisten Ibiza-Liebhabern. Ich durchlief alle Stadien der Zu- wie Abneigung. Ich ließ mich infizieren mit der Sucht nach dieser Insel; jahrzehntelang war ich ihr verfallen. Sie hatte größten Einfluss auf meine Identitäts- und Persönlichkeitsbildung. Mit der Auswanderungsbereitschaft meiner Eltern hatte es zuletzt zwar gehapert, sie hatten gezaudert und nie den entscheidenden Schritt zum Ganzjahresaufenthalt vollzogen, dennoch hatten wir rasch den Gaststatus überwunden und uns mit ihr identifiziert, an ihrem Schicksal Anteil genommen. Wir waren ihr so nahe wie möglich. Es folgten die Phasen der Assimilation und der Integration. Bald schlugen wir Wurzeln. Und naturgemäß schlich sich auch bei uns erste Skepsis ein, als Entwicklungen eintraten, die wir mit Besorgnis registrierten. Allmählich meinten wir, Ibiza in Schutz nehmen zu müssen vor Verhunzungen. Und vor einem Image, das uns gründlich missfiel.

Dann kamen die Jahre, in denen man unwillkürlich eine Verteidigungsstellung einnahm und zu Rechtfertigungsversuchen ansetzte, sobald die Frage im Raum stand, warum man der Insel denn noch immer die Stange halte. Schließlich hatte sich Ibiza viele Vergleiche gefallen lassen müssen. Naheliegende mit Saint-Tropez oder Santa Monica, mit Tanger oder Kathmandu, wenig schmeichelhafte mit Benidorm, peinliche mit Mykonos. Und müßige mit Mallorca. Alle hinkten sie. Ibiza wurde als Spielwiese für Neckermänner verunglimpft, als Vulgär-*location*. Oder man selbst wurde mit Vergnügungssüchtigen aus aller Welt in eine Schublade gesteckt, wenn man darauf beharrte, ihm auch weiterhin die Treue zu halten. Mir wurden banale Beweggründe unterstellt, Unfähigkeit gar, mich nicht von einem Touristenmagneten lösen zu können, dessen Anziehungskraft schon längst nachgelassen habe. Vorwürfe, die ich doch eigentlich zu entkräften wusste, Klischees, die ich zurückweisen konnte. Die jedoch Zweifel auslösten, die an mir nagten und ab den späten Achtzigerjahren zu Verunsicherung führten. Ich wurde böse, wenn man an meinen guten Geschmack appellierte, war verärgert und verletzt, wenn man meine Urteilskraft infrage stellte. Aber nie habe ich mich von meiner Insel persönlich enttäuscht gefühlt, nie bin ich an ihr verzweifelt, nie bin ich von einem richtigen Inselkoller überfallen worden.

Ich bin einfach eine Zeit lang seltener hingefahren, habe Abstand gesucht. Uns beiden einen Freiraum verschafft, Platz zum Atmen. Ich habe mich der Wehmut ausgeliefert und, wenn ich es gar nicht mehr aushielt, die Sehnsucht neu entfacht. Und mich auf diese Weise wieder neu auf Ibiza eingestellt. Ich habe konstatieren müssen, dass viele unserer engsten Freunde die Insel genau in dem Moment im Stich ließen, als sie Zuspruch und Solidarität vielleicht gerade bitter nötig hatte – oder resigniert zur Kenntnis genommen, dass sie sich eigentlich von Anfang an nie richtig auf sie eingelassen hatten.

Irgendwann habe auch ich mich der schmerzlichen Einsicht gebeugt, dass Ibiza für viele Zuschauer und Zaungäste, für Leute vor allem, die noch nie »richtig« da gewesen waren, sich aber vorlaute Urteile herausnahmen, mehr und mehr einer beliebigen Projektionsfläche glich – alle hatten sich in denselben Kinosaal begeben, und jeder hatte einen anderen Film gesehen. Oder sehen wollen. Natürlich fielen die Kritiken dann unterschiedlich aus.

Viele von den Kurzzeitgästen nahmen ohne Reue Abschied, weil sie sich für ihr Kommen und Bleiben eine Gegenleistung erhofft hatten, ohne selbst etwas Eigenständiges beizutragen, und dann enttäuscht waren, wenn sie ausblieb, wenn sich bei ihnen das Gefühl einstellte, viel zu lange aufs falsche Pferd gesetzt zu haben. Doch Orte, so großartig sie auch beschaffen sein, sosehr sie einem auch den Kopf verdrehen mögen, sind deshalb nicht gleich Selbstbedienungsläden für Herz, Hirn und Seele. Der ibizenkische Lyriker, Essayist und aktuelle

Inselchronist Vicente Valero, fast gleichalt mit mir, machte ähnliche Beobachtungen und leitete Grundsätzliches aus diesem sonderbaren Alternieren von übertriebener, überfallartiger Zuneigung und jähem Liebesentzug ab: »Aus irgendeinem Grund«, schrieb er, »meistens, weil sie durch unvorhergesehene Umstände dazu gezwungen werden, verlassen die Protagonisten die Insel für immer. Damit scheinen sie sich stets auch von einem Traum zu verabschieden, der so alt ist wie die Menschheit selbst. Und unmöglich zu verwirklichen: der Traum eines neuen, eines anderen Lebens.«

Ja, Ibiza hatte vielen Bedürftigen Zeit zum Träumen gewährt und ein Dach geboten. Und nur wenige waren bereit, sich für erwiesene Gastfreundschaft erkenntlich zu zeigen. Wenige zollten ihm Anerkennung für solche Unvoreingenommenheit, für großzügige Offenheit und verschwenderische Toleranz. Die meisten haben sich an seinem Charmevorrat gütlich getan und später, als auch sie gefragt waren, sein Bild wieder etwas aufzupolieren und konstruktiv an seiner Neudefinition mitzuwirken, einfach das Weite gesucht. Sie ließen es an Mitgefühl mangeln. Sie waren auf die Make-up-Maske hereingefallen. So trugen sie dazu bei, dass sich – aus purer Unkenntnis – das Image von Ibiza als einer nie ganz greifbaren Schimäre auf Dauer verselbstständigte. Als einer rutschigen Drehbühne, auf der noch die routiniertesten Darsteller unweigerlich ausgleiten mussten. Und dazu, dass die Insel wieder zu einem Fantasieort wurde, der für Verwirrung sorgt und über den man keine eindeutige Gewissheit erlangen kann. Zu einem Faszinosum. Das unergründlich bleibt und einem stets aufs Neue entgleitet.

*

Ibiza ist nicht makellos, Ibiza hat Patina angesetzt. Das lässt sich schwerlich leugnen, dagegen lässt sich wenig ausrichten. Ibiza hat sich karnevalisieren lassen. Das war wohl unvermeidlich und mehr als nur eine Zeitgeist-Kapriole. Ibiza erstickt nahezu in Superlativen und Komplimenten. Daran ist überwiegend der verbale Größenwahn seiner Fans schuld. Ibiza polarisiert, über Ibiza kursieren viele Gerüchte. Das macht seinen Reiz aus, das ist Teil seiner Erotik. Ibiza ist voller Geheimnisse und lässt sich nicht in die Karten schauen. Das verführt zu Spekulationen, das spricht für seine literarische Qualität. Ibiza ist ein vielschichtiges, oftmals unentzifferbares Palimpsest, das jeder Neuankömmling, jede Veteranin, jeder Überdrüssige und jede frisch in die Insel Verliebte wieder mit neuen, komplizierten, tragischen wie erheiternden Geschichten überschreibt und anreichert.

Aber Ibiza ist besser als sein Ruf. Das ist seine Stärke. Nie hat es sich vollständig vereinnahmen lassen, immer konnte es sich erfolgreich zur Wehr setzen, wenn schädliche Einflüsse überhandnahmen. Und erfreulicherweise hat es auch immer aufmerksame Mahner gegeben, die ihm ins Gewissen redeten und dazu beitrugen, den Zug der Zeit wieder aufs richtige Gleis zu setzen, bevor es zu spät sein konnte und er endgültig und unaufhaltsam in die falsche Richtung davonfuhr.

Bereits in Walter Benjamins Tagen wurden Kassandrarufe laut: »Adieu, Tradition, adieu, ihr Balladen, ihr wunderbaren Kleider voll von Farben und Geschichte. Vielleicht wirst Du, Ibiza, wohlhabendere Tage kennenlernen. Ich wünschte aber, Du würdest dieser Invasion widerstehen und so Deine Sitten und Traditionen, Dein erhabenstes Erbe retten.« Hehre Wünsche, die sich nur partiell beherzigen ließen und denen heute, mit dem Abstand von fast achtzig Jahren, in denen sich noch viel dramatischere Ein- und Übergriffe vollziehen sollten, durchaus etwas Menetekelhaftes innewohnt. Und haben sie sich nicht bewahrheitet? Haben sich die Ibicencos nicht ungeahnten Wohlstand teuer erkauft, um den Preis leichtfertiger Aufgabe von kostbaren Errungenschaften und bewährter, gesunder Lebensweise? Hat nicht ein groß angelegter Verrat stattgefunden?

»Heute«, so formulierte es schon vor einem halben Menschenleben der weise Ernesto Ehrenfeld, ganz gewiss kein Unkenrufer oder professioneller Pessimist, »hat der Fremde einen Elefantentritt und glaubt, die Insel gehöre mehr oder weniger ihm, denn schließlich hat er viele, viele Devisen gebracht, die Segnungen der Zivilisation und ihre Lebensart. Er sieht« das Eiland als »seine Freistatt unter der Sonne Spaniens. Freiwild für fremde Gelüste.« Der Abzug der Exoten war demnach nur noch eine Frage der Zeit.

Visionäre, Konservative und Ökologen schritten seither, mit unterschiedlichem Erfolg, ein. Protestierten gegen Immobilienwildwuchs und sprachen sich für die Einrichtung von Naturschutzgebieten und die Respektierung solcher *zonas verdes* aus. Sie publizierten offene Briefe, setzten sich für Baustopps und gegen die Planung einer Autobahn ein, wetterten gegen das Verkehrschaos, die Verschandelung der Küsten, ungezügeltes Spekulantentum, bekämpften Vetternwirtschaft und warben für einen sanfteren, intelligenteren Fremdenverkehr. Nicht wenige dieser Initiativen hatten Erfolg, hielten den drohenden Niedergang auf, stoppten den Ausverkauf der Werte oder führten doch zumindest zu einem Innehalten oder zu einer Neubesinnung. Solche mutigen Vorstöße führten heilsame Schocks herbei, hinderten Bonzen, gierige Bauhaie und gewissenlose, korrupte Clanchefs am unkontrollierten Weiterwurschteln, leiteten langsam, aber sicher den Wandel ein. So manche taube Ohren öffneten sich und ließen sich am Ende zum Zuhören bewegen.

Wer indessen allzu sehr jammerte, hatte die Fähigkeit der Insel unterschätzt, sich selbst zu regenerieren und zu verjüngen. Denn immer, wenn ich wiederkam, durfte ich zu meiner Erleichterung unvermutete Verbesserungen wahrnehmen und neue, hoffnungsvoll stimmende Perspektiven: Ibiza hatte sich als unverwüstlich erwiesen. Als integrationsbereit für den fulminanten Elan der *movida madrileña*. Als resistent gegenüber den schlimmsten Fehlentwicklungen und unheilvollen Tendenzen. Ibiza hatte immer noch die Kurve gekriegt.

*

Gewiss, Ibiza ist mir nicht mehr so vertraut wie einst, doch meine Liebe zu ihm ist ungebrochen. Eine unsichtbare Nabelschnur verbindet uns, und noch ist es niemandem gelungen, sie zu kappen. Ich hoffe, es bleibt auch dabei. Ibiza wird mich so schnell nicht los, und ich bin seiner noch lange nicht überdrüssig geworden.

Und nicht zuletzt haben mich das hiesige Dasein und der lockere Umgang mit aufsehenerregenden Lebensentwürfen befähigt, anderen Inseln zu Leibe zu rücken und mit ihnen klarzukommen. Im nach ganz besonderen Gräsern süßlich duftenden Key West – mit seinen liebenswert heruntergekommenen Holzhäusern, Conch-Hippies und anarchischem *way of life* – fühlte ich mich an das Ibiza der Sechziger und Siebziger erinnert, im griechischen Kastellórizo, wo weder Zimmer noch Häuser abschließbar waren oder zu sein brauchten, an die verwunschene Einsamkeit der frühen Jahre auf Eivissa. Auf Stromboli und Pantelleria war wieder diese so seltene Mischung aus Unberührtheit und der Präsenz weniger kultivierter Gäste zu spüren, dieser Hauch von Exklusivität und Reinheit. Auf Monhegan, vor der Küste von Maine, geriet ich gleich am ersten Tag in eine Künstlerkolonie, war kreative Aufbruchstimmung wieder mit Händen zu greifen. An den unverdorbenen Stränden des malayischen Perhentian Besar war ich dem Paradies ein Stück näher gerückt und fühlte mich von Kinderseligkeit überschwemmt, genoss freie Liebe und lauschte Amateurgitarristen, die zwischen Mangrovenbäumen hockten und Songs von Donovan, Brel oder Gordon Lightfoot freien Lauf ließen. Und auf den tunesischen Kerkennah-Inseln, an deren Ufern ich Anfang der Neunziger mit einem Freund vor Anker ging, kam ich mir vor wie meine ahnungslose, doch zu Abenteuern fest entschlossene Mutter vor einem halben Jahrhundert bei ihrem Debüt auf der weißen Insel – niemand war erschienen, um uns abzuholen, vor uns tat sich eine verlockende Wüste auf, durchsetzt von einzelnen Palmen und Kakteen, und eine überaus friedliche Atmosphäre ergriff von uns Besitz. Sie lullte uns ein. Alles erschien möglich; alles *war* wieder möglich.

Wann immer ich an Ibiza und meine dortigen Aufenthalte, Besuche, Gastspiele denke, an meine Abschiede, Zerwürfnisse und Neuanfänge, schrumpfen die gesamten dort verbrachten Monate und Jahre auf eine einzige, übermächtige Jahreszeit zusammen – den Sommer. Meine Insel hatte ihn mir eingepflanzt. Oder, um Albert Camus' gern zitierte Sentenz ins Spiel zu bringen: »Mitten im Winter habe ich schließlich entdeckt, dass in mir ein unbesiegbarer Sommer vorhanden ist.« Jener Sommer, der auf Spanisch so viel klangschöner *verano* heißt. Und von dessen Effekt auf Ibiza Vicente Valero meinte, dass man sich zuweilen sogar vor ihm in Acht nehmen sollte: »Der Sommer ist gewaltig. Wie ein großes mythologisches oder vorsintflutliches Tier, wie eine weite Wüste. Oftmals erscheint der Sommer größer als die Insel selbst. Es hat sogar den Anschein, als könne er sie von einem Moment zum nächsten zermalmen und zerquetschen.« Mich hat er bislang verschont, und ich liebe ihn dafür.

*

Es ist noch immer ein schönes Bild und eine bewegende Tradition, wenn sich die Papierschlangen im Hafen von Ibiza in die Länge ziehen. Wenn die vorsichtig abgewickelten Klopapierrollen in Regenbogenfarben hundertmeterweit zwischen Mole und Anleger flattern, wenn mit Fähren nach Alicante, Valencia oder Barcelona Abreisende ihrer Verbundenheit, ja ihrer Abhängigkeit von ihrem Traumort einen bezwingenden visuellen Ausdruck verleihen: Die Zurückbleibenden halten das andere Ende fest. Insel und Abtrünnige können sich nicht voneinander lösen, wollen den Trennungsschmerz noch ein wenig hinauszögern. Jede dieser Rollen steht für ein Einzelschicksal, für eine Legende. Für eine *historia de amor,* die noch nicht an ihren Schlusspunkt gelangt ist.

Wessen bunte Fahne zuletzt reißt, wer am längsten durchhält, dem erscheint die Verheißung eines baldigen Wiederkommens umso glaubhafter. Alle halten den Atem an. Alle lassen sich ein auf dieses fragile Glücksspiel mit ungewissem Ausgang. Jeder möchte heute der Letzte sein. Und auf einmal ist es so weit. Stürmischer Applaus brandet auf, Bravorufe werden laut. Nur noch ein einzelnes Band schwebt als papierner Balletttänzer über dem Hafenbecken, vollführt tollkühne Luftsprünge im Abendhimmel, hüpft hin und her zwischen Kathedrale, Sa Penya und Talamanca: In diesem magischen Augenblick ist Eivissa, das uralte Ibiza, das einst Ibosim und Yvica geheißen hat, Ebusus und Yebisah, für einen glücklichen Menschen der Nabel der Welt.

Ich wäre auch gern eine Muschel für dich
denn
nicht allein Felsen verkünden der Sonne
die Wahrheit
nicht allein Felsen gebieten den Wellen
Einhalt
nicht nur über Felsen dampft roter Staub,
macht sie blind,
verdeckt Spuren,
kämpft Sand und altes Laub mit
Wind,
selbst du bist,
wenn du dem Meer lauschst,
mal als Felsen
so starr wie die Kiefern im Eis
mal als Muschel
der Ort an dem
sich alles von mir
aufbewahrt.

Jens Rosteck
*Have You Ever Been to an Island?*, 1982

# Zitatnachweis

S. 5 Albert Camus, Licht und Schatten, in: Albert Camus, *Kleine Prosa*. Deutsche Übersetzung von Guido G. Meister, Copyright © 1961 Rowohlt Verlag GmbH, Reinbek bei Hamburg

S. 22 Walter Läubli, *Mallorca und Ibiza. Die goldenen Inseln*. Büchergilde Gutenberg, Zürich 1959

S. 36 Adolf Schulten, *Tagebuchblätter eines Archäologen aus dem Winter 1919/1920* [1944?]

S. 52 Walter Benjamin, Denkbilder, in: Walter Benjamin, *Gesammelte Schriften*. Band IV, erster Teilband. Hrsg. von Tillmann Rexroth. Suhrkamp Verlag, Frankfurt am Main 1991

S. 70 Cees Nooteboom, *Der Ritter ist gestorben*. Aus dem Niederländischen von Helga von Beuningen. © Cees Nooteboom 1963, 1996 © der dt. Ausgabe Suhrkamp Verlag, Frankfurt am Main 1996

S. 102 Hans Laabs, aus: Anne Haun, Zur Biographie von Hans Laabs – Erinnerung und Anmerkung: In: Jörn Merkert (Hrsg.), *Hans Laabs. Lebensreise eines Malers*. Berlinische Galerie, Berlin 2002

S. 113 Bechtold-Zitat im Kapitel »Yebisah – Wie die Jungfrau zur Kunst« aus: Wiltrud Schwetje (Hrsg.): *Goodbye Tanit? Ibiza – zwischen Traum und Trauma*. © Palmyra Verlag, Heidelberg 2007

S. 136 Ursula von Kardorff / Helga Sittl, *Ibiza/Formentera*. Köln 1988, © MairDumont, D-73760 Ostfildern

S. 164 Raoul Hausmann, *Hyle. Ein Traumsein in Spanien*. Heinrich Heine Verlag, Frankfurt am Main 1969

S. 188 Vicente Blasco Ibáñez, *Die Toten befehlen*. Kultur und Fortschritt, Berlin 1958

S. 211 Jacques Prévert-Verse im Kapitel »Ibissim – Endstation Sehnsucht« aus: Jacques Prévert: *Lumières d'homme*. GLM, Paris 1955

S. 216 Janet Frame, *The Envoy from Mirror City. Autobiography III*. Paladin, London 1987

S. 230 Laurie Lee, *I Can't Stay Long*. Penguin, London 1977

Der mareverlag dankt allen Rechteinhabern für die Abdruckgenehmigung. Da in einigen Fällen die Inhaber der Rechte nicht feststellbar oder erreichbar waren, verpflichtet sich der Verlag, rechtmäßige Ansprüche nach üblichen Honorarsätzen nachträglich zu vergüten.

Zitate aus fremdsprachigen Quellen, die nicht auf Deutsch publiziert worden sind, wurden von Jens Rosteck übersetzt.

# Literaturverzeichnis

Achenbach, Dorothee: Der Erfinder der Ibiza-Mädchen. – In: *Die Welt,* 17. September 2006

Aigner, Gottfried: *Ibiza & Formentera.* Köln 1993 & 2008

Alefeld, Yvonne-Patricia: Passagen ins Exil. Walter Benjamin und Raoul Hausmann auf Ibiza. – In: *StadtLandFluss. Urbanität und Regionalität in der Moderne.* Festschrift für Gertrude Cepl-Kaufmann. Hrsg. von Antje Johanning und Dietmar Lieser. Neuss 2002, S. 543–559

Amann, Ralph: *Eine perfekte Woche auf Ibiza.* München 2012

Andersen, Stewart: *Wild Thyme in Ibiza.* London 2007

Andrews, Stephen: *The White Island. The Extraordinary History of the Mediterranean's Capital of Hedonism.* [*The Colourful History of the Original Fantasy Island, Ibiza.*] London 2005

Arnán, Florencio: Ibiza perdió la oportunidad de ser un centro artístico de relevancia. – In: *La Miranda.* Blog del suplemento La Miranda de *Diario de Ibiza,* 17. September 2010

Barski, Klaus: *Exil Ibiza.* Trier 2007

Bécquer, Gustavo Adolfo: *Leyendas.* Madrid 1989

Bécquer, Gustavo Adolfo: *Die grünen Augen. Phantasiestücke.* Stuttgart 1982

Bécquer, Gustavo Adolfo: *Rimas.* Madrid 1979

Benjamin, Walter: *Gesammelte Briefe.* Band IV: 1931–1934. Hrsg. von Christoph Gödde und Henri Lonitz. Frankfurt am Main 1998

Benjamin, Walter: Autobiographische Schriften. [Darunter auch: »Spanien 1932«.] – In: ders., *Gesammelte Schriften.* Band VI. Hrsg. von Rolf Tiedemann und Hermann Schweppenhäuser. Frankfurt am Main 1991, S. 213–542 & S. 771–818

Benjamin, Walter: Denkbilder. [Darunter auch: »Ibizenkische Folge«.] – In: ders., *Gesammelte Schriften.* Band IV (in zwei Teilbänden). Hrsg. von Tillmann Rexroth. Frankfurt am Main 1991, S. 305–438 & S. 987–1015

Benjamin, Walter: Geschichten und Novellistisches. – In: ders., *Gesammelte Schriften*. Band IV (in zwei Teilbänden). Ebda., S. 721–787 & S. 1074–1083

Bidwell, Charles Toll: *The Balearic Islands*. London 1876

Blasco Ibáñez, Vicente: *Die Toten befehlen*. Berlin 1958

Blasco Ibáñez, Vicente: *Los muertos mandan*. Valencia 1909

Block-Künzler, Guido: *Einmal Eivissa und zurück. Zu Fuß rund um Ibiza*. Norderstedt 2011

Borthen, Leif: *The Road to San Vicente*. Ibiza 2007

Bungert, Jürgen: Charme der kleinen Schwester. Was hat Ibiza, das Mallorca nicht hat? – In: *Hamburger Abendblatt*, 19. Juni 2010

Buschmann, Albrecht: Hausmann träumt auf Ibiza. – In: *Die Zeit*, 5. August 2006

Camartin, Iso: Ibiza Arcadia 1932. Zu Walter Benjamins »In der Sonne«. – In: *Verlust und Ursprung*. Festschrift für Werner Weber. Hrsg. von Angelika Maass und Bernhard Heinser. Zürich 1989, S. 141–168

Camus, Albert: Amor de vivir / Amour de vivre. – In: ders., *Essais*. Bibliothèque de la Pléiade. Paris 1965, S. 41–45 & S. 1178 f.

Camus, Albert: Amor de vivir / Amour de vivre. – In: ders., *L'Envers et l'endroit*. Paris 1958 & 2001, S. 97–109

Cardona, Enrique Fajarnés: *Lo que Ibiza me inspiró*. Ibiza 2000 & 2003

Castro, Fernando-Guillermo de: *La isla perdida*. Consell Insular d'Eivissa i Formentera o. J. (2006?)

Castro, Fernando-Guillermo de: *El gran dibujante de Ibiza: Antonio Marí Ribas, »Portmany«*. Consell Insular d'Eivissa i Formentera, Ibiza o. J. (2006?)

Cioran, E[mil] M.: *Aufzeichnungen aus Talamanca*. Frankfurt am Main 2008

Colinas, Alberto: *Eivissa & Formentera. Dos símbols*. Palma 2000

Colinas, Alberto: *Rafael Alberti en Ibiza. Seis semanas del verano de 1936*. Barcelona 1995

Costa, José: Ibiza, la isla de Aníbal. – In: *Brisas*, no. 9, Dezember 1934

Davies, Martin (Hrsg.): *Eivissa – Ibiza. Die zeitlose Insel*. Ibiza 2005

Davies, Martin / Derville, Philippe (Hrsg.): *Eivissa – Ibiza. Cent anys de llum i ombra. Cien años de luz y sombra. Hundert Jahre Licht und Schatten*. Ibiza 2000

Deane, Shirley: *The Road to Andorra*. New York 1961
Demerson, Jorge: *Leyendas de Ibiza*. Madrid 1976
Driest, Burkhard: *Brennende Schuld*. München 2006
Drieu La Rochelle, Pierre: *Gilles*. Paris 2010
Egginge, Sepp: *Die weiße Insel. Eine Reise nach Ibiza*. München 1955
Ehrenfeld, Ernest[o]: Ibiza ist berühmt geworden. – In: *Mallorca – Menorca – Ibiza*. *Merian*-Heft, Jg. 26, Nr. 2, Hamburg 1973, S. 32
*Eivissa, anys 60. El naixement de Babel*. Hrsg. von Mariano Planells, Carl van der Voort et al. Patronat del Museu d'Art Contemporani d'Eivissa. Ibiza 1998
*Eivissa, anys 70*. Hrsg. von Florencio Arnán, Mariano Planells, Marie-Claire Uberquoi et al. Patronat del Museu d'Art Contemporani d'Eivissa. Ibiza 1999
*Eivissa, l'art dels 70*. Hrsg. von Elena Ruiz Sastre. Patronat del Museu d'Art Contemporani d'Eivissa. Ibiza 1999
Enseñat, Juan Bautista et al.: *Ibiza y Formentera*. Barcelona 1929
Frame, Janet: *The Envoy from Mirror City. Autobiography III*. London 1987
Hagen, Endy: Erfahrung und Armut. Walter Benjamin auf Ibiza, 1932–1933. – In: *Neue Rheinische Zeitung*, 30. Juli 2008
Hausmann, Raoul: *Hyle. Ser-sueño en España*. Rustica 1997
Hausmann, Raoul: *Bilanz der Feierlichkeit. Texte bis 1933*. Hrsg. von Michael Erlhoff. München 1982
Hausmann, Raoul: *Hyle. Ein Traumsein in Spanien*. Frankfurt am Main 1969 & München 2006
Hausmann, Raoul: Ibiza, eine Insel im Mittelmeer. – In: *Camera*, Nr. 6, 1936, S. 193–196
Hausmann, Raoul: Ibiza, eine vergessene Insel. – Unveröffentlicht?
Helfritz, Hans: *Die Balearen – Mallorca, Menorca, Ibiza. Ein Bildhandbuch*. Zürich 1959
Joachim, Ferdinand et al.: *Ibiza, le palais paysan*. Brüssel 1984
Kardorff, Ursula von / Sittl, Helga: *Ibiza/Formentera*. Köln 1988
Kaufman, Emily E.: *A History Buff's Guide to Ibiza*. Ibiza 2000 & 2008
Keeler, Tony: *Ibiza, A Dream ...?* Barcelona 1973
Klawitter, Gundula / Casanovas, Mercedes et al.: *Ibiza und Formentera*. München 1988
Knipp, Kersten: Geschichte vom doppelten Gabentausch. Mit Walter Benjamin durch das Ibiza der industriellen Revolution, das zum

Imitat seiner selbst wurde. – In: *Frankfurter Allgemeine Zeitung*, 9. Februar 2006, S. R5

Laabs, Hans: *Photographien 1960–1972*. Hrsg. von Janos Frecot. Berlin 1997

Laabs, Hans: *Bilder von 1950 bis 1993*. Berlin 1995

Laabs, Hans: *Frühe und späte Bilder*. Berlin 1990

Laabs, Hans: *Bilder, Aquarelle, Collagen, Farbzeichnungen*. Stuttgart 1985

Läubli, Walter: *Mallorca und Ibiza. Die goldenen Inseln*. München/Zürich 1959

Lee, Laurie: As I Walked Out One Midsummer Morning. – In: *Red Sky at Sunrise*. London 1993, S. 215–406

Lee, Laurie: Ibiza High Fifties. – In: *I Can't Stay Long*. London 1977, S. 148–159

Lewis, Norman: The Passing of San Vicente. – In: *New Statesman*, 19. Januar 1968

Lewis, Norman: *The Changing Sky. Travels of a Novelist*. London & New York 1959

Lewis, Norman: Letter from Ibiza. – In: *The New Yorker*, 10. März 1956, S. 98

Llopis, Arturo: *Ibiza*. Barcelona 1960

Lufft, Peter/Wille, Hans et al.: *Der Maler Helmut Bönitz. Arbeiten von 1945 bis 1985*. Göttingen o. J. (1985?)

Macabich i Llobet, Isidor(o): *Historia [general] de Ibiza*. Zehn Bände, 1935–1961. Vierbändige Ausgabe: Palma 1966/1967. Fünfter Band *(Obra literaria)*: Palma 1970

Mack, Heinz: *Ibiza. Insel im Licht*. Köln 1996

Marí Muñoz, Antonio: *La vida de los sentidos*. Barcelona 2006

Markhardt, Heidemarie: »Ibiza, I said, was all they claimed it would be and all I dreamed.« Janet Frame und der Ibiza-Mythos. – In: *Rezensionsforum literaturkritik.de*, Nr. 2, Februar 2009

Martin, Marko: Wummwumm, bummbumm. Ein Selbstversuch. – In: *Welt am Sonntag*, 2. September 2012

McGrane, Sally: The Other Ibiza. – In: *The Wall Street Journal*, 25. Juni 2010

McNeff, Richard: Barry Flanagan at Tate. Hare today, but not gone tomorrow. – In: *The Guardian*, 26. September 2011

Merkert, Jörn (Hrsg.): *Hans Laabs. Lebensreise eines Malers*. Berlin 2002

Michaud, Yves: *Ibiza mon amour. Enquête sur l'industrialisation du plaisir*. Paris 2012

Michener, James A.: *The Drifters*. New York 1971
Mihura, Miguel: *Tres sombreros de copa*. Madrid 1980
Milsom, Timmi: *Letters from Ibiza*. London 2010
Moravia, Alberto: *Ich und er*. München 1971
Moreno, Félix Julbe / Pascuet, Rafael García (Hrsg.): *Erwin Broner. Ciudadano, arquitecto, pintor. Ibiza, 1934–1971*. Delegación en Ibiza y Formentera del Colegio de Arquitectos de Baleares, vol. III. Barcelona/Ibiza November 1980–Juni 1981
Moreno, Félix Julbe / Pascuet, Rafael García (Hrsg.): *Introducción al análisis historico de la ciudad de Ibiza. De la ciudad púnica a 1912*. Delegación en Ibiza y Formentera del Colegio de Arquitectos de Baleares, vol. I–II. Barcelona/Ibiza Januar–Oktober 1980
N. N. (hmay): Cioran im Urlaub. – In: *Frankfurter Allgemeine Zeitung*, 14. März 2008
Nooteboom, Cees: *Der Ritter ist gestorben*. Frankfurt am Main 2006
Oorthuys, Cas: *Les Îles baléares*. Paris 1964
Pacha Ibiza Lifestyle Magazine, no. 36, Juni 2011
Paul, Elliot Harold: *The Life and Death Of A Spanish Town*. New York 1937 & 1971
Pédron, François: Ibiza, nouvelle Babylone. – In: *Paris-Match*, März 1972
Perfall, Claudio Alarco von: *Kultur und Persönlichkeit auf Ibiza*. Diss., Universität Köln, 1979
Peyrefitte, Roger: *Tableaux de chasse ou La Vie extraordinaire de Fernand Legros*. Paris 1976; dt.: *Die Kunst des Handelns oder Das abenteuerliche Leben des Fernand Legros*. Wien 1977
Planells, Mariano: *Die Geheimnisse Ibizas von A bis Z*. Ibiza 2000
Planells, Mariano: *Ibiza, la senda de los elefantes. Conversaciones en la isla de Tanit*. Palma 1980
Porcel, Baltasar: *Ibiza*. Barcelona 1966
Prévert, Jacques: *Lumières d'homme*. Paris 1955
Puig, Manuel: *Boquitas pintadas*. Buenos Aires 1970; dt.: *Der schönste Tango der Welt. Ein Fortsetzungsroman*. Frankfurt am Main 1975
Richardson, Paul: *Not Part of the Package. A Year in Ibiza*. London 1993
Rozenberg, Danielle: *Ibiza, una isla para otra vida*. Madrid 1990
Salvator, Erzherzog Ludwig: *Die Balearen. Geschildert in Wort und Bild*. [Ursprünglich: Siebenbändige Monumentalausgabe, Leipzig

1869–91.] Zwei Bände. Würzburg/Leipzig 1897 & Faksimile-Nachdruck Saarbrücken 2011
Savin, Tristan: La Blancheur d'Ibiza. – In: *L'Express*, 22. Mai 2012
Scholem, Gershom: *Walter Benjamin – Die Geschichte einer Freundschaft*. Frankfurt am Main 1975
Schreiber, Hermann: *Spanien aus erster Hand*. Würzburg 1974
Schulten, Adolf: *Tagebuchblätter eines Archäologen aus dem Winter 1919/1920*. [1944?]
Schulz, Bernhard: Das Kunstwerk auf dem Rechnungsblock. – In: *Der Tagesspiegel*, 12. Januar 2012
Schwarz, Christoph: *Ibiza 24. Die dunklen Seiten einer Partyinsel*. Wien 2012
Schwetje, Wiltrud (Hrsg.): *Goodbye Tanit? Ibiza – zwischen Traum und Trauma*. Heidelberg 2007
Scola, Ingolf: *Jussara und die Magie von Ibiza*. Ibiza 2009
Selz, Jean: *Viaje a las Islas Pitiusas*. Ibiza 2000
Spelbrink, Walther: Die Mittelmeerinseln Eivissa und Formentera. Eine kulturgeschichtliche und lexikographische Abhandlung. – In: *Butlletí de Dialectologia Catalana*, vol. 24, 1936/37, S. 184–281
Thelen, Albert Vigoleis: *Die Insel des zweiten Gesichts*. Amsterdam 1953 & München 2003
Tur, Cristina Amanda: La calle de los niños perdidos. – In: territorioibiza.wordpresscom, 29. September 2011
Valero, Vicente: *Der Erzähler. Walter Benjamin auf Ibiza, 1932 und 1933*. Berlin 2008
Valero, Vicente: *Viajeros contemporáneos. Ibiza, siglo XX*. Valencia 2004
Vaquer, Isaac: Medio siglo de amor en Eivissa. – In: *Diario de Ibiza*, 20. August 2011, S. 33
Vuillier, Gaston: *Les Îles oubliées. Les Baléares, la Corse et la Sardaigne – impressions de voyage illustrées par l'auteur*. Paris 1893
Wehrmann, Elisabeth: Schreiben wie ein Alchemist. – In: *Die Zeit*, 1. Dezember 1995
Wiebrecht, Ulrike: Sommermode für die Ewigkeit. – In: *Die Welt*, 11. August 2012
Witts, Richard: *Nico. The Life and Lies of an Icon*. London 1993
Ziegler, Siegfried: *Siedeln auf Ibiza*. Berlin 1936

Wertvolle und amüsante Informationen zur Inselgeschichte, enzyklopädische und lexikalische Hinweise sowie aktuelle Nachrichten bieten www.liveibiza.com, www.eeif.es, www.ibizainside.com, www.essential-ibiza.com, www.e-ibiza.de, www.ibiza-spotlight.de, www.ibiza.es und www.ibiza-heute.de.

»Eine autobiografische Hymne.«
*Der Tagesspiegel*

»Wer Zypern mit der Sterilität von Pauschalferien gleichsetzt oder es gar als Konkursmasse betrachtet, dem gehen ob der poetischen Schilderung von Menschen und Orten, von Flora und Fauna die Augen über.«
*Neue Zürcher Zeitung*

Eivissa Ciudad (Vila)
(Ibiza-Stadt)
Av. Santa Eulària des Riu
Plaza de Toros
(ehemalige Stier-
kampfarena)
HAFEN VON IBIZA
Avenida Ignacio Wallis
Obelisco
a los Corsarios
LA MARINA
Los Valencianos
Delfin Verde
Montesol
SAN TELMO
SA PENYA
Carrer Ande
Paseo Vara de Rey
Plaza
de Sa
Drassaneta
Calle Garijo
Calle Mayor
Calle de la Virgen
(Carrer de
la Mare de Déu)
Teatro Pereira
Avenida España
Museo de Arte
Contemporáneo
Plaza
del Sol
Plaça
de Vila
El Olivo
Via Púnica
Portal Nou
Plaza del
Regente
Gotarredona
Plaça dels
Desamparats
Anfora
Santo Domir
Via Romana
El Corsario
Calle de Santa Maria
DALT VILA
Ayuntamiento
Museo
Arqueológico
Festung
PUIG DES MOLINS
und punische Nekropolis
Plaça de
la Seu
Kathedrale
Santa Maria
de las Nieves
LOS MOLINOS
FIGUERETAS
Mar Blau
ES SOTO
Dalt Mar
Sa Corbeta
0
100
200
300 m